"大萧条"会再次发生吗

[美] 海曼·P. 明斯基 (Hyman P. Minsky) 著

赵准 孙小雨 戴霖杉 译

清华大学出版社

北 京

北京市版权局著作权合同登记号　图字：01-2013-7327

Hyman P. Minsky

Can "It" Happen Again? : Essays on Instability and Finance

ISBN: 9780873323055

Copyright © Hyman P. Minsky 1982, 2016

First published by M.E. Sharpe 1982

图书在版编目(CIP)数据

"大萧条"会再次发生吗 / (美) 海曼·P. 明斯基 (Hyman P. Minsky) 著；赵准，孙小雨，戴霖杉译 . —北京：清华大学出版社，2024.9

书名原文：Can "It" Happen Again: Essays on Instability and Finance

ISBN 978-7-302-65824-5

Ⅰ.①大…　Ⅱ.①海…②赵…③孙…④戴…　Ⅲ.①金融危机－文集　Ⅳ.① F830.99-53

中国国家版本馆 CIP 数据核字 (2024) 第 060166 号

责任编辑：陈　莉
装帧设计：方加青
责任校对：马遥遥
责任印制：宋　林

出版发行：清华大学出版社
　　　　　网　　　址：https://www.tup.com.cn，https://www.wqxuetang.com
　　　　　地　　　址：北京清华大学学研大厦 A 座　　　　邮　　编：100084
　　　　　社 总 机：010-83470000　　　　邮　　购：010-62786544
　　　　　投稿与读者服务：010-62776969，c-service@tup.tsinghua.edu.cn
　　　　　质 量 反 馈：010-62772015，zhiliang@tup.tsinghua.edu.cn
印 装 者：三河市天利华印刷装订有限公司
经　　销：全国新华书店
开　　本：180mm×250mm　　**印　　张：**16　　**字　　数：**314 千字
版　　次：2024 年 9 月第 1 版　　**印　　次：**2024 年 9 月第 1 次印刷
定　　价：89.00 元

产品编号：044293-01

中文版序言

在阅读本书之前，读者需要对美国金融史有一些了解。海曼·明斯基这本文集的英文名字(Can "It" Happen Again?)中的"It"(它)是指20世纪30年代的"大萧条"。在经历了20世纪20年代后期股票价格的暴涨以后，华尔街股票交易所在1929年出现了价格崩溃。但"它"不是指1929年的股市崩溃，而是指由银行资不抵债最终导致的1933年3月公共假日期间的银行倒闭潮所引发的银行系统崩溃。尽管股市依然在运行，但这一时期的实体经济几乎减半，GDP和零售价格指数下降了1/3，失业率超过20%。银行体系的问题显然伴随着经济学家所谓的实体经济变量(产出和就业)的崩溃。

一直以来，经济学家主张货币关系独立于由实体经济变量决定的、企业家基于市场做出的决策。这一立场的代表是认为"货币中性"的货币数量论。这一观点认为，如果苹果和橙子的相对货币价格从1个苹果2美元、1个橙子4美元，分别翻了一倍，变为1个苹果4美元、1个橙子8美元，那么这对实际决策没有影响，因为不管价格是哪种情况，2个苹果都可以和1个橙子交换，即1个橙子的实际价格是2个苹果。货币价格或者所谓的名义价值是"面纱"，它遮蔽了商品的实际交换率或相对价值。

20世纪30年代的"大萧条"挑战了这一观点，因为股票价格和华尔街银行的崩溃显然对实体经济企业家关于实际产出生产和劳动雇用的决策产生了影响。问题在于大萧条是否仅仅是一个随机事件和外生冲击，它是否对经济学家关于货币中性的信仰提出了质疑，以及货币数量论是否是分析资本主义经济的恰当框架。1929—1933年，胡佛(Herbert Hoover)总统听从了传统经济学家的建议，即经济会很快恢复并回到危机前的均衡。当经济没有如期恢复的时候，富兰克林·罗斯福(Franklin Roosevelt)取代胡佛当选为总统，他保证政府会采用新政来干预经济，以使其正常运行。

因此，这本书的标题所隐含的问题不仅仅是20世纪30年代"大萧条"是否有可能再现，它还是对现有经济理论的挑战，该理论基于货币中性观点，或者说市场力量的运行独立于货币扰动，会使实体经济自动回到均衡这一观点。

海曼·明斯基倾其一生构建了一个替代理论，该理论强调华尔街对实体经济表现的重要性，以及货币不是中性的，经济学家面临的最重要的问题不是"它"是否会再次发生，而是为什么"它"在现代资本主义中发生得不那么频繁了。传统的方法无助于回答这个问题，因为这种理论主张"它"不可能发生，或者如果"它"的确发生了，那么也是一个统计异常，相当于由某个外生事件或冲击导致的500年一遇的洪水，又比如一场疫情暴发或者太阳黑子的爆发。事实上，即使当明斯基这一早期作品集出版的时候，大多数经济学家对这本书的标题所提出问题的回答依然是坚定的"不会"。他们以同样的方式回答了英国女王关于经济学家为什么没有预测到2008年金融危机的问题，他们说他们不知道它为什么会发生，但它作为一个随机事件，本来就不应该被预测到。

但是，正如本书所表明的，明斯基在20世纪50年代就开始发展一种新的理论方法，其中华尔街银行家创造的货币在为实体经济企业家的投资和消费决策进行融资时扮演了关键的角色。这些文章描绘出了明斯基发展这一替代理论的思想轨迹：首先，引发严重危机的金融不稳定是银行家和企业家理性决策的自然结果；其次，确定了导致"它"可能不断再次发生的力量，从而使人们能够理解为什么至少直至20世纪80年代中期，"它"还没有再次发生。

明斯基清楚地相信"它"会再次发生，并且作为"事后诸葛亮"，我们知道"它"的确再次发生了，美国和欧洲大部分地区整个生产和就业的经济系统的确在2008年秋季的金融危机中停滞了，如果不考虑持续的时间，这次危机的规模与20世纪30年代的"大萧条"是相似的。不幸的是，明斯基于1996年去世，他没有活着看到真实世界的答案：是的，"它"会发生，而且"它"的确再次发生了。

本书所涵盖的明斯基的文章包括他从20世纪50年代发表的早期作品，到20世纪70年代和80年代形成的被他冠名为金融不稳定假说的理论。从时间来看，这一文集处于他20世纪70年代中期的著作《凯恩斯〈通论〉新释》与20世纪80年代中期的著作《稳定不稳定的经济》之间的年代。它展现了明斯基金融不稳定假说的发展全貌，尤其有助于我们洞察他的替代性经济分析方法是如何产生了这样一种理论的，即认为经济周期和金融崩溃都是资本主义经济发展的一种自然演化结果的理论。

这些文章证明，在其学术生涯的早期阶段，明斯基就已经形成了其替代方法的大部分重要元素，并且独立于当时主流经济学家对凯恩斯《通论》的阐述。就此而言，首先需要关注的，而且或许最重要的一点是，尽管明斯基主张华尔街对实体经济的支配地位，但他对股市价格和市场崩溃的影响几乎没有兴趣，后者通常是基于心理狂热和群体妄想来解释的。具有讽刺意味的是，很多明斯基的批评者认为，他的不稳定理论需要这种对经济行为做出的心理解释。

　　但明斯基几乎不关注这样的解释。相反，他对华尔街的关注集中在工商企业用来自银行的贷款进行投资，这些投资预计将以利润的形式产生未来的收入。明斯基对银行业和投资融资重要性的初始兴趣，反映了他早年作为芝加哥大学的本科生受到亨利·西蒙斯作品的影响，以及随后作为哈佛大学的研究生受到熊彼特的影响——那时，熊彼特正在哈佛大学阐述基于创新的发展过程，以及金融机构在这个过程中对引发商业周期所起的作用。明斯基在芝加哥大学与奥斯卡·兰格的友谊，兰格关于市场社会主义经济学的研究，以及列昂惕夫在哈佛大学对经济生产结构的分析，都是明斯基的思想发展，尤其是他关于金融机构和经济结构演化的重要性思想的重要来源。

　　事实上，这部文集中收录的他的一篇早期文章提出，要将所有的经济单位"视作银行"来分析①。显而易见的是，这一简单的建议直接引致了对银行、工商业企业和家庭之间相互联系的资产负债表的分析，因为一个经济单位为了购置资产而发行的负债在系统内其他单位的资产负债表中被记录为资产。这自然引发了明斯基最初提出的货币内生性观点，因为银行用来为企业负债(为投资融资)提供融资的存款负债同时也被家庭视为资产(因为存款是银行的负债，银行通过这些存款获得企业的负债，企业用它们的负债为其投资融资，而银行的存款负债同时就是家庭的资产——译者注)。这些资产负债表的相互联系当然足以确立货币决定实际变量的重要性，而且它自然也证明了经济活动内生的周期性。因为金融机构并不希望通过销售投资资产的方式来清偿存款负债，而是希望发行新的负债，所以稳定性要求经济各个部门在资产产生的由现金支付的收入流和应付未偿债务的支出流两者之间取得平衡。当任何一个单位在现金收入流和支出流之间出现不平衡情况的时候，这都会自动反映在其他单位的账目上。然后，为了恢复平衡而采取的行动会引起生产和支出决策的变化。例如，企业现金收入流的下降将导致对银行还款的下降和银行放款的下降，这意味着企业借款和投资及家庭收入和支出的下降。这一过程显然导致了货币融资、产出和劳动需求的周期性波动。真正重要的是现金流收入和支出的平衡，而非供给和需求的自动恢复平衡。现金流收入和支出的任何不平衡都会引起调整，从而影响资产负债表和经济活动，并产生可能偏离平衡的周期性运动。"就我们的目标而言，从防御性的视角看待所有的组织很重要：'是什么使一个组织陷于财务困境？'"②

　　明斯基早期银行业分析的第二个方面是将金融机构描述为利用创新为投资提供融资的逐利性实体。这是支持金融内生于系统行为这一观点的第二个理由。例如，在他早期关于周期的公式化建模中，他指出传统的产生经济周期的乘数-加速数模

---

　　①　参见第6章"金融不稳定再考察：灾难经济学"。

　　②　同上。

型，潜在地假定了某种未做任何形式化说明(formal specification)的货币系统。他在这一领域的文章尝试研究了明确引入不同货币体系所造成的影响①。

明斯基将货币体系的分化与银行为寻求利润最大化而进行的不同的金融创新联系了起来。例如②，他提及美国20世纪60年代的经历，如(大额)存单的产生对存款储蓄中介施加的压力(储蓄和贷款协会、互助储蓄银行)，待清偿商业票据发行量的迅速增长，以及银行和银行客户关系的相应变化。对明斯基而言，不稳定内生于逐利性的银行的创新中，也是经济中金融结构演化的基本要素。

在20世纪70年代以前，明斯基力求将这些早期观点更充分地整合进凯恩斯《通论》的思想内涵之中。20世纪70年代早期，他访问了英国剑桥大学，同凯恩斯在剑桥的很多前同事进行了交流，例如琼·罗宾逊，理查德·卡恩和尼古拉斯·卡尔多，他们正在构想将凯恩斯的理论拓展至长期增长和分配理论领域。他也重温并熟悉了凯恩斯的货币理论，尤其是《货币论》。正是在这一时期，他试图更明确地解释金融不稳定假说，以及它为何优于货币中性理论——后者是占支配地位的新古典综合学派的特征。于是，明斯基试图提供一种与金融不稳定假说兼容的对凯恩斯理论的阐释。他在《凯恩斯》一书中认为，凯恩斯在《通论》中已经采纳了华尔街范式，即一种从华尔街投资银行董事会办公室来看待经济的视角。他注意到，凯恩斯首先假定了一个拥有成熟金融机构的货币生产经济。在这样一种经济中，货币不仅仅充当了一种克服了物物交换体系中需求双重巧合问题的媒介，还是一种特殊类型的金融资产，它在资本资产头寸被融资时出现。在这一著作之后的发展中，明斯基继续将自己的方法与凯恩斯的《通论》更紧密地结合在一起，指出了与凯恩斯的理论相似的三个基本假设：不确定性的普遍存在、资本主义经济时间路径固有的周期性，以及设定现金支付承诺的货币合同的根本重要性。由此，明斯基可以将凯恩斯《通论》的基本原理重新解释如下：它适用于这样一种资本主义经济，它具有精致的金融机构且这些机构可以被恰当地称为"华尔街"；它的正常路径随着时间的演变呈现出周期性，也就是说，商业周期是具有精致金融关系的资本主义经济市场过程所固有的③。

在明斯基后来的工作中，他继续将自己的工作与剑桥传统的后凯恩斯主义联系在一起。例如，他为经济理论提出了一个后凯恩斯主义的戒律："在解释资本主义经济的行为时，不可将通常所谓的实体经济与货币和金融经济一分为二。"当然，这仅仅是指他相信金融机构和实体经济表现之间的相互作用。他还提出了"一个后凯恩斯主义观点的主要命题：《通论》指出要摒弃作为一种状态的均衡，即经济趋

---

① 参见第11章"货币体系和加速数模型"。
② 参见第2章"金融与利润：美国商业周期不断变化的性质"。
③ 参见 *John Maynard Keynes*, New York: Columbia University Press, 1975.

向的状态，并且一旦均衡实现便只有外生冲击才能导致其偏离的状态。这也是对经济以演化性周期方式发展的一种肯定"。[1]

明斯基也将他对货币中性的批判与凯恩斯对马歇尔货币数量论的批判，以及后凯恩斯主义对20世纪70年代复兴起来的货币数量论及其对价格的解释的批判结合了起来。明斯基通过提出凯恩斯的理论将实体经济和货币因素融为一体，从而终结了凯恩斯没有货币价格理论的观点，挑战了主流经济学对凯恩斯理论的批判，后者认为凯恩斯忽视了价格，因而需要新古典主义或者货币主义的价格解释。他进一步强调，这一方法清楚地表明，正如凯恩斯所坚持的那样，利率理论以金融资产的现货价格和远期价格之间的关系为基础，进而引入了预期在价格决定中的重要性，以及预期回报在投资和消费决策中的重要性。明斯基清晰地阐明了这一点，他说，"华尔街"基本的经济活动是用今天的货币交换明天的货币[2]。今天的货币可以使经济主体购买资本资产，而明天的货币需要从用于生产的资本资产中获得足够的收入，以支付利息、分红、本金偿还和税后总利润。获取一般性的金融资产和特定的生产性投资——它驱动对劳动的需求并生产出国民收入，都是今天的货币-明天的货币之间的交易。

例如，早在20世纪70年代明斯基便主张，凯恩斯认为是对货币的供给和需求影响资本资产的价格水平，而不是货币供给影响产出的价格水平或货币价值。为了提供一种对产出价格水平的替代性解释，明斯基提出了"两套价格体系"："资本主义经济的一个特殊性质就是存在两套价格——一套是当前产出的价格，另一套是资本资产的价格，在具有股票交易所的经济中，资本资产持续地被定价为资本资产存量的当前价格，而决定金融工具价格的关键因素一方面是人们主观决定的当前资产货币的隐含收益(这种隐含收益产生于货币所具有的确保其持有者不受不确定性影响的力量，即凯恩斯所称的流动性偏好)，另一方面是对资本资产将会产生的收益、未来的准租金，即税后总利润的当前预期。因为两套价格的直接决定因素非常不同，因此这两套价格可能并不一致，并且在历史上也的确经常不一致。"[3]

最后由此产生了对货币数量论的最根本的批判，它将一次又一次地召唤基于金融不稳定假说的后凯恩斯主义经济学进一步发展。他对这一观点作过如下表达："《通论》本应题为'就业、资产价格和货币通论'……在资本主义经济中，利息的流动性偏好理论实际上是资产价格的决定理论。货币不是中性的，因为货币影响资产的绝对和相对价格及投资的速度，而工资和利润(由投资决定)决定了绝

---

① Minsky, Hyman P., "Salient Attributes of Post-Keynesian Economics" (1992). Hyman P. Minsky Archive. 28.

② 参见第5章"金融不稳定假说：一个重述"。

③ Minsky, Hyman P., "Prices in a Financially Sophisticated Capital-Using Capitalist Economy" (1992). Hyman P. Minsky Archive. 35.

对和相对的产出价格。"[①]

　　因此，明斯基将其对货币中性的驳斥与凯恩斯为他自己设置的问题——"逃离货币数量论的混乱"——联系了起来，认为凯恩斯的问题对经济学家而言依然是一个有效的问题。无论面临的问题是在经济表现恶化的情况下改革资本主义，还是在指令性社会主义崩溃后创造资本主义，经济学家提供的建议几乎都反映出货币数量论的混乱。货币数量论的本质属性是货币中性，在它之中包含的不协调被忽略了，即一方面这是一个货币在其中没有容身之处的经济理论，另一方面它却在为金融体系的构建提供建议。如果不理解资本主义经济是如何将所谓经济的金融和实际方面整合在一起的，不理解替代性制度安排产生的结果，那么，政策能否抑制市场经济产生不和谐行为的内生倾向，或者政策能否引导资本主义的动力以确保经济发展，都会成为碰运气的事情。

扬·克雷格尔

(Jan Kregel)

2024年5月

---

　　① 　Minsky. H. (1989) "Financial Structures: Indebtedness and Credit." In Barrere, A. (ed.) (1989) Money, Credit and Prices in Keynesian Perspective. Palgrave Macmillan UK, p. 51.

译者序

明斯基金融不稳定假说的关键词

一、从众所周知的"明斯基时刻"进入复杂难懂的"金融不稳定假说"

明斯基是继马克思和凯恩斯之后，第三位我欣赏和喜爱的经济学家。他终其一生都在研究"大萧条"是否会再次发生的问题。在他去世十二年后，2008年世界金融危机的爆发回答了这个问题。这次危机被称为"明斯基时刻"的到来①。

相比于"明斯基时刻"这样显而易见的事实，明斯基另一个著名的贡献"金融不稳定假说"则深奥晦涩，未能在学界得到透彻的阐述。

本书是明斯基创立金融不稳定假说的文集，是理解"明斯基时刻"为何会出现的必读文献。除了第7～9章和第13章分析美联储的货币政策，其余9章都在研究金融不稳定假说。第3～6章的标题包含"金融不稳定"或"金融过程与不稳定"，第10～12章介绍金融不稳定假说的数理模型。这些文章的发表时间在1957—1980年间，比《稳定不稳定的经济》的发表早数年甚至数十年，是明斯基思想火花迸发、理论创建高峰期的佳作，值得深入研读，反复揣摩。

二、金融不稳定假说的基础结构是昂贵资本品融资建设的内在机制

金融不稳定假说的基础结构是作为资本品的复杂、长生命周期、昂贵的资本资产或资本设备的融资建设机制(complex, long-live and expensive capital assets or capital equipment，后文简称"昂贵资本品")②。明斯基举例的昂贵资本品有巨型喷气式飞机制造厂、核电厂等。

---

① J. Lahart, In Time of Tumult, Obscure Economist Gains Currency; Mr. Minsky Long Argued Markets Were Crisis Prone; His 'Moment' Has Arrived.

② Minsky, H., 2008, Stabilizing an unstable economy (First edition, Yale University Press, 1986), McGraw-Hill, p50, 78, 181 (后文简称Minsky, 2008).

本文的昂贵资本品专指处在建设过程中、尚未完成的重大工程，即重大的在建工程。它在明斯基对资本资产进行的更细化的诸如投资产出品(investment output)、资本品(capital good)、投资品(investment good)等的分类中，属于带有"投资"字样的那一类资本品，即用"投资"表示的正处在投资建设中的资本资产。它之所以能够构成明斯基金融不稳定假说的基础结构，在于它具有以下一些自洽的特征：

① 高科技、高难度、重大创新、国计民生重大项目，建成后会有效提高劳动生产率，在为社会提供的新的生产能力和产出方面举足轻重；

② 工程巨大，生产工艺复杂，建设、组装时间长，不能将其当作已经建好或容易建好的产出品对待，建设过程本身就是巨大的挑战；

③ 在漫长的建设过程中，只有投入，没有产出，在完工项目投入运营前所有的投入都没有价值；

④ 价值实现的过程复杂，资金回收期漫长。完工项目需要再次被投入生产运营中，通过生产过程转移其价值，只有当包含着昂贵资本品价值的最终消费品被买走、退出流通并被最终消费时，其价值才算真正得以实现；

⑤ 在建设过程中存在各种不确定因素：在建工程所需的劳动力、原材料、资金能否按既定的成本在需要的时间获得，工程进度是否顺利，项目能否如约建成，建好后能否投入运营，运营后能否顺利收回资金等都是未知；

⑥ 需要巨额资本，离不开融资贷款的资金安排；

⑦ 无论是项目的建设过程还是项目完工后投入运营为社会创造产出，都会对宏观经济的运行及其稳定产生重大影响。

昂贵资本品融资建设的内在机制贯穿从生产供给、资金融通到价值实现等社会经济活动的各个环节中，其具有的高度不确定性和复杂性，给社会经济和社会稳定带来挑战。

三、"金融杂耍(juggling acts)"[①]年代的"债务确认(validation of debt)"

1. 时代背景："金融杂耍"年代

在明斯基的时代，随着社会生产力的发展和剩余财富的积累和增加，一个复杂、精致(sophisticated)的金融共同体(financial community)发展了起来，把借债还钱变成商业惯例和"金融杂耍"。以华尔街为代表的金融共同体建构起诸如"短期债务总是可以通过再融资来偿还的"[②]的信仰，"用外部融资投资和用融资获取资本资产头寸，成为我们经济的一个突出特征"。[③]"一个经销商可以从融资公司借款

① Minsky, 2008, p244.
② 同上。
③ Minsky, 2008, p212.

来建立他的汽车存货；融资公司可以用商业票据从保险公司借款；而保险公司在抵押贷款上尚有待清偿的支付承诺(payment commitments)，如此等等。"

明斯基给这种普遍渗透在经济生活中的资金融通起了一个专有名词："金融杂耍"。这个词既揭示了资金融通对货币流动、实体经济繁荣的促进作用，也表达了社会经济结构各实体之间高度耦合、互相影响、互相依赖的内在机制，更强调了资金融通体系内在结构的动态性和暂时稳态特征。

2. 资金融通体系内的正向驱动力："债务确认"

把"金融杂耍"中连锁交织、精致复杂的债权债务关系与昂贵资本品的筹资建设融为一体，可以构建出一个连接过去、现在和未来的融资联动反馈机制。它有以下主要的节点：

① 过去的经济运行良好、利润丰厚，让人有理由相信前景光明；

② 想要投资建厂的人敢于也愿意借钱办厂；

③ 银行家或资金充裕者敢于也愿意拿出货币、贷出款项；

④ 如果一笔融资贷款协议达成，投资建厂的行为本身会在事实上形成之前投资所需要的市场需求，使之前投资预期赚取的利润得以实现，这会证明之前的投资决策是正确的；

⑤ 企业能够实现利润的时候，才能如期偿还贷款本金和利息；

⑥ 当之前贷款到期需要支付的本息能够被支付，未来需要支付的本息也预期能够得到支付时，就是"债务得到了确认"。"债务确认"可以证明之前融资决策的正确性。

被确认的债务会正向激励从①到⑥的循环，融资、投资的相互激励成为这套系统正向反馈的原始驱动力和持续的驱动力。

在这个多维度的复杂系统中，在漫长的时间跨度中，人们根据预期决定行动，又用行动的后果验证过去预期和决策的正确性，一系列关乎是否借债、是否投资、投资的项目能否如约建成，能否正常运营并产生利润，以及能否如约归还借款的决策，就决定了整个经济系统的绩效，决定了创新、产出、就业和宏观经济的运行周期及稳定性。其间的任何一个节点出了问题，借来的货币就可能无法如约归还，债务违约的连锁反应就可能导致"明斯基时刻"的爆发。明斯基描述的这个过程可以被称为资金融通体系的内在机制模型。

四、金融不稳定假说的关键词

明斯基用"金融杂耍"时代资金融通体系的内在机制模型，洞察昂贵资本品融资建设全生命周期中的融资方式转化和价值的最终实现，探索宏观经济稳定性和金融体系稳定性的原理，构建出金融不稳定假说的框架结构和关键要素，用一套内涵深刻的词汇进行阐述。我抽取了几个新颖、有趣的关键词，以飨读者。

1. 我们这种经济(our economy)[①]

它是指以生产资料私有制为典型特征的资本主义经济。消费资料之外的社会剩余财富实质上是用作社会积累和投资的公共财富。当它们被私人占有时，在股权融资之外，投资实体经济就必然离不开"债权"融资，形形色色"杂耍"般的债权债务关系和金融市场行为就是必然的结果。

2. 支付承诺

当有融资借款行为发生时，就会产生还本付息的支付承诺。支付承诺规定了借款单位承诺支付的偿还债务所必需的现金流[②]。

3. 现金流的分类

现金流之于经济的作用如同血液之于人体的作用。明斯基从实体经济的价值创造、借债还钱的强制性，以及为了还债而出售资产等角度对现金流进行分类，分析它们在资金融通全生命周期中的不同作用，既深刻揭示了资金融通的内在规律，也便于洞察金融借款对宏观经济稳定性的影响。

(1) 收入现金流(income cash flows)。这里的"收入"专指在实体经济中通过真正的价值创造和增殖获取的工资和利润收入[③]。它是使融资借款具有合法性的唯一现金来源。

(2) 资产负债表现金流(balance-sheet cash flows)。它是指融资借款方为了偿还资产负债表的负债所需要的现金流，亦是指履行支付承诺需要的现金流。它代表了借债还钱对现金流产生的强制性需求。

(3) 投资组合现金流(portfolio cash flows)。它是指买卖资产获取的现金流。用出售资产的方式获取现金流是危险的、脆弱的，它会导致资产贬值，降低偿债能力，把宏观经济拉入系统性风险不断扩散的恶性循环。

4. 融资方式的分类和融资结构

明斯基根据所借债务带来的在未来每一期的预期盈利对支付承诺的满足度，把融资方式分为对冲融资、投机融资和庞氏融资三类，用以区分不同融资方式的稳健性和风险。对冲融资在每一个还款期的预期收益都大于支付承诺。投机融资的预期收益在早期小于支付承诺，到后期大于支付承诺；在早期只能偿还利息，到后期才

---

① 本文所列举的关键词大部分在本书或明斯基的其他著作中都随处可见或被反复论述，故除了确有必要，不再一一标注出处。

② Minsky, 2008, p205.

③ H. Minsky, Can 'it' happen again?--Essays on Instability and Finance, First published by M.E. Sharpe 1982, New York: Routledge, 2016, p. 122.

能归还本金。借贷方需要不断地借新债还旧债。庞氏融资只在个别情况下预期收益大于支付承诺，其余各期都必须依靠借新债还旧债，债务会积累得越来越多。

融资结构是指在一个经济体中对冲融资、投机融资和庞氏融资各自所占的比重。

从对冲融资、投机融资到庞氏融资的变化，代表了从稳健的借、贷款行为，向越来越冒险和激进的借、贷款行为的转化。在经济发展的不同阶段，经济体有不同的融资结构，对冲融资占比越大的融资结构越稳定，投机融资和庞氏融资占比越大的融资结构越不稳定。

5. 经济的稳定期(periods of tranquility)与癫狂期(euphoria)

经济的稳定期指的是实体经济平稳发展、利润丰厚的时期：利率相对较低，货币供给充足，融资借债主要受实体经济真实利润的驱动，如约而至的预期利润确保之前债务能够还本付息，激发更多的投资和融资。"二战"后五六十年代的"黄金年代"属于典型的稳定期。

经济的癫狂期自发地从经济的稳定期中发展出来。随着稳定期持续时间的不断延长，人们对未来的预期越来越乐观，开始相信经济会在未来永远扩张，相信意欲尝试的投资总是可以赚钱，原本的谨小慎微被越来越大胆的冒进所取代，之前不看好的借款和投资行为，也变得富有吸引力。

在癫狂期，借款和投资的需求是如此的强烈，导致货币市场日趋紧张，利率上升，融资条款的附加条件也日趋严苛。一旦金融头寸收紧，惯用的现金流渠道断裂，就可能带来一系列的债务违约和紧缩。在1929—1933年大萧条和2008年次贷危机之前，美国经济都呈现出"长期繁荣"的癫狂特征。

6. 替换贷款(take-out loan)

替换贷款是昂贵资本品的建设项目完工、投产运营后成功的融资安排，用一笔长期贷款偿还之前的一系列短期贷款。

在昂贵资本品的建设过程中只能采取高风险的投机融资或庞氏融资方式，即获得临时性短期贷款，依靠不断的债务展期维持工程进度。在项目完工、投入运营后，较为稳定的收入成为事实且未来可期，才有了获得长期贷款的可能性。当长期贷款的预期收益大于支付承诺时，可以用一笔长期贷款偿还之前的一系列短期贷款，这笔长期贷款属于低风险的对冲融资，就此实现了融资方式从投机融资、庞氏融资到对冲融资的转化。

7. 现值颠倒(present value reversal)

当昂贵资本品的供给价格大于需求价格的时候，此时的供求价格状况称为现值颠倒。

昂贵资本品的需求价格是需求方根据预期利润和利率估算出来的资本品现值。

昂贵资本品的供给价格是项目建设者估算出来的投标价，是包括劳动力、原材料、资金成本等在内的建设成本和必要利润之和。

如图1所示，横轴表示投资建设的时间，纵轴表示投资建设的价格，SS是昂贵资本品的供给价格，DD是昂贵资本品的需求价格。

要想让昂贵资本品被生产出来，需求价格必须大于或等于供给价格，这是供求曲线交汇点A左边的情形。但如果需求者对未来悲观失望，预期利润下降，或者利率大幅上升导致需求价格下降；而供给方因成本上升导致供给价格上升，使供给价格大于需求价格的时候，昂贵资本品的供求价格就来到了A点的右边，这个供求价格状况就是现值颠倒。此时投资、融资都会停止：既没有新项目开工，已开工的项目也会变成烂尾工程。

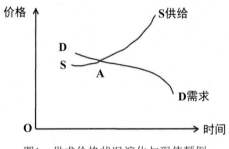

图1　供求价格状况演化与现值颠倒

8. 两套价格体系(two sets of prices)

明斯基创造性地提出的"两套价格体系"理论，在底层逻辑上为昂贵资本品融资建设的难解之题点亮了透视之光。

明斯基提出，处于不同阶段的昂贵资本品存在不同的定价方式和价值实现方式：已建成并投入运营的昂贵资本品(资本存量K)用"当前产出价格"来交易，记为P_K；尚未建成的资本品(建设过程中不断增加的投资I)用"资本资产价格"来进行融资建设，记为P_I。就这两套价格而言，分别存在着各自的供给价格和需求价格。

以核电厂为例，已经建成并投入运营的核电厂的"当前产出价格"，根据已有的车间厂房、供求价格就能定价、交易，改变的只是核电厂的所有者，核电厂的投资、积累、产出都不受影响。

尚未建成的核电厂的"资本资产价格"需要随时间变化，接受在建项目供求价格匹配度的检验：如果供给价格小于需求价格，核电厂可能被建设出来；如果供给价格大于需求价格，则核电厂不会被继续建设，会成为烂尾工程，所有投入无法得到价值实现。

如果在某个时间点，已建成核电厂的供给价格低于在建核电厂的供给价格，即已建成核电厂的销售价格低于在建核电厂的预期成本加利润，想要运营核电厂的需求者就不必购买在建核电厂，只需要购买已建成核电厂即可。在建核电厂就无法得到预期的融资，投资、建设都会中断，进而导致宏观经济不稳定。

9. 明斯基时刻

当现值颠倒，新投资中断，资本品失去市场和利润来源，预期的偿债现金流断裂，为了偿债而被迫抛售资产，出现螺旋式价格下跌、偿债能力恶化、债务违约时，明斯基时刻就到来了。

10. 金融不稳定假说

"金融不稳定假说第一定理：经济在某些融资方式下是稳定的，在另一些融资方式下是不稳定的。金融不稳定假说第二定理：经过一段长时间的繁荣，资本主义经济会从使系统稳定的融资关系，转变为使系统不稳定的融资关系。"[①]

五、与明斯基结缘及致谢

1. 与明斯基结缘

我第一次听到明斯基的名字是在2003年我去马萨诸塞大学阿默斯特分校访学期间詹姆斯·克罗蒂(James R. Crotty)的宏观经济学课上。五年后，次贷危机爆发，我申请国家社科基金青年项目"海曼·明斯基关于稳定宏观经济的政治经济学分析"，开启了对明斯基的探索之路。

2011年8月至2012年8月，我在纽约社会科学新学院访学，参加了第21届"明斯基年会(Annual Hyman P. Minsky Conference)"[②](见图2)和第3届"明斯基夏季研讨会"(见图3)，遇见了明斯基的妻子埃丝特(Esther Minsky)(见图4)、女儿戴安娜(Diana DePardo-Minsky)(见图5)和本书中文版序言的作者扬·克雷格尔(Jan Kregel)(见图6)，与他们合影。

2. 致谢

感谢清华大学出版社的编辑老师们对本书出版给予的大力支持与协助，本书出版的每一个环节都离不开她们的辛勤劳动，尤其是翻译文稿的多次修改给她们增加了巨大的工作量。感谢埃丝特、戴安娜和明斯基的儿子阿兰(Alan Minsky)允许出版翻译本书。感谢安瓦尔·谢克(Anwar Shaikh)推荐明斯基研究的专家学者扬为本书作序。感谢扬为本书撰写中文版序言。

---

①　Minsky, H., 1992, The Financial Instability Hypothesis, Working Paper No. 74.
②　"明斯基年会"始于1992年，会期通常为2天，参会者来自政府、学术界、金融机构、媒体和利维经济研究所，截至2021年已召开了29届。

图2 明斯基年会，福特基金会，2012年4月摄于纽约市

图3 明斯基夏季研讨会，2012年6月摄于巴德学院利维经济研究所

图4 我与明斯基的妻子埃丝特(Esther Minsky)，2012年6月摄于巴德学院利维经济研究所

图5 我与明斯基的女儿戴安娜(Diana DePardo-Minsky)，2012年6月摄于巴德学院利维经济研究所

图6 我与扬·克雷格尔(Jan Kregel)，明斯基夏季研讨会，2012年6月摄于巴德学院利维经济研究所

感谢十五年来所有陪伴我在明斯基研究路上的同行人：我的前同事王生升教授与我合作申请明斯基研究的国家社科项目；李亚鹏、董鑫、樊正伟、张珂、陆铭和张科举在清华大学读研究生期间参与明斯基文献的翻译工作；张珂、陆铭、刘振山、戴霖杉和王家园都进行了与明斯基相关的硕士论文研究。感谢朱安东教授在百忙之中阅读译稿、撰写专家审读意见。感谢文一教授、李稻葵教授、余永定教授、龚刚教授、孟捷教授和谢富胜教授在百忙之中撰写专家推荐语，字字珠玑。

感谢翻译团队的每一位成员(具体分工见表1)：孙小雨、戴霖杉、田磊、张宏博、轩辕行健、王晟(见图7、图8、图9)。他们是我的人生伙伴、良师益友和精兵强将。本书的每一个章节都经过初译、译校和互校，每个环节的重点和难点都经过了所有成员的多轮讨论与修改，凝聚了每一位成员的心血和智慧，也凝聚了每一位成员的快乐和价值。

表 1 翻译团队分工表

章节内容	初译	译校一	译校二	互校
中文版序言	孙小雨	赵准		戴霖杉
劳特利奇经典版序言、前言	田磊	赵准		孙小雨
导言	戴霖杉	赵准		
第 1 章	张宏博	王晟	赵准	
第 2 章	轩辕行健	孙小雨		孙小雨
第 3～5 章	戴霖杉	赵准		
第 6 章	孙小雨	戴霖杉	赵准	
第 7～9 章	田磊	赵准		
第 10～12 章	孙小雨	王晟		戴霖杉
第 13 章	孙小雨	戴霖杉	赵准	
索引	田磊	戴霖杉、轩辕行健、王晟、赵准		

图7 (从左至右)张宏博、田磊、戴霖杉、
赵准、王晟、轩辕行健，2024年6月
摄于清华大学

图8   孙小雨

图9   2022年2月8日正月二十七组会
(第一排从左至右)赵准、张宏博、王晟
(第二排从左至右)轩辕行健、戴霖杉、田磊
(第三排)孙小雨

受篇幅所限，本书索引部分以数字形式呈现，请读者扫描下方二维码获取。

赵 准
2024年7月于清华园明斋

劳特利奇经典版序言

海曼·明斯基是20世纪美国最具原创性的经济学家之一，这部论文集代表了他的早期思想。从在哈佛大学读研究生时起，明斯基就一直持续关注20世纪30年代初席卷美国的金融危机，本论文集的标题及其收录的论文都体现了这一点。在近一个世纪后的今天，我们通常将这场危机等同于"1929年大崩盘"。然而，正如明斯基在与本论文集同名的文章中所指出的那样，直到他的思想成熟并取得超越为止，一直萦绕在他头脑中的危机是1932—1933年的金融危机，而不是在那之前三年多发生的股票市场崩盘。两者之间的区别十分重要：1929年，股票市场崩盘；1932—1933年，股票市场和银行系统因赫伯特·胡佛(Herbert Hoover)平衡美国联邦预算的尝试而开始崩溃，直到富兰克林·罗斯福(Franklin Roosevelt)通过延长银行假期，出台包括《格拉斯-斯蒂格尔法案》(Glass-Steagall Act)和拓展存款保险覆盖范围在内的新的金融监管条例，以及实行新政等措施才得以挽救。这些文章清楚地表明，在明斯基看来，避免"大萧条"再次发生并不仅仅意味着支持股票市场和为银行提供再融资，而且还意味着需要财政刺激来防止总需求下降，同时也需要为金融系统提供价值稳定的政府证券。

在危机爆发时，明斯基刚刚步入青少年时期。他出生于1919年，父母是来自俄国的孟什维克难民，他们参加了芝加哥的社会主义政治运动和工会运动。明斯基天资聪颖，他进入芝加哥大学学习数学，并在那里遇到了波兰马克思主义者奥斯卡·兰格(Oskar Lange)，兰格鼓励他学习经济学。明斯基在第二次世界大战末期服完兵役后，在纽约的一家金融公司工作了数月，其后进入哈佛大学攻读博士学位，师从约瑟夫·熊彼特(Joseph Schumpeter)，在1950年熊彼特去世后导师改为瓦西里·列昂惕夫(Wassily Leontief)。他的博士论文是对加速数原理的批判，该原理在当时已经成为保罗·萨缪尔森(Paul Samuelson)所提出的经济周期理论的关键要素。明斯基不仅批判了加速数原理，还批判了经济周期理论中金融因素的缺失[1]。

---

① 明斯基去世后，他的博士论文以《诱导性投资与经济周期》为题，由爱德华·埃尔加出版社于2004年出版。贝洛菲奥雷(R. Bellofiore)和费里(P. Ferri)主编的《金融凯恩斯主义与市场不稳定性：海曼·明斯基的经济学遗产》(第一卷)(爱德华·埃尔加出版社，2001年)的导言提供了对明斯基著作和观点的出色总结。他们两位是意大利贝加莫大学海曼·明斯基经济系的教授。

从哈佛大学毕业后，明斯基先后在布朗大学和加州大学伯克利分校任教，之后于1965年被聘为华盛顿大学圣路易斯分校教授。1990年退休后，他成为巴德学院利维经济研究所的高级学者，并在那里工作直到1996年去世。

本论文集收录的文章包括他首次发表的文章《中央银行与货币市场变革》和《货币系统与加速数模型》。这些文章显然源自他的博士研究。到了20世纪60年代，在货币和信用委员会任职顾问的工作强化了明斯基对政府政策的关注，他专注于说明美联储的适应性政策和逆周期的财政政策对于消除金融不稳定的必要性。这在他的论文《"大萧条"会再次发生吗》中得以体现。1966年发生的信贷紧缩——后来由美联储提供流动性化解——使明斯基确信，金融不稳定的风险依然迫在眉睫。但是人们并没有吸取教训，随后的信贷紧缩演变为规模不断扩大的全面衰退，并在1979年的里根衰退中达到顶峰(《金融与利润：美国商业周期不断变化的性质》)。

除了亨利·西蒙斯(Henry C. Simons)这一芝加哥学派中的银行业自由放任政策批评者，对明斯基的金融理论影响最大的可能是持有关于债务紧缩观点的欧文·费雪(Irving Fisher)。明斯基分析金融危机的最初尝试采取的形式是考察经济对于现在所说的 "冲击"的响应。这些冲击会影响人们对投资所带来利润的预期，从而导致投资和进行投资所需融资的增加或减少。投资变动几乎被普遍地看作经济周期中的主动性支出变量。信贷条件不仅是决定为投资而获得融资的关键因素，而且常常决定投资本身。

1969—1970年，明斯基在英国剑桥大学圣约翰学院做了一年的访问学者。他借此机会深化了对凯恩斯著作的理解，这一研究的成果即为他1975年出版的专著《约翰·梅纳德·凯恩斯》。在此书中，明斯基支持凯恩斯关于调节总需求与投资回报就足以实现充分就业的观点。看起来他在这本书出版以后才吸收了米哈尔·卡莱茨基(Michal Kalecki)的部分研究成果。卡莱茨基基于投资的经济周期理论让明斯基找到了使投资不稳定内生于资本主义生产和投资过程的途径。这一经济周期的理论路径使明斯基得出其金融不稳定理论，在这一理论中的信用崩溃并不是由冲击或者货币当局缺乏调节导致，而是在系统内部自行产生。这种新的理论体现在本书收录的《金融不稳定假说：一个重述》一文中。

本论文集最初出版于1982年，既包含了明斯基关于资本主义经济和金融过程的独特理论的基本要点，也反映了这一理论产生的不同阶段。尽管明斯基在1986年出版的最后一本著作《稳定不稳定的经济》中才将他的各种分析整合起来，但在本书收录的文章中也许已能找到其基本观点。

明斯基的观点可能不可避免地受到了当时理论交锋的影响，这些交锋既包括关于经济政策的辩论，也包括凯恩斯主义者中关于如何准确理解凯恩斯著作的争论。关于经济政策的辩论体现在凯恩斯主义者和货币主义者的意识形态斗争之中，争论主题为如何应对20世纪70年代至80年代不断上升的失业率和通货膨胀。凯恩斯主义者支持老式的财政刺激，货币主义者则青睐于通货紧缩。在这场争论中，明斯基当然站在凯恩斯主义者一方。但是，在如何解读凯恩斯的《通论》这一问题上，明斯基是最早批判"新古典综合"的经济学家之一。新古典综合是凯恩斯理论的一般均衡版本，一直到20世纪70年代都是经济学教科书的主要观点。考虑到新古典综合现在已经被新古典宏观经济学、新凯恩斯主义宏观经济学和最近的动态随机一般均衡模型所取代，这一争论也许只具有历史意义，明斯基对于新古典综合的评论可能也因此而显得多余。不过应该记住的是，明斯基正是通过这一批判才提炼出对一般均衡理论的独特看法。

同样值得注意的是，在教科书中取代了新古典综合的那些理论(除上述以外，还包括最近的综合了新古典宏观经济学与新凯恩斯主义宏观经济学的"新新古典综合")与明斯基理论的差别甚至更大。如果说20世纪70年代以来宏观经济理论取得了什么"进步"，那就是系统性地减少和排除了企业或银行金融机构在宏观经济模型中发挥的任何作用。明斯基后来多次提到，这种排除使模型丧失的恰恰是那些赋予资本主义本质特征的机构。生产和投资的关键决策都是由家庭做出这一观点支撑了当今"有微观基础的"宏观经济学，这对于不谙世事的公众或者书斋里的知识分子来说也许是合理的，但它代表的只是一种想象中的世界，而不是现实中的现代资本主义。尽管现在通常将明斯基和后凯恩斯主义者联系起来，但他对于分析上述机构运行的强调却使其著作有别于许多后凯恩斯主义者。实际上，在明斯基被后凯恩斯主义者接纳以前，他常常称自己为"金融凯恩斯主义者"。

伴随着将企业和金融从宏观经济学中排除，人们对于中央银行管控通货膨胀和经济活动的能力的信心也不断增强。矛盾的是，自从2007年爆发金融危机——我们这个时代的"明斯基时刻"以来，要求增强货币政策对经济影响力的呼声已经上升到新的高度。正如本书收录的文章所示，明斯基对于中央银行掌控经济的能力持怀疑态度。19世纪以来，(政府)通过货币政策来控制国家的经济状况时，这总是成为金融危机的先声。对明斯基来说，中央银行的重要职能是作为最后贷款人，在银行面临流动性短缺时提供信贷。明斯基沿袭了凯恩斯的观点，认为对经济周期的调控最好通过财政政策来实现。从这种观点来看，人们在最近的危机期间及其后提出的中央银行掌控经济的主张，在一定程度上掩盖了中央银行在危机中未能有效履行最后贷款人职能的问题。而在明斯基看来，这是中央银行在危机中可以成功执行的唯一职能。

正如上述论述所示，明斯基对于现代资本主义经济中复杂的金融机制进行了多方位的思考。因为他拒绝将融资和金融关系简化为从现代资本主义经济体制结构中抽象出来的简单投资组合决策，所以其理论在现代宏观经济学中独树一帜。也许是无意识的，明斯基是向19世纪的银行学派回看。而21世纪的金融困境却使这些论文在今天被赋予新的生命和活力。

简·托普洛夫斯基

(Jan Toporowski)

前　言

　　五十年前，1932—1933年的冬天，美国的金融系统和经济系统停摆，几近完全崩溃。整整两代人一直被这样的幽灵所缠绕——"大萧条"(类似这样的巨大崩溃)是不是会再次来临。如果认识不到改革者的一个主要目标是构建出一种意欲使"大萧条"不再发生的金融和经济制度，我们就无法理解我们经济的制度性结构，而这一结构在罗斯福时期的头几年中就已经基本成型。

　　本书辑录文章的共同主题是为"大萧条"做出定义，确认"它"是否会再次发生，并阐明为何到目前为止"它"尚未再次发生。这些文章中最早的发表于二十五年前左右，最迟的发表于1980年底。它们涉及抽象理论、制度演化和美联储政策等问题。尽管发表时间上存在跨度，所涉主题也各有不同，但它们都强调我们应该增进对不断演进的制度结构所产生影响的理解，并将之纳入经济理论。此外这些文章还指出，如果经济理论把经济学家们通常称为实体经济的部分同金融系统分离开来，那么这种理论就只能得出错误的结论，无法理解我们这个世界的运行方式。

　　这些文章的重大结论是，导致金融不稳定的过程对于所有分权的资本主义经济(decentralized capitalist economy)来说都不可避免——资本主义具有固有的缺陷——但是，金融不稳定并不必然带来大萧条；"大萧条"不是必然要发生的。当新政及其后续变革的最终结果是一个比1929年大得多的政府(相对于经济的体量来说)，并伴之以对金融实践进行管控和干预的经济结构的时候，这些措施提供了一系列"最后贷款人"的保护。套用一句俗语，美国经济"时来运转(lucked out)"了。然而，随着始于1946年的体系在其后二十多年中的成功演进，"制度的"和"资产组合的"实验与创新将流动性保护吸收殆尽，而这一保护是大萧条后的改革及战时财政的遗产。结果，为了消除可能引发严重衰退的金融错配，政府不得不进行力度更大、频率更高的干预。金融关系的演化导致了间歇性的"危机"，这些"危机"酿成了发生严重衰退的明显而现实的风险。迄今为止，美联储和其他金融管理机构的干预及财政部的赤字共同遏制和管控了这些危机。然而，在目前的金融结构和经济结构下，这些举措会导致通货膨胀。在目前的有通货膨胀倾向的经济系统中，抑制通货膨胀的常规手段容易引发债务紧缩过程，如果这一过程无法得以遏制，就会导致严重的萧条。

显然，我们现在需要构建一种制度体系和干预体系，在不造成慢性通货膨胀的前提下防止金融崩溃和严重萧条。在本书中，我只会给出一些关于可能举措的线索；比起开药方，我对于做出诊断感到更自信。

经年以来，我在理论上得到了许多人的帮助，其中一些我能够明确意识到，故在这里表示感谢：作为学生的我深受亨利·西蒙斯、奥斯卡·兰格和约瑟夫·熊彼特的影响。

在我进入华盛顿大学圣路易斯分校工作后，我很快与马克·吐温家族银行建立了联系。在这些年中，这一联系，尤其是来自亚当·阿伦森(Adam Aronson)、约翰·杜宾斯基(John P. Dubinsky)，以及后来的埃德温·哈得斯佩斯(Edwin W. Hudspeth)等人的真知灼见显著地提升了我对于经济运行方式的理解。

伯纳德·沙尔(Bernard Shull)供职于美联储管理委员会时，对我的作品也提供了很大帮助。

我在英国剑桥大学度过了一年的学术休假(1969—1970年)。十分感谢奥伯里·希伯斯顿(Aubrey Silberston)，有了他的帮助我才得以成为这个学术共同体的一员。

莫里斯·汤森德(Maurice Townsend)多年以来总会阅读我正在撰写中的作品，不仅提出意见，还一直鼓励我坚持下去。他是一个可以依靠的真正的朋友。

爱丽丝·利泼维茨(Alice Lipowicz)在阅读本书并为本书挑选收录文章等方面提供了难以估量的帮助。M. E.夏普公司的阿诺德·塔佛(Arnold Tovell)和罗格斯大学的阿尔弗雷德·艾克纳(Alfred Eichner)也为本书提供了大量帮助。贝斯·埃里克(Bess Erlich)和华盛顿大学经济系的工作人员在处理我潦草的手稿时总是报以极大的耐心。

海曼·P. 明斯基

(Hyman P. Minsky)

目　录

第6章

金融不稳定再考察：灾难经济学／96

第7章

中央银行与货币市场变革／130

第8章

货币权力的新功用／143

第12章

对简单的增长和周期模型的综合／202

第13章

私人部门的资产管理与货币政策的有效性：理论和实践／218

"大萧条"会再次发生吗
——一个重述

自第二次世界大战(以下简称"二战")以来,最重大的经济事件是一件没有发生的事情:一场深远且持久的萧条至今仍未发生。

从历史记录来看,超过三十五年没有发生严重且长期的萧条是一项令人瞩目的成就。"二战"以前,严重的萧条会周期性爆发。在那些萧条频发的艰难时期里,20世纪30年代的大萧条仅仅是其中"更大、更好"的一例。战后的成就表明,大体上由20世纪30年代的改革所创造出的制度结构和政策干预措施存在可取之处。

"它"——大萧条——还会再次发生吗?如果"它"还会发生,那么为什么在"二战"后的这么多年中没有发生?无论是基于历史记录,还是基于过去三十五年相较于之前而言的成功,我们都会自然地提出这些问题。要回答这些问题,我们需要这样一种经济理论:在这种理论中,大萧条是我们这类资本主义经济可能出现的一种状态;同时我们可以借助这种理论来确定,在1980年和1930年的经济之间的诸多不同点中,究竟是哪些因素造就了战后时期的成功。

里根政府已经发起了一个方案(本书第1版出版于1982年,明斯基撰写此文时,里根的改革方案尚处在发端阶段——译者注),对经济制度和经济政策进行显著变革。这些方案反映了一些被清晰表达出来的对干预资本主义(interventionist capitalism)的保守性批评。这里的干预资本主义指的是在新政和战后时期发展起来的一种资本主义。

尽管这些批评来自被冠以货币主义、供给学派和财政正统(fiscal orthodoxy)等的各式流派,但它们的主张都是类似的,即它们都声称自己反映的是现代经济理论的成果,而他们所谓的现代经济理论就是通常所说的新古典综合。新古典综合的抽象基础在"二战"后,随着数理经济学的兴盛得到了充分的发展。担任往届政府经济顾问的正统凯恩斯主义者们的理论基础正是这个新古典综合。

新古典综合的主要定理是:在一个去中心化的市场系统中,经济单位由各自的利益驱动，最终能够产生一个连贯一致的结果，并且在某些十分特殊的情况下，该结果可以被看作有效率的。然而，只有在做出非常强的假设之下，上述主要结论才能成立。但在一个资本资产由私人所有，且包含复杂的、不断变化的金融机构和金融实践的经济体中，这些假设从未被证明成立。实际上，我们所在的经济体一直随时间的推进而不断地发展。而针对干预的保守性批评所依据的基本定理，都已被证明只适用于那些把时间抽象掉的"模型"。

不稳定是我们经济的一个显而易见的特征。理论要想有效地指导政策以控制不稳定，就必须说明不稳定是如何产生的。新古典综合的抽象模型不能产生不稳定。新古典综合理论在构建伊始，就将资本资产、以银行和货币创造为中心的融资安排、负债所施加的约束条件及与未来不确定性相关的问题等因素统统排除在理论范围之外。经济学家和政策制定者想要做得更好，就必须抛弃新古典综合理论。我们必须探究经济过程，而这些过程本身随时间推移而不断发展，这意味着投资、资本资产所有权和与之相关的金融活动将成为理论的核心关注点。一旦进行了这种理论研究，我们就可以证明不稳定是经济过程的正常结果。一旦不稳定被理解为一种理论上的可能性，我们就可以设计出适当的干预措施来限制它。

里根胜利的经济根源

里根在1980年获得政治胜利的原因在于：在20世纪60年代中叶以后，经济在通货膨胀、就业和物质生活水平提高等方面的表现逐渐下滑。对"二战"后历史的仔细考察表明，这一时期可以被自然地划分为两个阶段。第一阶段持续了将近二十年（1948—1966年），这一时期的经济主要维持平稳增长。随之而来的是一个经济动荡不断加剧的时期，这一时期一直延续到今天。

经济平稳增长时期的特点是较低的通货膨胀率（尤其是以20世纪70年代的标准来看），低失业率和看似迅速的经济增长。这一阶段开始于战后即时调整的完成，可能是美国经济史上最为成功的一个时期。在新政时期和"二战"中，大量资源被创造出来。战后阶段继承了之前时期创造的遗产——资本资产、训练有素的劳动力及完备的研究机构。此外，家庭、企业和金融机构的富有程度和流动性充足程度比以往任何时期都要高。不仅如此，对"大萧条"的记忆使得家庭、企业和金融机构都十分看重他们的流动性。由于此时保守主义观念在金融领域占据统治地位，因此战争时期所积累起来的大量流动性并未在和平到来后导致支出和投机的暴增。此外，当通货膨胀看起来要开始加速时，联邦政府预算就会转向盈余状态，从而使联邦政府预算成为制约通货膨胀扩张的积极力量。

战争结束后，美国家庭和企业的债务融资支出逐渐扩大，这种扩大往往是试探性的，而不是大规模爆炸性地增加。新增加的流动性被逐渐吸收，规章和标准被逐渐放宽，这些规章和标准决定了什么样的合同是被允许的。只有当经济的出色表现减轻了人们对出现另一场大萧条的恐惧时，家庭、企业和金融机构才提高了他们的债务-收入比与债务-流动资产比，进而使这些比率上升到"大萧条"之前的水平。随着分层(layered)的私人债务在金融体系中比重的上升，金融结构变得越来越脆弱，越来越容易受到扰动(disturbances)的影响。随着这些扰动的发生，经济转入动荡体制，并延续至今。

平稳增长过程因1966年的信贷紧缩而首次被打破。美联储在战后首次作为最后贷款人进行干预，为那些正在因设法满足流动性需求而遭受损失的机构提供再融资，就这一次的情况而言，这些机构是银行。信贷紧缩之后出现的是一个"增长型"衰退("growth"recession，"增长型"衰退是纽约大学Solomon Fabricant教授1972年提出的一个概念，描述一种不同于严格意义上的衰退的"衰退状态"。它指的是在给定时期内经济产出低于潜在产出，这反映于实际GNP增长率低于计量模型给出的估计值，与之相伴的是失业率升高。见The "Recession" of 1969—1970, Solomon Fabricant, Chapter in NBER book Economic Research: Retrospect and Prospect, Volume 1, The Business Cycle Today (1972), Victor Zarnowitz, editor (p. 89—136)——译者注)，不过越南战争规模的扩大迅速导致了联邦赤字的大幅增加，促使经济从增长型衰退中复苏。

1966年事件主要由以下四个要素构成：第一，金融市场的波动导致货币当局作为最后贷款人进行干预；第二，出现经济衰退(1966年的增长型衰退)；第三，联邦赤字显著增加；第四，经济复苏后通货膨胀加速增长，这为下一次波动奠定了基础。随后的1969—1970年、1974—1975年、1980年和1981年的经济动荡同样由这四个要素构成。由于在每一次波动中具体面临流动性不足或无力偿债问题的金融市场和机构都不相同，因此每一次最后贷款人干预的细节也都有所不同。除1980年经济衰退以外，历次衰退的严重程度看起来都逐次恶化。1975年后，联邦政府赤字长期存在，并因为要应对经济衰退而持续增长。

每一次的金融波动都发生在短期融资的快速扩张之后。事实上，金融波动发生的确切时间部分取决于美联储为放缓这种融资增长所做的努力(因为短期融资的快速增长与价格上涨有关)。美联储行动的"理由"是通货膨胀必须被遏制。每一次金融波动之后都会出现经济衰退，在经济衰退中失业增加而通胀率下降。

1966年以来的历次信贷紧缩(金融波动)、经济衰退和复苏构成了通常所说的经济"周期"。在这些周期中，失业率的最小值单调增长。通货膨胀和失业存在明显不断恶化的趋势：通胀率最大值和失业率最小值在1966—1969年比1966年以前要高，在1970—1974年又比1969年以前要高，在1975—1979年又比1974年以前要高。此外，利率水平和美元汇率的波动幅度在这一时期也存在类似的上升趋势，而消费的增长速度显著下降。虽然经历了这些动荡，但是就没有出现严重的萧条而言，经济仍然是成功的。其失败在于价格水平不稳定、失业率和物质生活水平的不怎么增长("增长"表达了在人们的感受中，物质生活水平提高有限。数据也支持人们的感觉，《美国总统经济报告》显示，自1973年美国实际工资达到历史最高水平之后，直到今日尚未恢复到那时的峰值——译者注)，正是这些失败为里根抛弃现有制度体系、放弃干预开辟了道路。

不稳定的根源

政策面临的挑战在于如何在不出现严重萧条的条件下重拾战后经济第一阶段的那种平稳增长。为了制定出这样的政策，我们需要理解为什么1948—1966年多方面的成功会让位于在避免萧条方面持续成功与在经济生活的许多其他方面逐渐失败的结合。

在《中央银行与货币市场变革》(发表于1957年)中，我指出在长期繁荣中"……货币市场上将会出现大量这种增加货币流通速度并减少流动性的创新。结果就是流动性的下降继续加剧。迟早，这些不断加强的变化将导致内在不稳定的货币市场的出现，以至于经济繁荣出现轻微逆转就可能引发金融危机"。即便如此，人们也认识到，一个容易发生危机的金融结构并没有使深度萧条不可避免，因为"繁荣时期的创新产生的不稳定性会引发金融危机，而中央银行的职能是充当最后贷款人，从而限制金融危机带来的损失。中央银行迅速采取行动稳定金融市场，政府迅速采取财政政策来增加经济中的流动性，这两项措施的结合将尽可能地减少危机对消费支出和投资支出的不良影响。因此，严重萧条是可以避免的。于是，中央银行的职能与其说是稳定经济，倒不如说是充当最后贷款人"。

在之后的作品《"大萧条"会再次发生吗》中，我认为随着金融关系变革的不断累积，经济发生金融危机的风险正在提高。但在写那篇论文的1963年，上述变革尚未发展到使债务紧缩全面爆发的程度。到了1966年，第一次信贷紧缩果然发生了。

美联储作为最后贷款人迅速进行了干预，为资产受损的银行提供再融资。20世纪60年代中期越南战争的升级意味着彼时的财政政策必然是刺激性的。在此后发生的宾夕法尼亚-中央铁路公司破产(1969—1970年)、富兰克林国民银行破产(1974—1975年)和亨特-贝奇白银投机(1980年)等金融动荡和衰退期间，美联储的最后贷款人干预措施，与刺激性财政政策的组合防止了经济突然陷入累积性的债务紧缩过程。因此，在过去的十五年中，货币干预和财政政策成功地遏制了金融危机，并防止了深度萧条，尽管它们未能成功维持就业、增长和价格稳定。这种同时存在的成功与失败是同一过程的两个方面。美联储和财政部用来遏制危机和阻止深度萧条的措施会导致通货膨胀,而他们抑制通货膨胀的措施又会反过来导致金融危机爆发,并使经济面临深度萧条的危险。

1965年以后在抑制和抵消由金融波动所引发的萧条方面的成功与1929年以后在这方面的失败形成了鲜明对比。由于经济结构的不同,1965年以来的金融波动对经济的影响与1929年的金融波动对经济的影响有所不同。"二战"后的经济与1929年崩溃的经济在以下三个方面有质的不同。

第一,政府的相对规模极度扩大。这意味着一旦出现经济下行,就会有一个大得多的政府赤字。

第二,待清偿政府债务规模大,当出现赤字时这些债务会快速增长。这既为流动性设置了下限,又削弱了货币供应与企业借贷之间的联系。

第三,美联储已经准备好在金融危机来临时作为最后贷款人迅速进行干预,或者至少到目前为止一直做着这样的准备。这防止了资产价值的崩溃,因为资产持有者能够获得再融资,而不用被迫出售头寸。

经济在过去的实际运行表现是经济学家们在构建和检验理论时能得到的唯一证据。资本主义经济显而易见的不稳定来源于以下两个方面:①投资过程涉及一系列复杂的市场关系;②负债结构承诺现金流的方式。这里的现金流主要是指来源于产出品的生产和分配过程的现金流。要理解资本主义企业的投资行为,有必要对投资行为所涉及的跨期关系进行建模。

我们这种经济的金融本质

我们生活在这样一种经济中:其中投资是由借款、贷款,以及股权变动共同决定的。融资安排通过若干环节进入投资过程中:金融资产和资本资产价格的决定,以及为投资支出提供现金就是这样的两个环节。因为能增加可获得资金,为持有资产和从事当前活动融资,因此,一项金融创新会产生以下两种倾向于增加投资的效应:第一,现存资产的市场价格将会上升,这会提高被用作资产的(投资)产出品的需求价格;第二,通过降低生产所需融资的成本,金融创新降低了投资产出品的供给价格。如果融资关系是在如下的框架中加以考察的——这一框架认可在现存的利率下,对融资的过度需求既会导致更高的利率,也会带来更多的金融创新,那么,通过忽视货币和金融关系来确定重要经济变量的理论建构就是站不住脚的。要想使理论对我们的经济有用,积累过程就必须是首要的考量,而货币必须从一开始就被引入论证过程。

在任何时候,企业的现金流都具有以下三种功能:它是判断过去的投资决策是否正确的标志;它为企业履行到期的支付承诺提供资金;它参与决定投资条件和融资条件。在对经济进行现金流分析时,决定经济系统表现的关键在于下面这一组关系，即企业偿还债务所需要支付的现金，与企业因当前经营和合同的履行而收到的现金两者之间的关系。这是因为现金收支之间的关系决定着投资的进程，进而决定着就业、产出和利润。

许多投资活动都依赖于这样一种融资关系：之前借款产生的利息在到期时超过了此时靠资产获得的收入，导致待清偿的短期债务总额不断增加。我称其为"庞氏融资"。快速上升的、处于高位的利率会增加类似庞氏的融资活动。这种融资的快速增加基本意味着金融危机即将爆发，或者为了阻止危机发生必须要进行特许优惠再融资(concessionary refinancing)。战后时期的趋势是，随着没有出现严重萧条的时间不断延长，投机融资(或债务展期)和包含利息资本化(the capitalizing of interest)的庞氏安排的比例不断提高。

然而，尽管存在资产负债表不断恶化、金融系统在数次紧缩中几近崩溃，以及名义利率与实际利率(价格平减之后的利率)过高等问题，自1966年以来，经济却始终没有爆发严重萧条。这源于两个现象：美联储愿意并有能力执行最后贷款人职能及政府赤字。

随着短期债务和导致利息资本化的债务相对于企业总资本收入的比例不断增加，对短期融资的需求也会因企业为债务进行再融资的需要而增长。投资通常由短期债务来提供资金。因此当投资繁荣发生在为到期债务再融资的需要不断扩大的情况下时，短期债务的需求"曲线"就会增加(右移)并变得更陡峭(弹性减小)。在这种条件下，除非融资的供给十分具有弹性，否则短期利率会快速上升。在一个对短期融资的需求部分来源于利息资本化的世界里，短期利率的上升可能会增加短期融资需求，进而导致短期利率进一步上升。短期利率上升会导致长期利率上升，从而降低资本资产的价值。

最后贷款人干预

短期利率和长期利率的共同上升使得有着较长孕育期(gestation periods)的投资产出品的生产成本提高，同时，两者的共同上升还会降低由投资产生的资本资产的需求价格。这往往会减少投资。同样的利率变动还会影响金融机构的流动性、盈利能力和偿债能力。资产价值下跌、持有资产的成本上升、同时利润缩减的这一过程会削弱工商业企业与金融机构的流动性与偿债能力。而当市场上一些重要单位的净值和流动性不足以或者可能不足以对到期债务进行展期或再融资时，经济就会停摆。在这种情况下，美联储、政府的存款保险机构及私人银行就会面临抉择，或者迫使陷入困境的单位"破产"，或者提供特许优惠的、常规市场操作之外的再融资。

当美联储或与美联储的"保护"措施一同行动的机构提供了上述特许优惠的、

常规市场操作之外的再融资,我们就可以说最后贷款人操作得到了实施。由于美联储的参与行为可以被阐释为用美联储的债务交换"问题资产",这种营救行动会导致储备货币大量涌入金融系统。

在1929—1933年的银行危机时期的大多数时间里,美联储都置身事外,没有对经营困难的机构提供大规模再融资。但是在1966年以来的历次危机中,美联储都做出了相当激进的干预,不仅自己亲自参与,还扮演其他机构干预行为的"组织者和保证人"。其结果是,资产价值并没有像在自由市场条件下那样大幅下跌,而且每次再融资"危机"过后,银行的储备状况都会有所改善。这种最后贷款人干预对资产价值的维持和它注入的流动性是使经济快速摆脱下行并迅速复苏的因素之一,而这也正是1966年以后经济周期的特征。

我们这种经济中的利润

只有随着历史发展,人们能够观察到各类收入、投资、政府赤字和贸易余额自1966年以来的发展趋势时,如下的事实才变得清晰,即在总资本收入的意义上而言的利润的形成和分配是理解我们经济的核心。这里的总资本收入是由收入生产(income production)带来的现金流,可供企业用来履行待清偿金融工具所带来的支付承诺。(收入生产是明斯基现金流理论中的一个专属概念,它是一个经济单位获取现金流的三种主要方式中的一种。用收入生产的方式获取现金流描述的是实体经济单位通过生产流通等经营性活动创造真实价值增殖的行为,即用真实的生产经营活动创造真实的"收入";另外两种方式是出售资产和借债——译者注)一个单位发行新债务或通过借债来筹集资金偿还旧债的能力取决于此处定义的利润的水平及预期走势。在通常的观点中,政府支出是库兹涅茨-凯恩斯式需求定义的一部分。随着有关危机是如何被中止、向深度萧条的发展是如何被遏制的证据不断累积,卡莱茨基-凯恩斯式的观点显然更适用于我们的经济,这种观点建立在需求的构成如何决定利润的理论之上。在卡莱茨基-凯恩斯式的观点看来,利润不是资本的技术生产力的产物,而是取决于有支付能力的需求的类型和来源。

卡莱茨基对我们经济中利润的决定有着深刻的见解,他认为利润产生于积累过程对价格的影响。一段时期内投资的货币价值是该时期内货币利润的基本决定因素。消费品生产创造利润的原因在于需要把一部分劳动力——生产消费品的那部分劳动力——生产的产品分配给全体消费者。根据价格来分配意味着在消费品的实现价格中,单位劳动成本之上的加成所反映的需求并不由劳动力在消费品生产中获得的工资收入来提供资金。这些价格加成的总和等于消费品生产部门的利润。在一个尽管大胆,但却能够揭示收入分配的决定过程的假设之下(假设工人的工资全部用于消费——译者注),消费品生产部门的利润等于投资品生产部门的工人获得的工资;

总利润等于投资(详述见第2章"金融与利润：美国商业周期不断变化的性质"——译者注)。

在20世纪20年代的小政府经济中，利润几乎完全依赖投资的进展。而"二战"以来，政府直接雇用和间接雇用的增加，以及转移支付的扩张，意味着利润对投资的依赖程度大幅下降。随着大政府的兴起，税收收入和转移支付对收入变化的应对，意味着收入的任何下降都将导致政府赤字的激增。既然能够证明利润等于投资加政府赤字，那么只要投资的下滑会带来政府赤字的上升，利润流就得以维持。累积性的债务紧缩过程的发生取决于利润的不断下降，当政府规模大到足以通过大规模增加赤字来抵消收入下降时，债务紧缩过程就会被快速中止。最后贷款人干预提供的再融资和政府赤字对利润的稳定效应，共同解释了自"二战"后深度萧条仍未发生的原因。这些类型的"干预"组合显著地降低了经济下行的脆弱性。

稳定政策想要成功，就必须成功稳定住利润。只有在预期利润足以引起投资支出增加时，经济扩张才能够发生。当期利润为企业履行支付承诺、偿还债务提供现金流，而预期利润则决定了企业通过发行债务来为支出融资和展期到期债务的能力。

货币系统处于债务创造和债务偿还机制的中心。当银行对外借款时——主要是针对企业——货币被创造出来，当借款人履行他们对银行的支付承诺时，货币被消灭。货币的创造受商人和银行家对于预期利润的看法影响，而当利润实现时，货币被消灭。货币变动是经济运行的结果而非原因，并且只有在利润流能够使从银行借款的企业履行偿债承诺时，货币系统才是"稳定"的。

中央银行的干预和政府赤字对利润的稳定，意味着经济扩张时期的金融创新所产生的债务结构，在危机和衰退时期仍然可以得到确认。由于中央银行对面临违约风险的金融头寸进行的再融资干预会导致中央银行存款、货币或担保的增加，所以最后贷款人的干预为衰退停止后信贷的迅速扩张提供了储备货币基础。在1966年、1969—1970年、1974—1975年和1980年的金融危机得到解决后，通胀率都逐步升高，这反映了克服危机的干预措施是如何提高利润和流动性的。

政策选择

一个简单的、描述金融危机爆发后政策选择的"政策选择真值表"(见图I.1)有助于解释为什么近些年的经济状况与1929—1933年不同。对金融危机和衰退的管控包括两个不同方面：一方面是对那些处于危险之中的市场与机构提供再融资(正是这些市场与机构的危险处境引发了危机)，另一方面是确保企业利润总额不会下降(因为金融危机揭示了某些特定的融资手段是"危险的"，所以危机的后果之一就是为满足私人需求而进行的债务融资行为减少。由于债务融资主要用于满足投资需求，而投资产生利润，所以危机会导致利润下降)。因此，我们把危机管控的两个"参数"定为经济陷入衰退时的最后贷款人干预和政府的赤字行为。

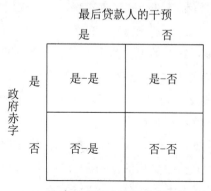

图I.1　政策选择真值表

当出现危机风险时，美联储可以强力干预，为机构提供再融资，也就是真值表中中央银行干预一项的"是"，也可以不干预，也就是"否"。当收入下降时，联邦政府可以增加赤字——出于预算的自动调整或者相机抉择的政策，这是"是"，也可以尽力维持预算平衡，这是"否"。在1974—1975年的富兰克林国家银行危机中，美联储的积极干预及国会采取的酌情退税和失业保险等措施，表明这一时期的政策搭配是"是-是"。这一选择不仅带来了经济的快速复苏，还导致了一段时间后通货膨胀率的增长。美联储在1929—1932年放弃承担责任，同时政府规模小且致力于平衡预算，使得该时期的政策应对为"否-否"。大萧条并不是"必然会发生的"，但是在当时的意识形态和制度框架下却是不可避免的。

除了"是-是"和"否-否"的政策搭配，还可以有"是-否"(有大规模政府赤字，没有中央银行干预)和"否-是"(尽管美联储执行最后贷款人职能，政府却试图维持预算平衡)。"否-是"的政策搭配在1930年和1931年是一种可能的政策选择。当时的政府规模是如此之小，以至于除非实施新的大规模支出项目，否则政府赤字无法对提高利润做出巨大贡献。在1930年和1931年，美联储本应勇敢行事，对大量机构提供再融资，维持众多资产的价格，并向成员银行注入大量准备金。如果在投资崩溃，从而利润暴跌发生以前就给整个系统注入大量准备金，这种政策组合就能够成功终止萧条。尽管"否-是"策略下的萧条水平会比"是-是"策略下的更严重，但如果美联储在经济收缩的过程中足够早地进行最后贷款人的干预，大萧条带来的全面灾难就可能得以避免。由于今天政府规模的扩大，"否-是"政策搭配已不再可能。

20世纪80年代，"是-否"策略会是政府能够选择的一种政策搭配。无论税收和政府支出被削减到何种程度，都很难设想政府支出会降低到国民生产总值GNP的20%以下，尤其是考虑到拟议的军事计划。里根的财政改革大大降低了政府预算的收入弹性。与1980年实际实行的税收与支出制度相比，在任何给定的向下偏离于使预算平衡的GNP水平下(for any given downside deviation from a balanced budget level of GNP)，政府赤字的规模都将更小。这意味着，为了实现任何给定的能够成功维持利润的赤字规模，实际收入与使预算平衡的收入水平之间的差距必须更大。但差距的扩大意味着过剩产能对投资的限制会更强。这又会反过来削弱赤字引发经济扩张的效果——这一效果是通过提高企业收入和改善资产负债表实现的。与应对收入变化更为充分的税收和支出制度相比，在里根模式的税收和支出制度下，"是-否"策略中"是"的部分将不那么有效。

可能的"是-否"搭配中"否"的部分是指有条件的干预，但并不意味着完全不干预。人们希望美联储在金融机构的流动性和偿债能力普遍出现问题时不会再无动于衷。一个"否"的最后贷款人策略只是意味着美联储不会像它在20世纪60年代中叶所做的那样尽可能快地干预经济。特别地，这意味着美联储不会像它在1980年春天亨特·贝奇白银投机失败时那样先发制人。"是-否"策略意味着美联储只有在认为金融崩溃即将来临时才会进行干预。

最后贷款人的"否"策略会导致大量破产和资产价值跳水，从而使企业、家庭和金融机构采取保守的金融行为。企业、家庭和金融机构的负债结构转向保守需要一段时期，在此期间政府通过赤字维持收入和利润，各经济单位则借此机会调整自己的负债结构。"是-否"策略最终会带来一段平稳增长的时期，但这所需的时间间隔可能过长，以至于经济刚刚开始平稳增长时，引发当前动荡的金融实验就已经死灰复燃。

利润暴跌是深远且长期的萧条发生的必要条件，而大政府可以防止这种情况发生。但是在现有的大政府结构下，近期的两个选择要么是采取"是-是"策略，经济继续呈现通胀-衰退-通胀的往复更替；要么是采取"是-否"策略，此时私人负债结构会在破产后得到重塑，通胀也会被"挤出"，但会发生深远且长期的衰退。不过，就算采取了"是-否"策略，金融创新的层出不穷也意味着长期衰退后的平稳扩张并不是永久的。只有对政府支出和私人投资领域加以重建，实质性的进步才是可能的。

我们能否做得更好

无论各行业和政府财政的结构如何，只要经济还保持是资本主义，只要工商业部门和金融部门的创新继续进行，经济周期就会存在。此外，只要金融结构是复杂的，长期资本资产是私人所有的，深远且长期的萧条就可能发生。然而，如果大政府的性质发生改变，经济就更有可能接近长期平稳的扩张。

我们政府的"大"规模主要源于庞大的转移支付和国防支出。资本主义经济的基本缺陷在于资本资产的私人所有、资本资产的创造过程与为拥有资本资产而进行的融资行为。正是这些缺陷导致了经济周期的产生。除了教育支出和科研支出，政府的基本支出项目或者支持私人消费，或者提供国防服务，即支持"集体消费"。尽管联邦政府每年的支出占国民生产总值的20%以上，但我们经济中的物质的和知识的基础设施仍在不断恶化。政府支出几乎没有用于公共领域的资本资产创造，而这部分资产可以提高私人资本的生产效率。从事资源创造和开发的大政府与支持消费的大政府相比，更能促进私人投资产出的扩大。政府如果将支出用于保障资本形成，而非像我们当前的政策那样用于支持消费，经济就可以更接近于平稳的增长。因此，在大政府实质上确保了萧条不再发生的情况下，经济平稳增长的恢复依赖于重建政府，使之加强对资源的开发。尽管全面改革是必要的，但是不幸的是，"里根之路"并非正确之路。

第1章

"大萧条"会再次发生吗[①]

1933年冬天，美国的金融系统崩溃了。这次崩溃是一个累积性通货紧缩过程的最终结果，这一过程可以很容易地被确认为始于1929年末的股市崩盘。这次通缩过程表现为金融和非金融单位的大规模违约，以及收入和价格的急剧下降[②]。1962年春天，股票市场又一次出现了急剧下跌。这引发了政府官员和私人高管各种安抚人心的论调，这些论调让人们回想起1929年股市崩盘后社会的最初反应也是如此，与此同时还出现了对新一轮债务紧缩进程正在被触发担忧的言论。但1962年的事件没有引发像1929年那样的债务紧缩，对此我们有必要探讨一下，这种差别究竟是由于经济制度或经济运行特征发生了根本性的变化，从而使导致金融崩溃的债务紧缩现在不再可能发生，还是因为金融和经济结构的本质属性并没有发生变化，而只是其中经济体量大小的差异造成了这种差别。也就是说，经济真的变得更稳定了吗？或者仅仅是因为在1929年和1962年股票价格下跌时，经济的初始状态有了相当大的差别？

1.1 通常情况下的考量因素

经济顾问委员会在讨论20世纪30年代的财政政策时表示："……无论财政政策原本可能产生怎样建设性的影响，它都在很大的程度上被限制性货币政策和制度失灵抵消了，而由于20世纪30年代及其之后发生的根本性变革，这些失灵将不会再次发生。"[③]但是该委员会没有具体说明发生了哪些制度性变化，从而使现在的不稳定不会继续发展并导致广泛传播的债务紧缩。我们可以推测，之所以对那些制度性

---

① 与出版商达成协议，转载自Dean Carson, ed., *Banking and Monetary Studies* (Homewood, Illinois: Richard D. Irwin, 1963), pp. 101–111, © 1963 by Richard D. Irwin, Inc.

② I. Fisher, *Booms and Depressions* (New York: Adelphi Co., 1932); Staff, *Debts and Recovery* 1929—1937 (New York: Twentieth Century Fund, 1938).

③ *Economic Report of the President*(Washington, D.C.: U.S. Government) Printing Office, January, 1963, p. 71.

变化缺乏精确性的描述，是由于人们对收入与金融系统的行为和特征之间所具有的联系缺乏一个被普遍接受的认识。

关于企业经济的财务和业务之间的相互关系这一一般性问题所涉及的各种问题，不可能在一篇简短的论文中对其进行全面的审察[①]。债务紧缩只有在一段较长的时间间隔后才会发生，这一点毫无疑问。在发生债务紧缩的间隔时间内，金融机构和商业惯例不断演变，因此，就细节而言，每一次债务紧缩都是一个独特的事件。然而，有必要并且值得探讨的是，这套系统是否存在一些本质的金融属性，这些金融属性在一段时间内基本上是不变的，却往往会倾向于增加债务紧缩的可能性。

在这篇论文中，我不会试图回顾1929年以来金融制度和金融实践的变化。我的观点是，作为对大萧条的一种应对而产生的，以及与当前正在讨论的问题(1962年股市崩盘为什么没有引发经济萧条——译者注)相关联的制度变革，阐明了一系列被允许的金融活动和各种金融机构被托付的责任，同时也使金融当局的最后贷款人职能更加明确。当美联储系统在经济明显剧烈下行期间表现出来缺乏效率甚至可能反常的行为时，制度改革便应运而生。这些改革创建了一些特殊的制度，比如各种存款和抵押贷款保险项目，这些项目既让某些最初的最后贷款人职能自动运行，又将它们归属的行政部门从美联储系统中移除。应当关注的是，目前中央银行根本职责和职能的分散化，使其并不能有效地组织起对金融的控制，也不能有效地组织起相关机构履行保护职能，特别是因为有效应对一场正在浮现的金融危机可能需要所有执行最后贷款人职能的不同单位之间协调一致。

本文支持的观点是，金融过程的本质特征没有发生变化，在一个持续的扩张(一个充分就业下的增长期，其间仅被温和的衰退所打断)中，经济的相对体量也没有发生变化。可能会有观点认为，1962年的初始条件与1929年相比有所不同，因为1929年让经济系统从稳定变为不稳定的过程，1962年还远未达到。另外还需要指出的是，联邦政府相对规模的大幅增加已经改变了金融系统的特征，使得金融不稳定的发展将引发一些稳定金融的补偿性变化。也就是说，联邦政府通过迫使公众改变其所拥有的金融工具组合，不仅稳定了收入，还稳定了与之相关的联邦债务增长速度，使得金融系统变得更加稳定。此外，尽管内在的稳定器本身并不能使经济系统恢复到充分就业状态，但家庭和企业的投资组合构成所发生的变化，往往会使私人消费和投资增加到与充分就业相一致的水平。

下一节，我将概述一个模型，说明与债务紧缩相对应的条件是如何产生的。随后，我将展示一些金融变量的观测值，并说明这些变量如何影响一个经济体面对初

[①]　J. G. Gurley and E. S. Shaw, *Money in a Theory of Finance* (Washington, D.C.: The Brookings Institution, 1960).

始变化时的反应。最后，我将说明自20世纪20年代以来联邦政府相对规模的增加对这些关系产生了什么影响。

1.2 模型简图

在一个封闭的经济体当中，对于任何时期都有

$$I - S = T - G \tag{1.1}$$

也可以写作

$$(S - I) + (T - G) = 0 \tag{1.2}$$

式中，$S - I$为私人部门的总盈余(为方便起见，包括了州和地方政府部门)，$T - G$为联邦政府的总盈余。

每个部门的剩余$\zeta_j\ (j = 1, \cdots, n)$ 被定义为总的现金收入减去消费支出与包括库存积累在内的总的实际投资之间的差额。因此，我们得到

$$\sum_{j=1}^{n} \zeta_j = 0 \tag{1.3}$$

式(1.3)是一个事后会计恒等式。然而，每个ζ_j是在各个部门中所观察到的投资和储蓄行为的结果，也可以解释为市场过程的结果。这一市场过程中各部门事前的储蓄计划和投资计划并不必然会相互协调从而达到一致。要想收入增长，就必须在除短暂间隔之外的时间中，在协调各种储蓄和投资计划的金融市场上持续产生不断增加的总需求。而要想使实际总需求一直增加，在没有大量过剩供给从而商品和要素的价格不易下降的情况下，就有必要使所有部门当前计划支出的总和大于当前获得的收入。同时，总支出超过预期总收入的部分能够在某种市场技术条件下得到融资。由此可见，在能够实现经济增长的时期内，至少有一些部门需要通过发行债券或出售资产的方式来为其部分支出融资①。

要让这些计划中的赤字能够成功地带来收入的增加，就有必要保证使这些计划得以执行的市场过程不会带来其他单位计划支出的抵消性削减。即使事后的结果是某些部门的盈余比预期中还要大，但总的来说，这些更大的盈余必须是部门收入增加的结果，而不是支出低于计划总额的削减。要实现这一目标，就有必要通过投资组合的变化将闲置的货币投入流通之中(即通过提高流通速度)或通过创造新的货币来为部分支出融资②。

---

① J. G. Gurley and E. S. Shaw, *Money in a Theory of Finance* (Washington，D.C.: The Brookings Institution, 1960).

② H. Minsky, "Monetary Systems and Accelerator Models," *American Economic Review*, XLVII: 859–83 (December, 1957).

在一个企业经济中，储蓄和投资过程会带来两个剩余：资本存量的变化和金融资产与负债存量的变化。正如资本收入比的增加可能倾向于减少对额外资本品的需求一样，金融负债与收入比(尤其是债务-收入比)的增加，可能会倾向于减少该单位(或部门)通过发债对额外支出进行融资的意愿和能力。

对于一个收入生产单位来说，如果收入下降的百分比变大，其履行还债义务的难度就将增加。债务-收入比的上升将导致该单位在依然能够履行还债义务的条件下，所能承受的收入下降的百分比降低，较小百分比的收入下降就会导致还债更加困难。这将使该单位难以(如果不是不可能的话)通过正常的收入来源履行其债务的支付承诺。如果支付承诺不能从正常的收入来源得到满足，那么这个单位将被迫借款或出售资产。在不利的条件下进行借款和被迫出售资产通常会使受影响的单位承受资本损失[①]。然而，对于任何单位来说，资本损益都是不对称的：一个单位在依然能履行承诺时所能承受的资本损失是有上限的。超过这个上限的任何损失都将通过违约或者再融资合同的方式转嫁给债权人。这些被引发的资本损失会导致消费和投资的进一步收缩，将会超过最初的收入下降所引发的收缩。而这有可能导致债务紧缩的递归过程[②]。

在不同部门的每一个债务-收入比上，我们都可以假设存在一个最大收入降幅，即使这一降幅以最不利于经济稳定的方式分布在各单位，也必然不会导致累积性通货紧缩过程；与此同时，还存在一个最小收入降幅，即使这一降幅以最有利于经济稳定的方式分布在各单位，也必然会导致累积性通货紧缩过程。必然不会导致累积性通货紧缩过程的最大收入降幅，小于必然会导致累积性通货紧缩过程的最小收入降幅。一个累积性通货紧缩过程发生的概率是收入降幅在必然不会导致累积性通货紧缩和必然会导致累积性通货紧缩的两个边界之间的一个非递减函数。对于一组给定的债务-收入比而言，这些边界性的债务-收入比是由以下因素决定的：经济体最终流动性(那些具有固定合同价值且没有违约风险的资产)的相对规模、私人单位相对于债务的净资产和收入，以及决定总需求的融资决策。

如果在经济增长过程中发生的金融变化倾向于增加私人部门的债务-收入比，或是降低最终流动性的相对存量，那么，一个给定的收入下降百分比引发债务紧缩的概率将随着经济增长而上升。此外，在一组给定的债务-收入比下，如果单位的净资产因资本损失或经营损失而减少，那么必然不会产生债务紧缩的最大收入降幅与必然会产生债务紧缩过程的最小收入降幅都将减小。如果在相当常规的路径上，有规律的经济运行引发了收入的下降与资产价值的减少，那么考虑到金融比率的演

---

① 　J. Dusenberry, *Business Cycles and Economic Growth* (New York: McGraw-Hill Book Co., Inc., 1958).

② 　I. Fisher, *op. cit.*; J. Dusenberry, *op. cit.*

进性变化，一定规模的初始收入下降或资本损失在过去没有触发严重的反应，但是现在却有可能引发债务紧缩过程。

一个两部门(家庭、企业)图可以说明这一论点。假定在没有违约风险的资产和家庭净资产数量给定的情况下，出现了一个ΔY_1的收入下降。就这个ΔY_1而言，存在一组两部门的债务-收入比，它们描绘出了必然不会产生债务紧缩过程的最大债务-收入比。还有另一组更大的债务-收入比，它们描绘出了在收入下降ΔY_1时必然会产生债务紧缩过程的最低债务-收入比。对于每一个处在这些边界值之间的债务-收入比来说，收入下降ΔY_1触发债务紧缩的可能性是债务-收入比的递增函数。

如图1.1所示的等量曲线将所有债务-收入比划分成三类。对于在曲线A-A以下的债务-收入比来说，收入下降ΔY_1必然不会导致债务紧缩。而对于在B-B线以上的那些债务-收入比来说，收入下降ΔY_1则必然会导致债务紧缩。在这两条线之间的那些债务-收入比，收入下降ΔY_1后出现债务紧缩的可能性随着债务-收入比的上升而增加。我们可以将这些对初始变化做出反应的区域称为稳定、不稳定和不太稳定区域。

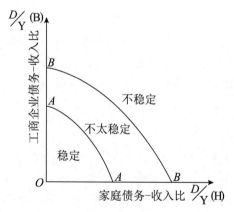

图1.1 收入下降情况下的债务-收入比和反应出的稳定性

对于大于ΔY_1的收入下降$\Delta Y_J(\Delta Y_J > \Delta Y_1)$来说，必然不会导致债务紧缩过程的最大债务-收入比，和必然导致债务紧缩过程的最小债务-收入比，都将小于收入下降为ΔY_1时的情形。因此，对于每一对债务-收入比$D/Y(H)\lambda, D/Y(B)\lambda$而言，都相对应地存在一个$\Delta Y_\alpha$的收入下降，在面临这一收入下降时，它是必然不会导致累积性通货紧缩过程的最大的一对债务-收入比；同时还存在一个ΔY_β的收入下降，在面临这一收入下降时，它是必然会导致累积性通货紧缩过程的最小的一对债务-收入比，且$\Delta Y_\alpha < \Delta Y_\beta$。对于介于$\Delta Y_\alpha$和$\Delta Y_\beta$之间的每一个收入下降，债务紧缩过程发生的概率都大于0小于1，且随着收入的下降而增加。

以上是从一个最初的收入下降所引发的反应这一视角来进行描述的，而我们设定的问题是考察股市的急剧下跌如何影响收入——尤其是它是否会引发累积性债务紧缩。在面临收入下降时，不同的债务收入比将导致稳定、不太稳定和不稳定的经济系统行为，而这些不同的反应区域其边界位置取决于社会的最终流动性和家庭净资产。股票市场的急剧下跌将使家庭的净资产减少，而且由于至少有一种融资方式——新发行股票融资——的成本会增加，从而企业投资将减少。此外，净资产的下降也会减少家庭支出。因此，净资产的下降将使反应区域的边界向里收缩，并导致一个初始收入下降。在考虑了股票市场崩溃进而造成初始资本损失的影响和初始收入下降的规模之后，经济系统的行为取决于不同行为状态间的边界位置所在。

1.3 证据一览

在前一节论点的基础上，初始冲击引发债务紧缩过程的可能性，由最终流动性的相对规模和家庭与企业的债务-收入比决定，并且这些变量具有相关性。我们将考察以下证据：这些变量在1922—1929年和1948—1962年表现出来的趋势，以及这些变量在1929年和1962年相关比率的数值。

一个经济体的最终流动性资产由那些名义价值独立于经济运行之外的资产组成。对于一个企业经济来说，最终流动性资产包括除政府基金以外的在国内拥有的政府债券、国库货币和硬币。我们将用国民生产总值除最终流动性总量作为相对最终流动性的衡量方式。这是一个速度概念，我称之为庇古(Pigou)流通速度，我们可以将其随时间变化的表现与传统流通速度进行比较，传统流通速度定义为国民生产总值除活期存款加上银行外的货币。

图1.2同时呈现了1922—1962年的传统流通速度和庇古流通速度。传统流通速度在1922—1929年呈现出轻微的上升趋势，从3.5左右上升到4.0左右，但此后一直急剧下降直到1946年为1.9，1946年以后开始上升。1962年，传统流通速度再次升到20世纪20年代曾经达到的水平。庇古流通速度从1922年的2.8迅速上升到1929年的5.0，随后一直急剧下降，直到1945年的最低点0.8，并在此后一直稳步上升，于1962年达到2.1。也就是说，虽然自1922年以来庇古流通速度和传统流通速度变化的方向是相同的，但1929年和1962年的相对值却有很大的不同。1929年庇古流通速度比传统流通速度大了25%，而在1962年，庇古流通速度大约是传统流通速度的50%。由于1962年的庇古流通速度数值大约是其1929年数值的40%，所以1962年相对于收入的最终流动性存量比1929年要大得多。

如表1.1所示，在1922—1929年和1948—1962年的经济持续扩张期间，家庭和非金融企业的债务-收入比都有所上升。然而，1962年的家庭债务-收入比要比1929年大，1962年的非金融企业债务-收入比却比1929年小得多。由于抵押债务

(mortgage debt)的性质在1929年至1962年期间发生了显著的变化，1962年家庭债务-收入比的增大，可能并不意味着经济系统对冲击的敏感性更大(即面临收入下降冲击时发生债务紧缩的可能性没有增大——译者注)。

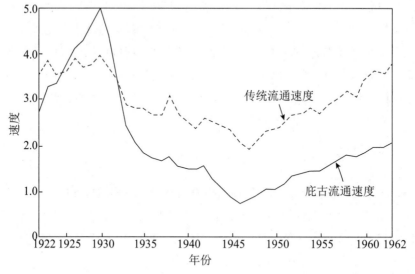

图1.2　1922—1962年的传统流通速度和庇古流通速度

表 1.1　1922—1929 年和 1948—1962 年的非金融企业部门和消费者的债务－收入比[①]

	年份				
	1922	1929	1948	1957	1962
企业债务－收入比	5.7	6.1	3.6	5.0	4.7
消费者债务－收入比	0.4	0.6	0.3	0.6	0.7

　　表1.2列出了1922—1929年和1948—1962年这些债务-收入比的变化情况。1948—1957年和1948—1962年非金融企业债务的增长率比1922—1929年高得多，而这些时期家庭债务的增长率则是处在相同的数量级上。注意到以下事实是有趣的：1957年以来所谓的收入增速放缓，表现在更低的家庭和企业债务-收入比增速上。同样有趣的是可以注意到：非金融企业在1948—1957年的不可持续的债务-收入比相对增长率在1957—1962年期间被打破，尽管这一部门1957年的债务-收入

　　① 　1922,1929: R. Goldsmith, *A Study of Saving in the United States*(Princeton, N. J.: Princeton University Press, 1956), Tables N-1, W 22, W 31.

　　1948,1957: Federal Reserve System, *Flow of Funds/Savings Accounts 1946—1960, Supplement 5*, December 1961,Tables 4 and 8.

　　1962: *Federal Reserve Bulletin*, April, 1963,"Flow of Funds/Savings Tables."

比为5.0，低于1929年[1]。

表 1.2 1922—1929 年和 1948—1962 年的非金融企业部门和消费部门的债务‐收入比增长率[2]

(%)

	时间间隔			
	1922—1929 年	1948—1957 年	1957—1962 年	1948—1962 年
非金融企业部门	0.9	3.8	−1.3	1.9
消费部门	7.2	8.4	4.3	6.9

1.4 总结：关于联邦政府的角色

在战后的繁荣时期，家庭和非金融企业债务-收入比的变化趋势，以及最终流动性-收入比的变化趋势，看起来似乎与这些变量在两次世界大战之间持续繁荣时期的变化趋势相似。然而，1962年非金融企业部门的债务-收入比和庇古流通速度均小于1929年，而家庭债务-收入比在这两个时期处于相同的数量级。在经济系统面临股市崩盘时，即使我们忽略了债务结构和合同性质的变化，1962年的初始条件与1929年相比也更加倾向于稳定的反应。我们的初步结论是，在这两个时期所观察到的经济系统的不同表现，不一定是在由私人部门需求主导的繁荣下，与之相关的金融过程发生了任何变化；相反，股价大幅下跌时所观察到的不同反应，可以归结为价格下跌发生时经济系统所处状态的显著差异。

然而，1962年的经济有一个方面确实与1929年大不相同。在1929年，联邦政府购买的商品和服务占GNP的比重为1.2%，在1962年为11.3%。联邦政府相对规模的大幅增加，加之今天(1962年——译者注)的税收和支出对GNP下降的反应(自动稳定器——译者注)，意味着今天的联邦政府比20世纪20年代更加趋向于稳定收入。此外，一旦收入下降导致了赤字，那么最终流动性资产存量会增加，并且最终流动性资产存量的增长率会随着平衡预算收入的偏离规模的增大而增加。因此，通过减少由初始扰动而导致的实际收入变化，并在收入下降时显著增加公众的最终流动性存量，联邦政府相对规模的增加使经济能够更好地承受通缩的冲击，就像1962年股市价格大幅下跌时的情形一样。

---

① H. Minsky,"Financial Constraints upon Decisions, An Aggregate View," *1962 Proceedings of the Business and Economic Statistics Section, American Statistical Association.*

② 1922,1929: R. Goldsmith, *A Study of Saving in the United States*(Princeton, N. J.: Princeton University Press, 1956), Tables N-1, W 22, W 31.

1948,1957: Federal Reserve System, *Flow of Funds/Savings Accounts 1946—1960, Supplement 5,* December 1961,Tables 4 and 8.

1962: *Federal Reserve Bulletin*, April, 1963,"Flow of Funds/Savings Tables."

第2章

金融与利润：美国商业周期不断变化的性质

2.1 历史视角

1929—1933年经济的剧烈收缩，是一直延续到20世纪30年代末的"大萧条"的第一个阶段。尽管20世纪60年代中期以来，经济动荡一直很明显，但近年来发生的任何事情，都与大萧条时期的经济灾难相去甚远。此外，"二战"后时期第一阶段，即1946年至20世纪60年代中期，实乃伟大成就。1946—1965年，美国经济展现出持续的、基本稳健的增长态势和几近于充分就业及价格水平稳定的特征。虽然这距离乌托邦还很遥远，但是在这二十年中，美国经济在这一意义上无疑是成功的，即人们的生活在经济层面获得了实质性的、广泛的提升。不仅如此，在这些年中，其他"发达"资本主义经济体中也出现了类似的经济增长。

自20世纪60年代中期以来，经济变得更加动荡，且动荡的程度似乎还在不断增加。在整个70年代，失业和通货膨胀都呈现出了上升趋势。那些被认为造就了经济平稳期的需求管理措施，并没能成功地平抑70年代的动荡。除此之外，60年代中期以来，金融市场危机时有发生，"二战"后建立的以美元为基础的国际货币系统已经崩溃了。60年代中期，一个收入和就业的温和周期、物价总体稳定、金融强健和国际经济稳健发展的时代结束了。随之而来的，是一个商业周期日益严重、增长迟缓、通胀加速、金融脆弱和国际经济混乱的时代。然而，尽管美国经济近些年来表现不佳，但与20世纪30年代相比，这种表现"还不错"：我们没有再经历一次"大"萧条或者甚至是严重的萧条。

在"二战"后这段长达二十年左右、大体稳健的增长进程中，金融结构发生了累积变化。1966—1967年，金融结构的稳定性经受了考验，美联储发现以最后贷款人的身份进行干预是必要的。20世纪60年代中期以来，这样的事情又发生了两次：1969—1970年，以及1974—1975年，美联储都以最后贷款人的身份加以干预。

1980年初的亨特-贝奇白银投机表明，经济结构中存在一些需要被重点关注的领域，它们容易引致不稳定。

贯穿本书的主题以这一思想作为基础：要理解美国经济，就需要理解随着时间的推移，金融结构如何受到经济运行的影响，以及金融结构又如何影响了经济运行。

经济随着时间演化的路径取决于金融结构。那些造成1929—1933年不稳定的金融关系，在1946—1965年不再重要，因此经济能够平稳运行。然而，在1946—1965年，金融结构因为对经济成功的内在反应而发生了变化。累积变化的结果是，金融关系变得有助于产生不稳定。20世纪60年代中期以来，美国经济的动态行为，反映了以下两种结构的并存：第一种，有助于产生不稳定的金融关系结构，诸如1929年以后占据支配地位的那种金融结构；第二种，与之相伴的政府预算承诺和美联储干预的结构，后者阻止了"下行"累积过程的全面展开。结果就是一个以六个阶段为特征的商业周期：

第一阶段，加速通货膨胀；

第二阶段，金融危机；

第三阶段，收入急速走低；

第四阶段，政府通过预算进行干预(包括自动的和相机抉择的)，以及美联储(及其他政府金融机构)通过最后贷款人行动进行干预；

第五阶段，经济下行骤停；

第六阶段，经济扩张。

其中，第六阶段(经济扩张)导致第一阶段(加速通货膨胀)。1966年以来，商业周期的时长似乎是3~6年，且经济政策似乎有能力影响特定阶段的持续时间和剧烈程度，但这种影响力只能以其他阶段的情况恶化为代价。

在本文中，我将解决由上述宽泛视角引出的以下问题。

(1) 为什么自1946年以来，我们没有经历过一场大萧条或者甚至是严重的萧条？

(2) 为什么1946—1966年是一段平稳的发展时期，又为什么动荡接踵而至？

(3) 滞胀(以高失业率伴随高通货膨胀率趋势为特征)是不是我们为成功避免大萧条或严重的萧条所付出的代价？

(4) 是否存在这样可行的政策，在不带来深度、长期萧条的同时，还能恢复"二战"后第一阶段那样的经济平稳发展？

2.2　融资与不稳定

上述问题事关我们经济的总体稳定。为了解决这些问题，我们需要一种经济理论来解释我们的经济为什么有时稳定，有时不稳定。近些年，关于美国经济政策的讨论一直被凯恩斯主义者和货币主义者之间的辩论所主导。尽管这两个学派的政策主张存有分歧，但他们却都使用一套共同的经济理论；他们其实是同一个经济理论的两个分支，该理论通常被称为新古典综合。我们已经确认了的、并由此引出了我们想要回答的问题的那种不稳定，是新古典综合经济理论所不熟悉的；在新古典理论中，这种不稳定不可能作为经济进程的正常结果而发生。

不言自明的是，如果一个理论想要解释一个事件，该事件在该理论中必须是可能发生的。此外，如果一种理论是为了指导政策制定以控制或预防某一事件的发生，那么该事件也必须在该理论范围内是可能发生的。

在新古典综合理论中，严重的经济萧条不可能是经济内部运行的结果，而只能是政策失误或非实质性制度缺陷的结果。因此，货币主义对大萧条的解释是，它源自美联储的失误和疏漏；凯恩斯主义的解释是，大萧条源自外生决定的投资机会减少或之前不明所以的消费疲软[1][2]。

新古典综合对由金融机构和金融工具所组成的复杂系统的处理是欠考虑的，这套复杂的金融系统被用为资本资产的所有权提供融资。标准理论的核心缺乏对金融机构的行为的详细分析，也缺乏金融单位与经营单位之间的互动如何影响经济绩效的详尽分析。无论是标准的凯恩斯主义还是任何一种货币主义的变体，都没有以任何一种本质的方式将经济的金融结构与工资、价格和就业的决定融为一体。

在新古典综合的这两种变体中，金融结构都由货币表示。货币主义者把货币作为解释价格的变量，凯恩斯主义者把货币作为影响总名义需求的变量，但在这两种情况下，货币都是一个外生变量；现有货币的数量不是由经济的内部过程决定的。

在我们的经济中，当银行家获得资产时，货币被创造出来，当债务人向银行偿债时，货币被销毁。我们的经济作为资本主义经济，拥有生命周期长、价值昂贵的资本资产，以及复杂精致的金融结构。资本主义经济的基本金融过程围绕着投资与资本资产头寸的融资方式展开。用于为资本资产所有权和生产融资的各种方法导致银行获得资产，就此意义而言，货币是金融安排的最终产品。在资本主义经济中，投资决策、投资融资、投资启动、利润和待清偿债务的支付承诺是相互联系的。为了理解我们经济的行为，有必要将金融关系纳入对就业、收入和价格的解释之中。经济在任何时刻下的表现都与以下两个因素紧密相关：一是债务人当前能否成功履行其承诺，二是当前对今天的借款人履行承诺的能力的看法。

融资安排涉及贷款者和借款者。贷款者和借款者达成的交易想必对双方都是一

①　Milton Friedman and Anna J. Schwartz, *A Monetary History of the United States 1867—1960* (Princeton: National Bureau of Economic Research, 1963).

②　Peter Temin, *Did Monetary Forces Cause the Great Depression?* (New York: W. W. Norton & Co., Inc., 1976).

件好事。在我们的经济中，向资本资产所有者和投资单位贷款的直接的贷款者是金融机构。金融机构是典型的高杠杆组织。这意味着，金融机构持有的资产蒙受的任何损失，都会导致其所有者权益遭受更大的损失。由于杠杆作用和贷款者保护自身资本的明显欲望，贷款是根据各种各样的安全边界发放的。为了理解我们的经济，我们需要知道一个以安全边界为基础进行借款和贷款的经济是如何运行的。特别值得关注的，是用于投资融资与资本资产所有权融资的借贷行为。

借款和贷款也用于为家庭支出和资产持有融资。政府会不时地出现赤字。因此资产组合中的家庭债务和政府债务，需要用来自家庭收入和政府税收的现金来偿还。接下来我们将清楚地看到，尽管经济的总体稳定性会受到家庭债务和政府债务的影响，但是家庭和政府借款显然不是造成经济不稳定的关键因素。

借钱是以今天得到的货币换取未来的支付承诺。作为过去借款的一个结果，必须在每一个很短的时期内完成一些支付行为。此外，如果经济在每个短时期内运行良好，就会出现新的借款，这些借款就会变成未来的支付承诺。我们的经济有过去，体现在今天到期的付款承诺上；它也有未来，体现在今天正在被创造出来的债务上。

2.3　金融的重要性

如果要将金融关系完全纳入收入和价格的决定理论，就需要一个框架来分析因待清偿债务而产生的现金支付承诺与负债组织的现金收入之间的关系。金融不稳定是一个事实，任何试图解释我们经济总体运行的理论都必须解释它是如何发生的。由于金融不稳定是历史上严峻商业周期的特征之一，一个对金融不稳定加以解释的经济理论将使我们理解为什么我们的经济表现出间歇性的不稳定。

由待清偿金融工具引起的现金支付承诺是以下一些合同承诺：第一，支付利息和偿还本金；第二，支付股权分红(如果可以赚得到)。这些现金支付承诺是由金融结构设置的货币流。预期货币收入结构是支付现有债务的多种支付承诺的基础。每个经济单位——无论是工商企业、家庭、金融机构还是政府——都是一种货币流入和货币流出的装置。各类经济单位的多种现金来源及其用途之间的关系，决定了经济不稳定的可能性。

我们的经济是这样一种经济，它使用复杂、昂贵且生命期限较长的资本资产，并且它具有复杂精致的金融结构。为了获得对经济中昂贵的资本资产的控制，需要通过多种金融工具来获取所需资金，例如股权、银行贷款、债券、抵押贷款、租契和租金。每一种金融工具都是用以下方法创造出来的——用支付"未来的货币"的承诺换取"现在的货币"。在任一时期，对待清偿金融工具支付的货币，都是在此之前所签合同中的"未来的货币"的部分。我们可以对上述内容做出总结：企业可以且确实会通过一系列复杂的债务安排为资本资产头寸融资。任何时刻的待清偿债务都决定了一系列标注日期的现金支付承诺。

工商业经营采用的法律形式(企业法人)决定了可以用借债的方式为获取资本资产的所有权提供融资。现代公司本质上是一种金融组织。除了把公司作为私人企业的法律形式之外，还有个人独资和合伙制企业。在后两种形式下，企业组织的债务是个体所有者或者合伙人的债务，企业组织的生命受限于合伙人的生命。因为其有限的生命和有限的债务担负能力，个人独资和合伙制并不是拥有或经营生命期限较长的、具有特殊用途的资本资产好的组织形式。在企业组织的公司形式和工商业企业结构的形成之间存在一种共生关系，在这种工商业企业结构中，债务既被用于对复杂的、具有特殊用途的和生命期限较长的资本资产的建造进行融资，又被用于决定对这些资本资产的控制。

在我们的经济中，除了拥有资本资产的普通工商企业，还存在主要拥有金融工具的金融企业(银行等)。这些机构通过股权(资本及其盈余)和债务的组合为他们拥有的资产(即所谓的头寸)融资。各种金融机构的典型头寸，包括拥有资本资产的企业、家庭、政府和其他金融机构背负的债务。此外，部分金融机构还持有股权。

因此，存在一个复杂的支付承诺网络。参与这些承诺的经济单位必须拥有货币来源。在金融合同被创造出来的时候，买方(贷款者)和卖方(借款者)都会在头脑中设想卖方获取履行合同条款所需现金的场景。通常情况下，有一个主要的现金来源和一些次要的或后备的现金来源。例如，就一个普通的房屋抵押贷款而言，履行合同所需现金的主要来源是房主的收入。次要或后备的现金来源是被抵押财产的市场价值。就银行的普通商业贷款而言，预期总收入和付现成本之间的差额是主要的现金来源。次要的现金来源包括抵押物价值、借款和出售资产所得。预期现金收入来源于对收入的生产和分配、合同的履行、借款和出售资产。另外，支付承诺可以用一个单位可能拥有的现金储备来履行。

于是，在我们的经济中基于安全边界的借贷行为已是司空见惯。今天就待清偿金融工具的支付行为源于过去做出的支付承诺——同理，要求各类组织未来履约支付的金融合同也是由今天的交易创造的。在任一时刻，构成我们经济的那些单位的资产负债表，是揭示过去、现在和将来如何彼此联系的一张"快照"。

商业银行是我们经济中的一类金融机构。活期存款，作为货币存量的一部分，是商业银行用于为其金融资产头寸融资的诸多负债之一。反过来银行金融资产又是其他经济单位的债务，这些单位运用债务为其资本资产或金融工具头寸提供融资。当我们的视线透过相互关联的资产负债表织成的融资面纱时，我们就会清楚地看到经济中的货币供给就像是一种债券——它为资本资产头寸提供融资。在人们能够确切说出货币供给的变动如何影响经济活动之前，我们需要穿透融资面纱，以确定货币供给的变动如何影响所进行的活动。

每个金融交易都包含今天的货币同未来的货币的交换。交易各方对以下事项是有所预期的：今天得到货币的一方将如何使用这笔资金，以及这位收款方将如何筹集资金用于偿还该交易的未来货币部分。在这笔交易中，借款者使用资金的方式是被知晓的，这一点有相当大的保证；未来能否获得现金收入以履行合同中的未来货币部分，有赖于经济在一个或长或短的时期中的表现。所有金融合同的本质都是用确定性交换不确定性。当前的货币持有者放弃了对当前收入的确定控制，以获取未来不确定的货币流。

正如"天下没有免费的午餐"，关于未来也不存在诸如确定性这样的事情。任何资本资产的投资都包括为了换取未来一些推测性的东西，而放弃一些确定性的东西。尤其是，企业所获得的任何一套资本资产都被预期随着时间的流逝能够逐渐产生出现金流，并且这些现金流的总和需要超出为获取这些资本资产所付出的现金额。然而，这些预期取决于特定的市场和经济在种种不同的未来中的状况，也正是在这些个未来中我们指望获取现金收入。在今天的货币与未来的货币的交换中，无论是金融交易比如发行或购买债券，还是投资交易，即当前的资源被用于创造资本资产，都要对本质上不确定的未来做出假设。这些假设通常认为，本质上具有不确定性的未来可以用概率分布来表示，比如利润的概率分布，这些概率分布被认为与轮盘赌轮结果的概率分布相类似。然而，相比于公正的轮盘赌轮，那些在经济生活中决定概率的过程的知识要不确定得多。在赌博游戏和经济生活里，总是会发生不可预见和不可能发生的事情。不太可能的事件在轮盘赌桌上不会剧烈改变结果频率分布的估计值，但它们非常有可能对引导经济活动的未来预期造成显著变化。

我们经济的金融结构可以被看作在各种不同单位之间分配各种不同项目的潜在收益和损失，而这些项目的结果是不确定的。正是因为不确定性的本质，实际结果很可能与预期结果明显偏离。这种偏离会导致资本的收益和损失。资本收益和损失的经验将导致贷款条件的变化，在这个条件下，对资源的确定性控制将用来与对资源的未来的推测性控制相交换。随着历史影响人们对各种结果的可能性的看法，资本资产和金融工具的价格将发生变化。

家庭、工商企业、政府单位和各种金融机构都会发售金融负债。每个金融工具发行方都有其主要的现金来源，这些现金被预期能够增殖或积累，从而使待清偿的金融工具得以确认。家庭主要的现金来源是工资，工商企业主要的现金来源是毛利润，政府单位主要的现金来源是税收，而金融机构的现金流则来源于它签订的合同。此外，原则上，每个经济单位还可以通过资产出售或借贷来获得现金。尽管许多单位正常的经济活动依赖于资产出售或借贷来获得现金，但我们还是会把这类金融交易视作现金的次要来源——其中"次要"一词并不带有任何贬义。

家庭工资收入、工商业利润流和政府财税收入同经济表现息息相关。家庭、工商业和政府债务的首要现金来源的确认，取决于名义收入水平及其分配情况。在我们这样一种经济中，有两种并行的存在：一方是金融市场，另一方是收入与产出的生产，两者之间存在两种联系，第一个联系是当期产出的某些需求是通过发行金融工具来融资的；第二个联系是如果要维持金融资产的价格和金融工具的发行能力，工资、利润和税收就需要达到某一水平，以满足由金融工具的支付承诺所决定的标准。资本主义经济是一个将金融和生产融合在一起的系统，其经济表现取决于它在何种程度上满足了金融的标准和收入生产的标准。

2.4 对冲、投机和庞氏融资

企业、家庭和政府单位的三种融资方式可以通过负债产生的合同支付承诺与其主要现金流之间的关系加以区分。这三种融资方式分别是对冲、投机和庞氏融资。一个经济体金融结构的稳定性取决于其融资方式的组合情况。对于任何给定的金融机构和政府干预制度，对冲融资在经济中的比重越大，经济稳定性就越强；而投机和庞氏融资比重的增大，则表明经济遭受金融不稳定影响的可能性也在增大。

对于对冲融资单位而言，在每一期间，预期参与收入生产所产生的现金流都将超过待清偿债务的合同支付额。对于投机融资单位而言，在可预见的未来，参与收入生产所获得的预期现金流量总额超过待清偿债务的总现金支付额，但在近期中，即使按公认的会计程序衡量，近期现金流的净收入部分，超过了近期债务的利息支付，近期支付承诺仍会超过参与收入生产所获得的现金流。庞氏融资单位也是投机融资单位，对庞氏融资单位而言，其近期现金流的收入部分小于近期对债务的利息支付额，因此，在未来的一段时间内，待清偿债务会因为既有债务利息的累积而增加。投机和庞氏融资单位都只有通过借贷(或者变卖资产)才能履行它们的债务支付承诺。投机融资单位所需的贷款额小于到期债务，而庞氏融资单位必须增加其待清偿债务。因为一个庞氏单位的总预期现金收入必须超过其融资的总支付承诺，所以，一个典型的庞氏单位的生存能力通常取决于这样一种预期，即某些资产在未来某个时间能够以足够高的价格出售。

我们将首先考察工商企业在对冲、投机和庞氏这三种工商企业融资方式下，其现金流、现值和资产负债表的可能情况。通过债务进行投资融资和资本资产头寸融资是我们这类经济有别于其他经济的特征。这使得工商业现金流和资产负债表的重要性非比寻常。由于我们关注的焦点在于企业债务的支付承诺，因此我们特别关注的现金收入是扣除了税收但包括利息支付的毛利润，因为这正是可以用来履行支付承诺的现金流。这一广义利润的创造和分配是决定经济稳定性的核心因素——在这一经济中，债务被用来为投资和资本资产头寸融资。

用现金流确认家庭和政府负债对当今资本主义经济的运行至关重要。家庭和政府的融资关系影响着经济的稳定性及产出、就业和价格随时间的走势。然而资本主义经济根本的周期性路径在家庭债务较少、政府规模(刨去战时)较小时才是明显的。家庭和政府的债务创造及确认改变了而非导致了资本主义经济的周期行为。接下来我们将看到如果政府的债务创造和确认相对于企业的债务创造和确认变得较大时，经济的基本路径可能会受到影响。

1. 工商企业

分析工商企业金融结构的基础变量是经济单位在相关时间段内的现金收入和应付款。工商企业的总收入可以被分解为对当期劳动力支付的报酬、购入投入品的支出和一个被称为总资本收入(gross capital income)的剩余量[①]，它可以用于支付所得税、债务利息与本金，以及可供所有者使用的(现金收入)。

于是我们得出

$$总资本收入=总经营收入-当期劳动和原材料成本$$

以及

$$总资本收入=到期债务本金和利息+所得税+所有者"收入"$$

就国民收入和资金流量账户(Flow of Funds accounts)可获得的数据而言，总资本收入等于税前毛利润加企业债务的利息支付。在分析一个金融结构的可行性及它所施加的限制时，这里定义的总资本收入是关键的收入变量。

在所讨论的相关时期内，经济单位的现金支付等于当期劳动报酬、购入投入品支出、到期债务支付和股息红利之和。在任何特定时间间隔下，现金支付可能超过、等于或少于现金收入。在所有的支出中，关键项目是当期购入投入品的成本、税款支出和待清偿债务所需的支付。当把当期成本和税款从当期收入中剔除得到税后资本收入时，关键关系就变成了税后资本收入(或广义的税后毛利润)与债务支付承诺之间的关系。这一关系有两个方面：

(1) 在每个相关的时间间隔内(季度、月、年)，总资本收入和债务支付承诺之间的关系；

(2) 在某个开放的时间间隔内，预期总资本收入和总支付承诺之间的关系，其中总支付承诺或者是现在已经在账面上的，或者是预期总资本收入在未来实现时必须记入账面上的。

单位具有财务活力的一个必要非充分条件是预期总资本收入要超过债务期间内

[①]　在马歇尔和凯恩斯之后的经济学文献中，这一剩余量被称作准租金。

的总支付承诺，后者或者是现在就在账面上的，或者是资本收入即将到来时必须记入账面上的。

总资本收入反映了资本资产的生产率、管理效能、劳动效率和市场与经济行为。债务结构是过去融资条件与决策的产物。这一分析所引发的问题是，随着当前资本-资产结构的建立，企业部门在未来的盈利能力能否支撑它们在过去所做出的金融决策。

2. 对冲融资

在某个特定的日期说一个单位是对冲融资单位，是指在这一天，经济单位在给定债务期限内每一相关时期中的预期总资本收入都比债务支付承诺高出一定的差额，这里的债务既包括此时账面上的债务，也包括为了在未来赚取预期总资本收入而必须借入的债务。在任何时候，账面上的负债都是过去融资决策的结果。因此，经济单位是基于安全边际承担这些负债。其中一个安全边界是预期收入超过现金支付承诺的部分。然而，任何时刻的预期总资本收入都是不确定的。资本资产的持有者和使用者、做出融资安排的银行家，以及负债的所有者，都期望实际收入大大超过债务支付承诺。解决这个问题的一种方法是，假定资本资产的所有者(银行家)和债务的所有者认为存在一个几乎可以确定的最低的总资本收入，并且融资决策和资本化价值评估都是基于这一被视为几乎可以确定的收入下限来进行的。

如果把现金支付承诺和认为资本资产有把握赚取的收入在同一利率下进行资本化，我们将得到企业现值，它被预期能够产生特定的总资本收入。在对冲单位的情形中，这些有把握得到的收入和支付承诺之间的差值，在每一时期都是正的。因此在每个利率下，总资本收入流的资本化价值都将超过支付承诺的资本化价值。由于经济单位只有在其资产价值超过债务价值时才具备偿债能力，因此利率的变动不会影响对冲融资单位的偿债能力。

重要的是要强调，对于对冲单位而言，保守估计的预期总资本收入在未来的每一时期都超过合同规定的债务现金支付额。这一流量的现值是每一期的现金流减去债务支付后的净现金流的资本化价值的总和；因为每一期的净现金流都是正的，所以其资本化价值的总和也是正的。特别是利率的急剧上升不会改变资本资产与账面债务价值之差的现值的正负关系。就对冲融资单位而言，资不抵债的原因不会是利率的上升。

即便对冲融资单位和它的银行家预期经营将产生足够的现金，以满足对债务的支付承诺，但通过让一个单位拥有多余的货币或可销售的金融资产，可以进一步保护借款者和贷款者，即以债务所使用的货币形式持有资产(作为一种隐含的保险政策)是方便的。对冲投资者的资产负债表除了资本资产外，还包括货币或货币市场资产。

对冲单位的融资方式可以描述为，每一期内现金收入都超出合同规定的支付承诺，资本资产价值超出债务，并且持有现金及流动资产。我们可以进一步划分资产和负债。特别地，我们可以注意到，现金可以以各种金融资产的形式持有，如国债、商业票据，甚至开放性信用额度。同样，经济单位的债务可以是短期的、长期的，甚至是非债务，如租赁承诺。

如果一个单位的资产负债表的负债侧只有权益，或者其唯一的债务是由偿债基金安排的长期债券，并且该偿债基金的支付完全在预期现金流设定的限制范围之内，则该单位从事的是对冲融资。对冲融资单位不会直接受金融市场变化的不利影响。对冲融资单位破产的唯一可能是其收益低于其付现成本和支付承诺。

3. 投机融资

如果经济单位在一些时期内对债务的现金支付承诺超过了预期总资本收入，那么该单位就是在进行投机。投机是指在需要的时候可以获得再融资。这种投机之所以会发生，是因为在一段时期，债务偿还的承诺的增速快于收益和成本差额(扩大的速度)，而收益和成本之间的这个差额终将允许资本资产的货币成本得以收回。我们将投机这一术语限定为一种负债结构，其中毛利润的收入部分超过了支付承诺的收入部分。

投机单位的债务结构引致了一系列现金支付，该单位的经营行为将带来一系列现金收入。支付承诺之和小于现金收入之和，但在部分时期内，支付承诺大于预期现金收入，即存在赤字。这些"赤字"时期在时间上通常更接近于正在编制资产负债表的"今天"(赤字时期通常出现在近期——译者注)。投机融资单位之所以出现赤字，主要是因为它从事的是短期融资，使到期债务的本金超过在这些较早时期资本资产承诺收回的资金。在这些较早的时期，债务在被减少，而在较晚些的时期，在无须减少待清偿债务本金的情况下，现金流前景也包含来自本金收回的收入。因此，投机单位在近期拥有现金赤字，而在较晚时期拥有现金盈余。

一个组织的现值等于总资本收入的现值减去现金支付承诺的现值。它相当于投机单位预期挣得的一系列现金亏损和盈余的现值。对于投机单位而言，这些收入相对于支付承诺的不足发生于未来的较早些时候，而收入大于支付承诺的盈余则发生在后期：投机单位用短期的负债为长期的资产头寸融资。高利率会降低所有现金收入的现值，但是，收入在时间上越是处于远期，其现值的下降比例就越是更大。因此，就一系列以日期标注的现金流而言，它们在低利率下会带来正盈余(资产价值减债务价值)，却可能在高利率下产生出负盈余：现值倒转——从正现值到负现值的逆转——对于投机融资关系来说是可能发生的，但对于对冲融资单位则不会发生。

在投机性的融资安排中，经济单位、银行家和债务持有者都意识到，在支付承诺超过相应收入的时期内，只能通过发债或者通过消耗现金余额来满足支付承诺。

在那些有必要借钱还债的时刻，融资条款可以影响总资本收入和现金支付承诺之间的差值。尤其是，再融资可以让起初预期为正值的现金盈余在某些时刻之后转变为负值(现金盈余是指预期收入与支付承诺的差额，原文的现金承诺有误——译者注)。参与投机融资的企业履行偿债义务的能力容易受到其发售债务的市场失败的影响(这里的市场失败是指金融市场交易稀疏、价格下跌，不能像大部分情况下那样正常运转——译者注)。

投机单位也将持有现金备付。因为近期支付大于源于收入的预期现金流，因此，在债务价值额给定的情况下，可以预期投机单位需要的现金余额大于对冲单位的现金余额。然而由于投机单位是积极的借款者，所以，信用额度和市场渠道可能会成为这类单位现金头寸的一个组成部分，尽管这个部分在资产负债表上是看不到的。

依据会计程序，经济单位因经营所得到的总现金流可分列到以下科目：收入部分(即因真实生产、流通过程、价值创造而产生的资本增殖——译者注)和投资于资本资产而被收回的价值。这种收回被称为折旧或资本耗费。对债务的支付承诺通常被分解为到期利息和本金偿付。对于投机性融资单位而言，在存在现金流赤字的时期，即使进款中用于偿还本金的部分小于到期债务的本金数额，进款中的收入部分也会超出应偿利息。因此，投机单位是正在赚取净利润的，并且处于这样一种状态：它可以通过把一部分超过债务支付的收入拿来降低其债务，因此，它可以减少其债务(总)额。

4. 庞氏融资

庞氏单位是性质独特的投机单位，在某些(如果不是全部的话)短期内，预期盈余(收入减去当期劳动和原材料成本)不足以支付针对利息的现金支付承诺。这类单位必须通过借债来支付待清偿债务的利息，即使没有收购新的收益性资产，它们的待清偿债务也会增加。

显然，只有当未来所有预期现金收支之和的现值为正时，资产所有者、银行家和债务持有者才会参与庞氏融资。因此，在后期的现金收入减去支付的正现值，必须抵消在前期的现金收入减去支付的负现值。庞氏融资的一个极端例子是通过借债持有不产生收入或产生很少收入的资产，期望着在某个日期，这种所持资产的市场价值将产生足够的现金流，它不但能够清偿所有的债务，而且还能留下可观的收益。20世纪20年代的低保证金股票交易和1980年亨特兄弟在白银头寸中的保证金融资都是庞氏融资的例子①。20世纪70年代早期，房地产投资信托基金(REITs)以应计

---

① 在亨特兄弟用保证金融资建立白银头寸的问题正要成为庞氏融资的极佳案例时，这一庞氏融资变成了"公共财产"。("public property"，亨特兄弟为了推高白银价格，从各种金融机构举借巨额债务，使得他们的公司一旦倒闭就会给他们的贷款者乃至全社会带来难以承受的损失，使得美国政府最后不得不出手相救，这种风险的社会化被明斯基讽刺为打引号的"公共财产"——译者注)。

利息为基础支付股息，是在从事庞氏融资。深度参与建筑工程资本资产的经济单位可能也在从事庞氏融资。

显然，庞氏融资单位的现值取决于利率和预期的未来现金流。利率提高使得待清偿债务的增速提高，并可以把正现值转换为负现值。通货膨胀通常会带来这样一种融资关系，即只有当通货膨胀不断持续的时候，这一融资关系才能得以确认。通货膨胀预期引致的资产增购抬高了受青睐资产的价格，融资则抬高了利率。通货膨胀预期的下降将导致这些资产价格的下跌，从而使得债务超过资产价值。

经济的稳定性有赖于对冲、投机和庞氏融资组合的结构。在好年景中，短期债务在企业金融结构中的权重上升，现金在资产组合中的权重下降。因此，在不同的金融结构中，(具有不同融资方式的)经济单位的占比会发生变化——投机融资和庞氏融资的比重在好年景期间会提高。

应当注意的是，预期总资本收入的下降或对冲融资所需要的收入保障提高，会把对冲单位变为投机单位。总资本收入的下降，投机融资所需要的收入保障提高或融资成本的提高，会把投机单位变为庞氏单位。这种变化会导致债务价值超过这些收入盈余的资本化价值。金融不稳定表现在两个方面：一是当经济单位尝试(或被迫尝试)降低其债务依赖度时，债务成本及通过债务展期扩大债务结构的必要性会导致资产价值崩溃；二是在总资本收入因利润决定因素的下降而下降时。只有出现这样的金融市场和现金流效应时，严重的衰退才会发生。

这里值得指出的是，利率水平及其模式虽然会影响对冲融资单位的正净值规模，但不会影响其偿债能力。然而，对投机融资和庞氏融资单位而言，当其净值从正值转变为负值，再转变回正值时，它们的偿债能力会受到利率变动的影响。在对冲融资占主导地位的世界里，当局可以无视利率的走势。但话说回来，在对冲融资占主导地位的世界里，也不会存在那种必须对头寸和支付承诺再融资而产生的、对利息无弹性的融资需求。也就是说，在对冲融资占主导地位的世界里，利率的变化不会太大。

另外，对于投机融资尤其是庞氏融资单位，利率的提高可以把正净值转变为负净值。如果偿债能力对经济的持续正常运行很重要，那么利率的大幅度提升和剧烈波动将影响投机融资和庞氏融资占较大比重的经济的运行。不仅如此，投机融资尤其是庞氏融资使得对利息无弹性的融资需求大幅提升，即投机融资和庞氏融资创设了有助于利率剧烈波动的市场环境。在一个投机融资和庞氏融资占重要地位的世界里，当局不能忽视政策对利率水平及其波动的影响。

5. 家庭

对家庭来说，与金融结构主要相关的收入现金流是作为家庭可支配收入主要组成部分的工资收入与家庭债务的现金支付承诺两者的差额①。第二重要的家庭金融关系，特别是与各种形式的资产(如抵押贷款和有条件出售)合同有关的，是抵押资产的价值和待清偿债务的面值或账面价值(face or book value)之间的关系。

家庭债务可分为完全分期偿还、部分分期偿还和非分期偿还。在完全分期偿还合同中，一系列支付被明确规定了，并且在最终期限时，合同被完全付清。在部分分期偿还合同中，在合同结束时需要支付的款项是初始本金的一部分。在非分期偿还合同中，在合同到期时所支付款项涵盖全部的初始本金。

完全分期偿还合同的现金流关系假定支付承诺将少于预期工资收入，因此完全分期偿还合同符合对冲融资的定义。部分分期偿还和非分期偿还合同在某些日期的到期支付可以超过预期工资收入。部分分期偿还合同的现金流关系符合投机融资的定义，只有这一点例外：现金赤字在部分分期偿还的支付序列中出现得较晚，而投机融资的现金赤字在其支付序列中出现得较早。

只有当实际工资收入低于预期，并且其他可支配收入的来源如失业保险金无法补足缺口时，消费者债务和抵押债务才会变得类似于庞氏融资。个体事件或总体经济事件都可以导致这样的缺口出现。各种类型的保险费用会加入现金支付承诺，它们可以部分应对个人风险中的健康问题和意外事故。对于大量原本是对冲融资的单位来说，大范围的、持续的失业会导致不等式变号(即前文所说净现值由之前的正值逆转为负值，也就是资产价值与债务价值之间的不等号由大于号变为了小于号——译者注)，随之而来的是丧失抵押品赎回权和抵押资产被收回，这会导致资产价格相对于待清偿债务下降。只有当收入和就业显著下降时，这种情况才会发生。消费者和家庭债务的典型金融关系可以放大但不会开启一个收入和就业的下降过程。

尽管如此，有一部分家庭融资通常是庞氏融资——这是指为了持有证券和某些类型的具有收藏价值的资产而进行的融资。一个典型的例子就是通过借债为获取普通股权或其他金融工具的所有权进行的融资。原则上，可以在家庭账户里为这种资产创建独立的现金流量账户。无论何时，当由证券挣得的收入低于为债务支付的利息时，为持有固定证券组合而举借的债务都会上升。如果我们对普通股的保证金账户建立现金流关系，那么我们会发现，如果股息/价格比率高于利率，融资就是投机性的，其中主要的原因在于为了购买股票而举借的债务名义上是短期债务。如果利息支付超过了股息，那么这就是庞氏融资。就股票市场的融资方式而言，对冲融资不算在此列，除非债务的到期期限太长从而使得借款者无须对头寸进行再融资。

---

① 在一个具有大型转移支付体系、巨额的股息和利息收入及高收入税的经济中，相关的家庭收入很可能是消费者的可支配收入。

如果某种证券的持有成本超过了股息现金流，怎么会有理性的借款者进行这样的融资，一个理性的银行家又怎么会提供融资呢？显而易见的答案是，股息收益并非全部收益，全部收益将包括资产价值的升值(或贬值)。因此在家庭融资中，我们发现支付承诺可以超出股息，但低于包括资产价格升值在内的总资产收益。在极端情况下——这适用于股票市场繁荣和投机热(比如1979—1980年的金银事件)——来源于资产的现金收入接近于零，而唯一的回报来源于资产升值。在这些情形下，如果资产市场价格与为持有资产而借入的债务价值之间存在差额，则用于支付到期债务的现金将通过债务增加来获得。这样的(家庭)债务增加让贷款者(银行家们)赚到了利息收入。购买资产的家庭虽然没有得到现金红利，但通过资产升值赚取了收入。

如果家庭持有的金融资产及其他资产中有很大一部分是依靠庞氏融资获得的，家庭财务状况可能会使经济变得不稳定。无论何时，当可观的且不断增长的待清偿支付承诺只有通过资产价值的升值才能得以满足时，就会出现投机性繁荣。在这样的投机热潮中，参与生产和收入分配所产生的当期和近期的预期现金流并不足以满足支付承诺的收入部分。在这种情况下，一些未实现的资本收益就被转化为收入，从而为产出需求提供资金支持。当债务人及其融资机构以庞氏融资的方式获取资产所有权是建立在对融资资产价格的通胀预期之上时，一个投机热潮(以家庭持有的庞氏融资资产的增长为例)就可能导致当前产出价格的上涨。

自第二次世界大战以来，资产所有权和家庭消费支出的债务融资一直在增长。可以通过债务融资的项目的增加，以及家庭通过债务融资的便利程度的提高，意味着家庭工资收入和家庭消费之间的联系并不像过去那样紧密。当家庭能够通过承诺支付未来工资收入的一部分来随时购买消费品时，在这一时期的收入和对产出的需求之间的紧密联系就被打破了。与之相对应的是，当家庭对债务合同的支付超过了到期利息，这个家庭就是在"储蓄"。因此消费者债务的积累将导致较高的消费-家庭收入比；待清偿债务额的减少将导致较低的消费-家庭收入比。在现代经济中，储蓄与工资收入的比率，反映了待清偿家庭债务的变动轨迹。

总体而言，家庭债务融资和债务的现金支付承诺可以分为两类：消费融资和资产(主要是金融资产)所有权融资(住宅既是一种消费品，也是一种资产；其他耐用消费品，如汽车等，并不被作为资产而估值，尽管它们可能具有转售价值)。可用于确认消费融资的现金流主要是家庭可支配收入，其中绝大部分为工资。可用于确认资产债务融资的现金流要么是股息和利息，要么是以升值的价格出售头寸的结果。家庭消费的债务融资几乎总是对冲融资；只有收入(工资)的下降可以将这种合同转化为庞氏融资的例子。住宅往往通过对冲融资进行融资。普通股和收藏品头寸(比如黄金)的融资则通常采取庞氏融资的形式。

由于家庭的消费债务和房贷主要为对冲融资，因此，除非工资收入下降在先，否则合同将倾向于被确认。家庭资产所有权融资在本质上可以是庞氏融资。因此，与资产未来价格或未来收入相关的利率的提高，可以导致资产头寸价格的剧烈下跌。价格的此种剧烈下跌意味着资产价值的安全边界下降，并且资产价值的预期升值将不会实现，从而无法提高现金以满足支付承诺。这些影响将在那些金融和经济的稳定性取决于资产价格变化的市场中起决定作用。

6. 政府

政府单位同样对债务具有支付承诺。这些支付承诺将通过税收开支的分配和新借贷的某种组合得到确认。政府通常是投机性融资单位，用短期债务展期的方式来运作。事实证明，只要未来的总预期现金流超过当前待清偿债务的未来总现金支付承诺，就不会有什么特殊的问题。然而，如果预期税收或预期的当下运营支出发生异常，那么债务展期问题就会出现。通常情况下，政府的财政政策不会是产生经济不稳定的驱动力，经济的不稳定往往源于市场力量。但是政府单位可能会对自己的事务管理不善并个别地陷入困境。尤其是背负大量浮动(短期)债务的政府单位可能会发现，与税收收入减去当前支出的余额(这一余额可用于还债)相比，它们持有债务的成本上升了。高利率可能会把政府单位变为庞氏融资单位。

7. 总结

对冲、投机和庞氏融资之间的划分既界定了为了使支付承诺得以确认而需要正常运转的一组市场，也揭示了(经济)困境的潜在来源。如果经济单位参与的是有足够保障的对冲融资，它们的财务困难不会成为不稳定的驱动因素。原本是对冲融资的经济单位，在收入恶化的情况下，可以变成投机甚至庞氏融资单位，进而加剧最初的混乱。

只要投机融资单位的长期收入前景是有利的，而且只要它们在为其头寸融资和再融资的时候，能够从市场上以非惩罚性贷款条件获得资金，那么它们就能够履行其承诺。投机融资单位在收入波动和金融市场混乱面前都是脆弱的。此外，收入的不足和融资费用的增加可以将投机单位转化为庞氏单位。

进行庞氏融资的经济单位的生存能力有赖于当前对资本资产或金融工具的未来价格的预期。这些未来价格取决于更遥远未来的利润。庞氏融资单位的生存能力取决于贴现率、未来现金流和对未来利润率与价格的预期。显然，如果庞氏单位和类庞氏的投机单位结合起来比重太大，那么它会促进不稳定的产生。

我们可以设想金融稳健性的大小——金融脆弱性，它取决于待清偿债务的对冲、投机和庞氏融资的组合。随着对冲融资占比的下降，金融结构会移向脆弱性一端。

2.5　收入水平、收入分配和金融结构的确认

当到期支付承诺被履行且剩余支付承诺将会被履行的预期得到维持，债务便得到确认。从广义上来说，当到期支付承诺整体上能被履行，且预期随着时间的延展所产生的支付承诺，都能够通过债务人的未来收入得以履行时，一种债务结构，无论是经济整体的还是经济各个分支部门的债务结构，就得到了确认。"整体上"这个限定短语是必要的，因为即便有一些支付承诺没有被履行，债务结构也将得到确认。债务融资组织预计到会有一(小)部分债务人将无法履行其支付承诺。

债务确认有赖于收入的各个组成部分都足够高，从而使支付承诺要么通过收入流要么通过再融资得以履行。因此，对于资金流量表中的非金融公司企业而言，资本收入由利息支付和税后毛利润之和来衡量，这一值在任意一期内都必须足够高，才能使到期承诺可以要么通过这一量度口径最宽的毛利润、要么通过举借新债来履行，其中举借新债可用的方式或者是债务展期(即新债还旧债——译者注)，或者是资金运作，但是债务展期或借新债的可行性取决于预期的未来现金流。因此，在任何时候，有关企业盈利能力的新证据，都必须导致使再融资行为得以发生的预期利润流的增大。此外，企业利润必须足够大，从而使得当期和近期的企业利润无论以怎样的逻辑决定预期利润，这种预期利润的资本化价值都足以确认过去为资本资产所支付的价格，并引致生产资本资产即投资的当期决策。

如果家庭和政府的债务承诺要被履行且要签订新债务合同，那么工资和税收需要满足由家庭和政府支出及待清偿到期债务支付所设置的标准。尽管如此，工资收入和税收(一旦征税计划被确定)并非决定了总需求；恰恰相反，工资收入和税收是总需求的结果。而在当期的和过去的工资与税收水平之间并不存在一种联系，成为影响预期未来水平的有效因素。利润在资本主义经济中十分关键，不仅因为它们是确认债务的现金流，还因为预期利润是引致当期投资和未来投资的诱饵。正是预期利润使工商企业能够通过发债来为投资和资本资产的头寸融资。任何旨在解释投资性资本主义经济如何运行的理论，必须聚焦于总利润的决定和总利润在偿债、家庭可支配收入和留存收益中的分配。

在新古典经济理论中，利润等于资本边际生产率乘以资本数量。在我们的经济中，就业、产出和利润的波动不能用资本数量或资本生产率的变动来解释。而且，资本数量的概念是模糊的；如果认为资本的数量独立于预期未来利润，也独立于利润的资本化率，那么任何被赋予这样含义的资本数量概念都是令人怀疑的。投资品产出成为资本资产存量时确实有着清楚明确的价格，但是这个价格对于该商品作为资本资产的价格决定而言，几乎没有或根本没有意义。

在均衡状态下，投资产出品的折余价值等于未来利润的资本化价值。在大多数

经济分析中，投资产出品的折余价值被用作资本价值，因此隐含地假设经济处于均衡状态。但是一个假定经济永远处于均衡状态的经济学理论并不能解释波动。如果资本价值永远等于投资品的折余价值，那么即便是大范围外生冲击也无法影响经济系统内部决定的均衡价值[①]。

在新古典理论中，价格水平和货币始终处在决定产出和相对价格的系统之外。在此思想体系里，货币供给变动是一个外生冲击变量，它将改变货币价格而不改变相对价格和价格平减后的利润。新古典理论无助于解释波动的利润。因此，它也无助于理解资本主义经济的金融结构是如何影响经济运行的。

在资本主义经济中，产出的总价值或产出的任何子部门的总价值都等于工资和资本收入之和。于是对消费品而言，我们会发现其产出的价值(价格乘以数量)等于其工资加利润。同样，投资产出品的价值(价格乘以数量)也等于工资加利润。让我们做一个大胆但并非不合理的"第一近似"假设，即所有的工资都用于消费，而没有利润被用于消费。这意味着消费品部门的工资加上投资品部门的工资等于消费产出的价值，消费产出的价值反过来又等于消费品部门的工资和利润之和。消费品部门的工资既是需求，又是成本，把它从等式两端减去，就得到

消费品生产部门的利润=投资品生产部门的工资

如果我们在等式两端同时加上投资品生产部门的利润，就会得到

(总)利润 = 投资品(净产出)

(原文是"利润=投资"，但依据上下文的逻辑，等式左边的利润实际上是消费品部门和投资品部门的利润之和，等式右边的投资品部门工资加利润则是投资品部门的净产出。所以，出于准确理解该式含义的目的，等号左右分别加了括号说明。后文为了叙述简洁起见，将直接使用"利润 = 投资"的表达——译者注。)

这些简单的公式在一个基于大胆抽象的模型中是正确的，它们讲出了关于我们经济的很多事情[②]。消费品生产部门的利润等于资本品生产部门的工资这一结果，同"价格体系的运转使消费品在众多消费者之间通过价格进行配给"这一命题没什么区别。它还断定消费品生产部门的工人没有能力买回他们生产的东西；如果他们有这个能力，那么投资品生产部门的工人就会挨饿。

"利润等于投资"这一结果依赖于投资品生产部门的利润等于投资品生产部门的利润这一恒等式。为了说清楚这个同义反复，有必要将投资品生产部门的融资整合进价格决定模型。投资品产出通常用于特殊的生产目的且依据订单进行生产。投资品生产一般要花费时间，在现代的投资品产出的情形中——以巨型喷气式飞机和

---

① 这是对两个剑桥争论中主要观点的快速而仓促的总结。参见See G. H. Harcourt, *Some Cambridge Controversies in the Theory of Capital* (Cambridge: Cambridge University Press, 1972).

② 关于利润和投资的命题是卡莱茨基提出来的。参见M. Kalecki, *Selected Essays on the Dynamics of the Capitalist Economy 1933—1970* (Cambridge: Cambridge University Press, 1971).

核电厂为例——投资品生产通常采取专用零部件有序装配的形式。投资品生产过程通常包括货币支出和货币收入两个阶段，前者根据标有日期的生产计划而执行，后者意味着投资品的生产得以完成并转变为了资本资产。在建筑行业，这样的支付序列在项目的建设过程中采取临时性融资或者建筑融资的形式；而在项目完工之后采取永久性融资或替换融资的形式。

投资品生产所用的资金通常是借来的。当使用借贷资金时，借款者和贷款者都希望在存在安全边界的情况下，销售收益足以覆盖债务支付。鉴于偶然事件可能会发生，借款者和贷款者所要求的安全边界可以很大。因此，正是投资品生产过程中的融资条件及以下认知——拥有的资金必须能够产生出为其他活动融资带来的收益，才导致投资品的价值超过需要立即以现金方式付给劳动力的成本。假定劳动成本代表了所有当期成本(购置原料)，则投资产出品的供给价格是由工资成本加成给定的，这里的价格加成反映了利息费用和借款者与贷款者所要求的安全边界。

投资品的供给价格取决于金融市场的条件和生产者与贷款者想要的各种保障。如果生产需要时间，借款者和贷款者意识到他们处在一个不确定的世界之中进而要求得到保护，那么不同产出的相对价格取决于借款者和贷款者想要的特定融资条款和保障。

值得注意的是，只有当作为资本资产的投资品需求价格等于或大于作为产出的投资供给价格时，在一个时期内生产的投资品的供给价格才会被支付。但是需求价格是未来利润的资本化价值。因此我们知道，只有当未来利润的资本化价值超过投资产出的供给价格时，投资才会发生。

"利润等于投资"这一命题可以放宽，从而在消费品部门和投资品部门工人的工资所提供的需求之外，还允许额外的消费品需求存在。特别重要的是确定政府预算和国际账户如何影响利润的创造。我们首先只考虑联邦政府。

政府雇用工人、购买产出品并进行转移支付。政府的支出等于政府雇员工资、向私人部门采购的支出和转移支付(包括政府债务的利息)的总和。由于政府采购等于工资加利润，因此政府支出等于直接和间接工资、政府合同的利润和转移支付的总和。

政府课税。为了简化，我们假定所有税都是收入税，税收收入即收税数量是总工资的一定比例加利润的一定比例。

政府预算状况是政府支出和税收的差额。如果政府预算被整合进利润的决定之中，我们会发现

$$税后利润 = 投资 + 政府赤字$$

这一结论对于理解为什么我们在战后时期没有经历一个深度经济萧条至关重要。

"税后利润=投资+政府赤字"这一结论的一个含义是：利润税并不影响税后利润，除非它影响投资和赤字之和。尽管如此，但从征收工资税转化为征收利润税

容易引发通货膨胀。可支配工资收入的提高增加了需求，利润税提高将增加税前利润，以用于实现(税后利润)与投资和赤字之和相等。税前利润是每单位的利润和单位数量的乘积。税前利润增加可以源于更高的产出或者更高的单位产出价格加成。由于只有在那些拥有市场力量并愿意接受其市场力量下降的行业的供应商，会以更大的产出为应对方式，因此必须假定，当税收转向利润，所有生产部门的价格都将趋于上涨。

利润创造过程可以放宽，允许出口、进口、用工资收入储蓄和用利润收入消费等的存在。进口减去出口等于贸易差额赤字，如果我们考虑进出口，利润方程变为

税后利润=投资+政府赤字-贸易差额赤字

这个方程显示出对国内利润来说，贸易盈余是好的，贸易赤字是坏的。

扩展我们的分析，加入工资储蓄和利润消费，利润方程变为

税后利润=投资+政府赤字-贸易差额赤字+利润消费-工资储蓄

利润和投资、政府赤字、利润收入消费呈正相关，和贸易差额赤字、工资储蓄呈负相关[1]。

就本文的写作目的而言，"税后利润 = 投资 + 政府赤字"这一简单等式具有核心意义。为了理解我们经济的运行方式，我们可以首先探索该简单等式的含义，然后探寻早先忽略的国际收支平衡、工资储蓄和利润消费对经济运行的影响。

如果我们要基于这个利润方程建立一个完整的经济模型，就像在企业和政府中用的很多计量经济模型一样，我们需要解释投资和赤字。

投资可以通过解释以下因素的影响得到解释：预期利润流、现有和预期偿债流、投资产出品和金融工具的当期价格及资本资产的供给价格。除此之外，决定当期临时性融资和头寸融资杠杆率的不确定程度也需要被考虑。杠杆率将借款者和贷款者的风险(不确定性)整合进对当期产出的决定之中。

赤字是政府支出和税收的差额。政府支出是一种政策变量，其形式包括政府就业、转移支付方案和私人部门采购。税收反映了关于税收计划和经济运行的政策决策。

总就业(劳动力需求)是政府部门、投资品生产部门和消费品生产部门雇用人数的总和。由于政府和投资品生产是给定的，因此这两个部门的劳动力需求也是给定的。考虑到投资和赤字是税收计划的结果，因此，税后利润也是已知的。于是，消费品生产部门的利润则等于总利润减去投资品生产部门的利润和为政府生产的利润。

消费品的生产会达到这样一个点，在这个点上的利润等于总利润减去投资品生产部门的利润和为政府生产的利润。我们可以考虑两种类型的消费品的生产。一类

---

① 　关于利润的这些命题参见卡莱茨基，同前。These propositions about profits were in Kalecki, op cit. See also Hyman P. Minsky, "The Financial Instability Hypothesis: A Restatement" (*Thames Papers in Political Economy: Thames Polytechnic, 1978*). See Chapter 5, below, pp. 92–119.

的价格是固定的(每单位产出的利润额是固定的)，产出因而就业是变动的。另一类的利润来源是价格浮动的消费品的生产和销售。在这种生产中，工资是固定的而价格加成是变动的。依据偏好系统的不同，工资被分为固定价格商品支出和浮动价格商品支出。通过固定价格产出中就业的提高，工资收入将会扩大，而且这种工资收入将会在固定价格产出和浮动价格产出之间分割，直到两种消费品生产的利润之和等于消费品生产部门赚取的总利润[①]。

　　如果在贸易差额中存在赤字，那么消费品生产部门赚取的利润需要根据逆差(或顺差)进行调整。因为进口可能是消费的函数，所以消费品生产部门的利润可能随着就业的提高而降低。同样，利润消费和工资储蓄也将影响那些与投资和政府赤字的各个水平相关的消费品生产部门的就业。

　　这个论点的基本观点在于：私人部门的就业是由利润机会决定的。在简要而基本的分析中，经济中的总利润机会由投资和政府赤字决定。投资和政府支出创造了特定部门的利润机会，工资收入(或者更一般的，消费者的可支配收入)创造了消费品部门的利润机会。在投资品生产中，银行业的考量迫使总投资支出在工资和利润之间进行分割，与投资品生产不同，消费品部门的利润取决于以下两种形式的价格加成：在浮动定价产出品上的已确立工资成本的可变价格加成，和在固定价格产出品上的可变就业与固定价格加成。家庭的偏好系统决定了每一水平的总就业(和总工资)，如何与以浮动价格和固定价格为特征的行业的利润相联系。

2.6　利润的决定和金融结构的确认

　　利润是决定任何特定的企业债务结构能否得到确认的现金流。利润的预期水平和稳定性决定了企业家、他们的银行家和经济中资产的最终持有者将会接受的债务结构。尤其是在一个不履行融资义务便有严重后果的经济中，预期利润与实际利润之间的潜在偏离程度是可接受债务结构的重要决定因素。

　　我们已经确定了许多利润公式：

$$利润=投资 \tag{2.1}$$

$$税后利润=投资+政府赤字 \tag{2.2}$$

$$税后利润=投资+政府赤字-贸易差额赤字 \tag{2.3}$$

$$税后利润=投资+政府赤字-贸易差额赤字+利润收入消费-工资收入储蓄 \tag{2.4}$$

这些公式对于决定当期可接受的债务结构，进而决定当期的债务融资需求至关

---

　　① 在各种近年来的文献中，J. R. Hicks已经探讨了许多关于固定和浮动价格产出的内容。参见In sundry recent writings J. R. Hicks has been making much about fixed and flexible price outputs. See *The Crisis in Keynesian Economics* (New York: Basic Books, 1974).

重要，因为它们定义了利润的潜在稳定性。在式(2.1)~式(2.4)中，每一个都代表了不同的经济类型，并且随着时间推移将具有不同的预期利润表现。

第一种经济类型，即式(2.1)代表的由小政府、贫穷的劳动力、"清教徒式的"、高效的企业家阶层组成的封闭经济，其中企业家阶层限制自身的消费以保有并扩大其资本，并且对企业的间接成本费用实行严格的管理。在这样的经济中，利润的波动幅度将与投资的波动幅度相同。

第二种经济类型，即式(2.2)代表的拥有大政府的封闭经济，大政府是就此意义而言的：适当的政府支出和征税计划会导致政府赤字，这种政府赤字对投资关系重大。如果这种政府赤字同投资负相关，那么税后利润的变动幅度将会显著地小于投资的波动幅度。

第三种经济类型，即式(2.3)代表的拥有一个大政府的开放经济。在这种经济中，利润流取决于贸易差额及投资和政府赤字的变化路径。这表明，重商主义论调——国际收支顺差对于经济而言是好事——是有价值的。

第四种经济类型，即式(2.4)代表的拥有一个大政府的开放经济，其中工人的收入足够高且足够稳定，从而能让工人储蓄并通过债务进行消费融资，企业的行政结构相当官僚化且成本高昂，以至于大部分利润都被用来支付薪金和用于如广告这样的辅助性活动。薪金和广告的收入反过来为消费提供了资金。今天的美国经济就属于这种类型。

在小政府的封闭经济(第一种经济类型)中，债务人通过利润流确认债务结构的能力取决于当期投资。用债务为资本资产头寸进行融资受限于投资的预期波动性。因为投资取决于外部资金的可获得性和在有利条款下(由资产的偏好和制度性的银行业结构所造成)短期融资的可获得性，所以融资条款和利润预期的变动将导致投资和债务确认的波动：第一种经济类型将倾向于出现周期性的不稳定。为使用短期债务提供便利的金融市场的演化，倾向于建立一种只有当总投资以某种不能长期持续的速率增长时才能维持的负债结构。频繁的温和衰退和周期性的深度萧条会在这样的经济中出现。在衰退和萧条期间，从过去继承来的债务结构的支付承诺随着合同履行、合同违约或再融资而减少。

第一种经济类型可看作代表了在罗斯福时代的改革和大萧条以前的美国经济。联邦政府总预算相对于总国民生产而言较小，工薪阶层储蓄少，企业主要是创业者式的，而非高度官僚化的。在这种情况下，投资的波动性被转化为能够确认企业债务的现金流的波动性。无论何时利润下降，对冲融资单位就会变为投机融资单位，而投机融资单位则变为庞氏融资单位。这样的金融结构转型导致了资本资产价格下跌，进而导致投资减少。一个循环递归的过程很容易被引发出来，在这个过程中，金融市场失灵导致了投资减少，投资减少导致了利润下滑，利润下滑会导致财务失败，以及投资、利润进一步的减少，更多的失败和破产等。这个过程在1933年由欧文·费雪进行了很好的描述，20世纪30年代早期的经济学家意识到这是一种很可能会发生的运行模式[1]。美联储系统之所以存在，是因为人们感受到了需要一个最后贷款人，来阻止这类累积性紧缩的发生。

第二种经济类型可看作对这样一种经济的基本而简要的叙述：在这个经济体中，政府规模如此之大，以至于其赤字的变化可以抵消投资波动对利润的影响。尤其在投资下降、收入减少时，如果政府支出增加，则利润流将趋向于被稳定下来。在这种经济中，如果金融扰动带来可接受融资条款的变化，由此导致的投资下降将导致利润下滑。这种利润下滑将导致从过去继承来的融资方式的变化，从而使得投机融资和庞氏融资在金融结构中的比重增加。这又反过来导致资产价格和投资的进一步下跌。尽管如此，随着这一过程的进行，税收减少，政府支出增加(今天主要是转移支付)，也就是赤字增加。尽管投资的下降倾向于降低利润，但赤字的增加却倾向于提高利润。利润下行的可能性被降低了。当利润得以保持并且随着政府赤字的累积而增加时，债务结构中投机融资和庞氏融资比重增加的趋势会停止并逆转。随着总利润流被稳定下来，待清偿债务的减少、获得融资及其他形式的重组都可以进行[2]。

标准经济学分析的重点是政府支出如何影响总需求进而影响就业。因此，在标准公式$Y=C+I+G$中，政府支出增加和税收下降的影响将在更高的C、I、G中表现出来，带来比小政府状态下更多的就业。在刚刚概括性的分析中，政府的收入和就业效应被政府的利润效应强化，这对大政府而言尤其如此[3]。

关于稳定政策的文献可谓汗牛充栋。需要提出的一个问题是："需要将什么因素保持稳定，才能使衰退/萧条的威胁得到控制且累积性下降得到遏止？"由以上观点得出的主张是利润必须保持稳定，准确地说是利润的下行变化性必须受到抑制。大政府及具有大政府的经济中可以出现的赤字在稳定经济时是重要的，因为它们能够稳定利润流。

应该注意的是，大政府的稳定效应在如下意义上存在不稳定含义，即一旦借款者和贷款者意识到利润的下行不稳定性已经降低，那么企业和银行就会更愿意且更有能力进行债务融资。如果确认债务的现金流实质上被大政府的利润效应所保障，

---

① Irving Fisher, "The Debt Deflation Theory of Big Depression," *Econometrica 1* (1933).

② 据估计，在目前的(1980年)美国经济中，测量的失业率每增加一个百分点，赤字就会增加270亿~300亿美元。因此，如果未来的预算在失业率为7%的情况下保持平衡，那么即便国会不采取扩张性税收或支出行动，10%的失业率也将导致800亿~900亿美元的赤字。

③ 在多个政府部门预测和私人预测服务中使用的计量经济学模型都基于$Y=C+I+G$。一旦选择了这一基础模型，那么金融的考量在决定系统行为时只能起次要作用。据我所知，用利润确认债务结构和资产市场价格的需要，并未以任何本质的方式被整合进现有预测和仿真模型之中。这样的模型最多只是适用于像1946—1965年那样的金融平稳时期。

那么资本资产头寸的债务融资便得到鼓励。在总利润的下行变化性受到赤字的抑制之后，通货膨胀的后果就紧随而至了。

第三种经济类型是一个拥有大政府的开放型经济。为了使国际收支逆差成为利润变动轨迹的重要决定因素，出口或进口水平一定要和投资具有相同大小的量级。如果利润决定了国内生产者的投资意愿和投资者的债务融资能力，那么贸易顺差将导致经济迅猛发展。同样也应该注意的是，如果一个经济体的国内利润有赖于巨额的贸易顺差，那么它就很容易受到任何可能导致其顺差逆转的因素的影响。

某种程度上日本经济是这种高度脆弱的开放型经济的例子。日本制造业企业运用了大量的债务融资，出口了很大一部分产出品。任何日本贸易顺差的逆转，除非伴随着政府赤字的暴涨，都将会导致债务确认的失败[①]。

值得注意的是，一个拥有小政府的开放型经济的利润方程为

$$利润=投资-贸易逆差$$

这种经济中任何贸易逆差的激增，或者顺差的骤减，都将带来利润的恶化及可能的金融结构的恶化[②]。

对美国经济而言，尽管第四种经济类型是对其利润决定关系的最现实的表述，但是我们无法获得关于储蓄-工资比和消费-利润比的数据。虽然这是一个对分析美国经济行为有用的框架，但其内容在很大程度上取决于如何理解利润收入的下面几种消费形式，即主要用于薪金、研究、广告和"企业风格(business style)"的支出。充分发展的第四种情形所强调的是，把利润用于消费是从官僚化企业风格的建立得出的，而这种官僚化企业风格可能会像从过去继承的债务那样，导致当期"不可控制"的支出。

2.7 一些数据

为了理解为什么我们的经济自1946年以来的运行方式不同于1939年以前，必须对需求的大轮廓如何发生改变了然于胸。为了理解为什么我们的经济自20世纪60年代中期以来的运行方式不同于"二战"后早期，必须对金融结构的大轮廓如何发生改变了然于胸。需求的大轮廓的变化改变了总利润对投资变化的反应，因此改变了企业确认其债务的能力的周期性状态。金融结构的变化增加了总金融结构中投机融资和庞氏融资的比重，因此增加了金融系统再融资的脆弱性和债务确认危机的可能

---

① 这就是1974—1975年发生的事情。油价上涨和美国经济衰退导致日本贸易余额出现巨额赤字及一波企业经营失败的浪潮。日本经济通过通货膨胀摆脱了那场危机。

② Smoot-Hawley关税导致许多拥有小政府的国家国际收支发生变化，从而加重了正在发酵的国际萧条。尽管Smoot-Hawley关税并非大萧条的成因，但它是一个加剧了经济下行期(即便不存在Smoot-Hawley关税也仍然很严重的)的因素。

性。结果是，自60年代中期以来，(人们)对美联储作为最后贷款人的干预和对政府通过赤字维持企业利润的逆周期财政政策的需要都增强了。

1. 需求的大轮廓

1929—1933年经济的剧烈收缩发生在一个小政府的经济环境中。在繁荣的1929年，国民生产总值是1 034亿美元，联邦政府总支出，即商品服务采购和向个人的转移支付之和为26亿美元。同年投资为162亿美元。1933年，当经济走出剧烈收缩的低谷，新政开始实施(罗斯福于1932年11月当选总统，并于1933年3月就职)，国民生产总值是558亿美元，联邦政府总支出是40亿美元。1933年投资是14亿美元(详细数据见表2.1、表2.2)。

表 2.1　1929—1979 年部分年份的 GNP 及其主要组成部分

单位：十亿美元

| 年份 | 国民生产总值 | 消费 | 投资 | 政府采购 | | | 对个人转移支付 | 出口 | 联邦政府支出 | 企业总留存收益 |
				总计	联邦政府	州和地方政府				
1929	103.4	77.3	16.2	8.8	1.4	7.4	0.9	7.0	2.6	11.7
1933	55.8	45.8	1.4	8.3	2.1	6.2	1.5	2.4	4.0	3.2
1939	90.8	67.0	9.3	13.5	5.2	8.3	2.5	4.4	8.9	8.8
1949	258.0	178.1	35.3	38.4	20.4	18.0	11.7	15.9	41.3	31.4
1959	486.5	310.8	77.6	97.6	53.9	43.7	25.2	23.7	91.0	58.5
1969	935.5	579.7	146.2	207.9	97.5	110.4	62.7	54.7	188.4	101.7
1973	1 306.6	809.9	220.2	269.5	102.2	167.3	113.5	101.6	265.0	140.2
1974	1 412.9	889.6	214.6	302.7	111.1	191.5	134.9	137.9	299.3	137.9
1975	1 528.8	979.1	190.9	338.4	123.1	215.4	170.6	147.3	356.8	176.2
1979	2 368.5	1 509.8	386.2	476.1	166.3	309.8	241.9	257.4	508.0	276.0

资料来源：1980年1月总统经济报告第203页表B1，除了政府向个人的转移支付来自第223页表B18，联邦政府支出来自第288页表B72，总留存收益来自第213页表B8。

表 2.2　1929—1979 年部分年份的 GNP 及其主要组成部分（占 GNP 百分比）

| 年份 | 国民生产总值 | 消费 | 投资 | 政府采购 | | | 对个人转移支付 | 出口 | 联邦政府支出 | 企业总留存收益 |
				总计	联邦政府	州和地方政府				
1929	100.0	74.8	15.7	8.5	1.2	7.2	0.1	6.8	2.5	11.3
1933		82.1	2.5	14.9	3.8	11.1	2.7	4.3	7.2	5.7
1939		74.2	10.3	15.0	5.8	9.2	2.8	4.8	9.8	9.7
1949		69.0	13.7	14.9	7.9	7.0	4.5	6.2	16.0	12.2

年份	国民生产总值	政府采购					对个人转移支付	出口	联邦政府支出	企业总留存收益
		消费	投资	总计	联邦政府	州和地方政府				
1959		63.9	16.0	20.1	11.1	9.0	5.2	4.9	18.7	12.0
1969		62.0	15.6	22.2	10.4	11.8	6.7	5.8	20.1	10.9
1973		62.0	16.9	20.6	7.8	12.8	8.7	7.8	20.3	10.7
1974		62.9	15.2	21.4	7.9	13.5	9.5	9.8	21.2	9.8
1975		64.0	12.5	22.1	8.1	14.1	11.2	9.6	23.3	11.5
1979		63.7	16.0	20.1	7.0	13.0	10.2	10.9	21.4	11.7

资料来源：表2.1。

　　回忆一下，利润等于投资加赤字。一个总支出才40亿美元的联邦政府，不可能通过赤字抵消减少148亿美元的私人投资对企业利润的影响。1929年企业总留存收益是117亿美元，1933年这一数值是32亿美元。由于1933年的债务在很大的程度上是之前几年留下的遗产，因此，企业的财务问题是用萧条时期的收入产生的现金流，来满足在繁荣时期所欠债务的支付承诺。

　　当投资为162亿美元，政府支出为26亿美元(像1929年那样)的时候，政府支出和税收的自动或半自动反应不可能抵消投资的减少。1929—1933年，总投资下降了148亿美元(从162亿美元到14亿美元)，政府支出增加了14亿美元(从26亿美元到40亿美元)。企业总留存收益——对内部资金的一种量度，该资金可用于融资投资和履行到期债务的本金支付承诺——从1929年的117亿美元下降到1933年的32亿美元。

　　1973—1975年的衰退是"二战"后时间最长、程度最严重的衰退。当然它根本无法和1929—1933年经济的剧烈收缩相比，但这是我们能做的最好的比较。这一收缩发生在大政府的背景下。1973年，国民生产总值为13 066亿美元，联邦政府总支出为2 650亿美元。联邦政府支出大约占GNP的20.3%。1973年投资为2 202亿美元。

　　1973—1975年衰退期间的投资、政府支出和利润表现和1929—1933年形成了鲜明对比。工业生产指数从1974年11月的125.6下降到1975年3月的109.9，这的确非常急促；失业人数从1974年7月的约500万人攀升到最高点1975年3月的825万人，这对国家是非常大的冲击——一年之内失业率从5%左右剧增至9%。即使工业生产出现了急促下滑，企业总留存收益在1973—1975年期间依然取得了实质性的增长。在1973—1975年，总投资从2 202亿美元下降至1 909亿美元——降幅达到293亿美元。同期内政府支出从2 650亿美元增加到3 568亿美元(主要但不限于转移支付)——增幅达到918亿美元。结果是，尽管失业率上升、工业生产显著下滑，但是企业总留存收益依然从1973年1 402亿美元提高到1975年1 762亿美元——增幅达到360亿美元或25.7%。

进入利润方程的是预算赤字而不是政府的支出。1929年联邦政府有12亿美元的盈余，而1933年则背负13亿美元的赤字，两者相差25亿美元，这相当于1929年GNP的2.4%。1973年政府赤字为67亿美元，1975年则为706亿美元，增加了639亿美元，相当于GNP的4.7%。但更重要的是，用639亿美元的赤字波动(原书的607亿美元有误，应该是639亿美元——译者注)弥补293亿美元的投资波动是绰绰有余的。

在标准的政策分析中，大政府及政府赤字对利润进而对企业履行金融负债的能力的影响被忽视了。如果企业无法履行其债务支付承诺，那么使企业有资金可用的融资循环就会被打破。不仅如此，如果企业无法履行其债务(承诺)的概率增加，那么被计入企业与金融组织计算的风险溢价就会提高。如果即便在企业投资减少的情况下，利润也能得到保持且增加，那么，资产负债表就会迅速得到改善。经济之所以能从1973—1975年的衰退中迅速复苏，在很大的程度上可以归因于政府的巨额赤字。如果1973—1975年国会和政府试图控制赤字的爆炸式增长，那么在1979年和1980年，相对于实际情况而言，衰退将更加严重、持续时间更长，通货膨胀率也将更低。

2. 1950—1975年金融结构的大轮廓

为了理解我们的经济为什么自20世纪60年代中期以来比"二战"后初期更不稳定，我们必须考察金融结构的变化。基于本文的分析基础对美国金融结构的演化进行详尽而细致的研究将是有益的；虽然本文意不在此。

一个完整的研究需要考察资产组成和不同部门负债的变化，以及这种变化着的结构与融资条款的变化对经济不同部门现金流的影响。负债带来的现金流结构需要同资产现金流和收入生产创造的多种现金流结合到一起。特别是我们需要理解现金收入和支付义务，以及支付义务与安全边界之间变化的关系。

在缺乏这种深入研究的情况下，我们将考察非金融公司、家庭和商业银行的一些时间序列，这是三个能构成一个简单的金融经济的部门。部门和数据来自联邦储备委员会的资金流量账户。

3. 非金融公司

图2.1展示了1950—1979年非金融公司固定投资总额与内部资金总额的比率。这张图上的数据展示了固定投资在多大程度上来自内部资金，及其对外部资金的依赖程度。前十五年的证据反映了这一比率有一个温和的周期和一个下行的趋势。忽略1950年，这一比率的峰值为1951年的1.15。如果我们观察1958—1967年，会发现固定投资最多是内部资金的1.05倍，并且十年中有六年的固定投资少于内部资金。

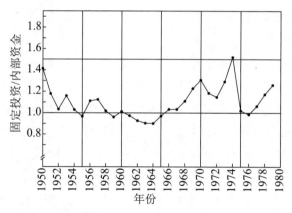

图2.1　1950—1979年非金融公司固定投资总额与内部资金总额的比率

资料来源：联邦储备委员会——资金流量账户。

　　1967年以后这一比率展现了越发剧烈的波动和明显的强劲上升的趋势。这一时期的循环在这个时间序列中表现得很明显。1970年这一比率达到1.3，1972年迅速下降至1.15。1974年这一比率高于1.5，1975年略高于1，1976年降到低于1，1979年又超过了1.25。固定投资/内部资金的时间序列表明，在20世纪60年代中期，经济的运行模式发生了变化。在60年代中期以前，公司似乎一直是通过内部资金为其固定投资融资，而数据显示，60年代中期之后，对外部融资的依赖增加了。

　　图2.2衡量了1950—1979年非金融公司总负债与内部资金之比。这张图显示了债务带来的企业支付承诺相对于可用于支付这些债务的资金的变化趋势。负债是支付承诺的代理变量；当然负债成熟期的长短和债务利率决定了每一时期所需的现金流。不仅如此，为了得到对税后总资本收入的量度值，内部资金需要加上利息和股息，这才是衡量确认债务结构的现金流能力的真实变量。

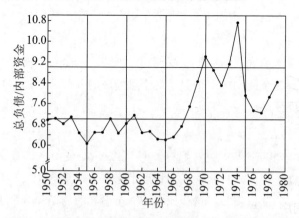

图2.2　1950—1979年非金融公司总负债与内部资金之比

资料来源：联邦储备委员会——资金流量账户。

　　这种对实际应测值的粗略估算表明，在20世纪60年代中期，决定这些数据的关系破裂了。截至1967年，这一比率围绕着某一个下行趋势微弱波动；自那时以来，数据展现出强势周期和上行趋势。1950—1967年，负债与内部资金比率主要在6.2~7.2范围内徘徊。1967年以后这一比例开始上升并展现出剧烈波动，在1970年达到9.4的峰值，1972年降为8.3，1974年达到10.75的峰值，而后在1977年跌回7.2，然后又上升到1979年的8.5。先在1970年又在1974年达到的峰值表明，在最近几次商业周期扩张期结束的时候，企业现金流维持负债的能力可能已遭受了相当大的压力。

　　图2.1和图2.2分别展示了流量-流量比率(图2.1，固定投资/内部资金)和存量-流量比率(图2.2，总负债/内部资金)，其中内部资金衡量了企业的盈利能力和履行支付承诺的能力。图2.3展示了1950—1979年非金融公司总负债与活期存款之比，以及公开市场票据与总负债之比的时间序列。图2.3的两个序列都衡量了非金融企业资产负债表质量的某一个方面。负债/活期存款比率衡量的是，如果总利润形式的现金流出现了中断，手中持有的现金能在多大程度上履行支付承诺。另一个比率试图衡量的是，企业活动能在多大的程度上利用不稳定的外部资源进行融资。"公开市场票据"类包括了商业票据(一种不稳定的来源)和金融公司借贷(一个通常而言代价高昂的来源)。

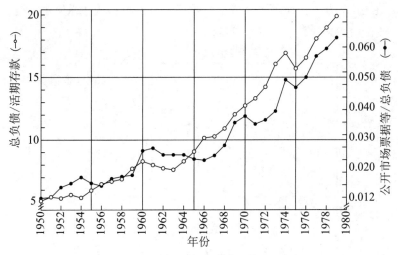

图2.3　1950—1979年非金融公司总负债与活期存款之比/公开市场票据与总负债之比

资料来源：联邦储备委员会——资金流量账户。

　　即便两个时间序列衡量的是完全不同的变量，它们都展现了一个极其相似的模式：20世纪60年代十分温和的上升趋势，1960—1964年或1966年出现中断，接下来又出现一个比60年代中期更为强烈的抬升。这两个时间序列的头十五年所呈现出的增长速度大不相同。有趣的是，这两个时间序列都在1974年出现了突然的下跌。

非金融企业的数据显示，20世纪60年代中期发生了某些变化。债务与内部资金之比、负债与活期存款之比、公开市场票据与总债务之比都显示出：目前不仅公司部门的债务支付相对于现金流更大，而且手头拥有的用作还债的安全边界也下降了，并且企业对于波动的且相对不确定的融资来源的依赖度增加了。两个时期的差别显示出非金融公司的负债结构不仅放大了金融市场的扰乱，更是其始作俑者。

4.家庭

家庭负债与家庭收入之比和家庭负债与手头现金(活期存款和通货)之比表明，20世纪70年代中期情况发生了某些变化。再一次，这些被考察的数据是关于债务支付承诺想要获得但无法获得的数据的代理值。

家庭债务的支付承诺常常是用个人可支配收入进行支付的。1950—1965年负债与消费者可支配收入的比率从0.37单调增长至0.74——翻了一番。1965—1975年，这一比率在0.74和0.69之间波动。1976年处于0.76，1977年是0.80，1978年是0.83，1979年是0.85。在始于20世纪60年代中期的金融震荡时期，债务与个人可支配收入之比并没有太大变化，直至70年代中期以后这一比率重新开始提升。

图2.4展示了1950—1979年家庭负债与个人可支配收入之比及家庭负债与活期存款和通货之比。从图2.4可明显看出，家庭负债与活期存款和通货之比同家庭负债与个人可支配收入之比几乎是平行发展的。

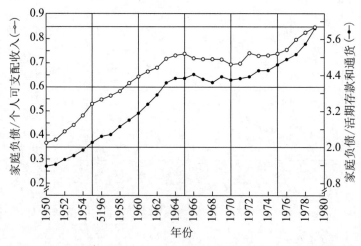

图2.4   1950—1979年家庭负债与个人可支配收入之比及家庭负债与活期存款和通货之比

资料来源：联邦储备委员会——资金流量账户。

家庭的数据显示，20世纪60年代中期至70年代中期的动荡并非主要根源于负担不断加重的家庭债务。70年代末期家庭负债与个人可支配收入之比、与活期存款和通货之比的提高可以被解释为是对通货膨胀预期的反应；然而，如果这样解释的话，那么就需要很长一段时间的通货膨胀和经济的不稳定才能影响预期。

5. 商业银行

商业银行的数据并没有展现出如同20世纪60年代中期非金融公司企业和家庭那样如此惊人的剧烈变化。图2.5很清楚地显示了1950—1979年商业银行财务净值和受保护资产分别与总负债之比。其中，财务净值与总负债之比经过50年代的增长在1960年达到最高点，紧接着又开始下降，直至1973年，中间几乎没有被打断过。证据显示1974—1975年的困难导致了这一比率看似短暂的上升。

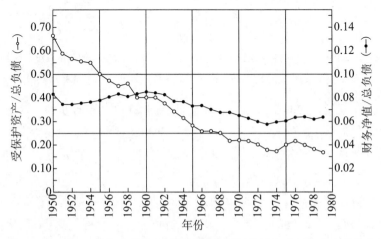

图2.5　1950—1979年商业银行财务净值和受保护资产分别与总负债之比

资料来源：联邦储备委员会——资金流量账户。

受保护资产(美国政府证券、库存现金和成员银行储备)与总负债之比——同样在图2.5中得到展示——从1950至1974年稳步下降。在20世纪60年代中期，下降的陡峭程度似乎略有缓和。1974—1975年银行业的创伤表现为受保护资产相对于负债的增加。

图2.6展示了1950—1979年商业银行活期存款与总负债之比，以及有价证券与总负债之比(有价证券是大额可转让定期存单、外国银行办事处存款、联邦基金、安全回购协议和公开市场票据之和)。活期存款与总负债之比在1950—1979年从0.70稳步下降至0.25。活期存款相对于总负债的表现是战后时期银行特征变化的突出证据。战后初期，商业银行系统主要持有受保护资产，它通过活期存款为持有这些资产融资。近些年来商业银行系统的受保护资产的所有权已经降至总负债的20%以下，正如其活期存款已经降至负债的25%左右。今天的商业银行系统主要持有私人债务，它通过负债而非活期存款为这一所有权融资。

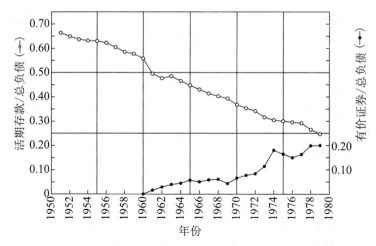

图2.6   1950—1979年商业银行活期存款与总负债之比及有价证券与总负债之比

资料来源：联邦储备委员会——资金流量账户。

从1960年开始，1969年后加速，有价证券变为重要的银行负债，其形式主要有大额可转让定期存单、外国银行办事处存款、联邦基金、安全回购协议和公开市场票据等。这些负债中，外国银行办事处的存款在整个战后时期都存在，但在最初几年，它们只是全部商业银行总负债中微不足道的一部分。

1960年以后大额可转让定期存单的采用和迅速增长，标志着有价证券和负债管理的引入成为银行业经营的一个重要因素。自那时起，各种金融工具层出不穷，其中只有少数能在资金流数据中得到确定。比如，资金流数据没法让我们分离出商业银行的承兑汇票或者货币市场利率定期存款。然而，即便用这个被删减过的清单，也能看到，截至1979年，有价证券作为银行资金的重要来源，事实上已经同活期存款一样重要。

2.8   最初问题的回答

我们的分析指向这样一个结果：我们经济的运行取决于利润的水平、利润的稳定性和对利润的预期。利润是刺激企业的诱饵，它作为流量决定了过去做出的决策在当前的经济运行方式下是否恰当。总利润流连接着过去和现在，未来利润的引诱决定了当前的利润流。

对利润的追逐是存在副作用的，这是因为投资导致资本资产，而投入运营的资本资产决定了可用于生产产出品的生产过程的变化。所从事投资的细节的恰当性(aptness)决定了有用生产能力的变化路径，和有用产出品与所用劳动力之比(即生产率)的变化。如果总的来看投资是恰当的，那么由此导致的技术提升会产生比劳动力成本高得多的利润加成，以诱导充足的投资来维持利润。如果增加的产出——或者用已有资本存量生产的产出——是不合适的，那么利润流将会减弱。这趋向于减少投资。同样，当国际收支减少或家庭储蓄率增加时，利润流会下降。利润流下降能开启一个减少总投资、总利润等的循环过程。

在当前我们这个"大政府"的资本主义制度下，由于政府赤字对维持利润的影响，这一循环过程很快就会停止。无论何时赤字爆发(正如1975年第二季度发生的那样)，企业总利润流都会增加。即便将要投入的投资不恰当，投资最终也是有利可图的。大政府造成的赤字对利润的影响，可以盖过未能提高劳动生产率的投资的影响；大政府是保护无效率产业结构的盾牌。当总利润得以维持或增加时，在产出下降、产出/工作时间比率没有增长的情况下，价格将会上升。因此政府赤字创造的稳定的且增长的利润是具有通货膨胀倾向的，尽管当劳动生产率相对于货币工资提高时，产出增加所带来的利润增加可以伴随着价格下跌。

由此可见，当前的通货膨胀政策问题和劳动生产率的增速下滑并非具有因果联系，而是它们是由共同的原因造成的，即提高政府的赤字来创造利润，其中的政府赤字不是由能够带来有用产出的支出造成的。

第一个问题，为什么自1946年以后我们没有经历过一次大型的甚至严重的经济萧条？此处给出的答案是，我们现有的大政府已经使利润不可能像1929—1933年那样崩溃。

因为政府赤字在今天实际上已激增，所以无论失业何时增加，总的企业利润都被继续维持。大政府作为商品服务的需求方，作为企业利润的创造者(通过其赤字)，以及当私人债务出现逆转时，作为金融市场上优质无违约国债的供给者，其综合效应意味着大政府是我们经济中的一个三向稳定器，而正是这样一种稳定经济的过程，为下一轮加速型通货膨胀埋下伏笔。

自1946年以后，我们没有经历严重的经济萧条还有第二个原因，即一旦为持续扩张而融资的相互关系导致20世纪60年代中期那种脆弱的金融结构出现，无论何时出现金融危机的威胁，美联储都会以最后贷款人的身份强势介入。美联储的这一干预行为既有助于阻止经济由骤跌滑向严重萧条，也使得随后从非常温和的萧条中复苏的经济必然具有通货膨胀倾向。

1946—1965年的稳健增长向近年来的动荡不安的过渡，在很大的程度上源于企业、家庭和金融机构之间融资关系的改变。在"二战"末期，为战争融资而遗留下来的金融结构，以及反映大萧条的投资组合偏好导致了一种保守的金融体制。在一个银行受保护资产(主要为美国政府债务)占其总负债60%的经济里，金融危机是很难出现的。同样，家庭和企业的资产负债及负债-收入关系，使得企业部门可以轻易地履行其支付承诺。

分析显示，滞胀是我们成功避免大型或严重萧条所付出的代价。20世纪60年代中期以来采用的终止债务紧缩的方法，显然是导致通货膨胀率逐步提升的原因。我们提出的观点表明，逐步加速的通货膨胀是不恰当的企业(债务)结构得到确认，以及政府赤字投资选择不当的必然结果，因此，通货膨胀一直与增长率的下降联系在一起。由于对债务的依赖不断增加，所以债务结构持续紧绷，这导致企业的经营目光短浅。经济的这种动荡性对从事审慎的投资与融资是不利的。20世纪60年代中期以来，总的经济氛围一直有利于短期投机行为，而无益于经济的长期资本发展。

由此产生的最终结论是，20世纪60年代中期以来美国经济显而易见的问题并不是源自预算赤字的变幻莫测，或控制货币供给的失误；这些问题反映了我们这种类型的经济在经历了若干年的成功之后，必然会有的正常运行方式。如果我们想要做得更好，就有必要改革我们的经济结构，以减少由负债沉重的金融结构造成的不稳定。

第3章

金融不稳定假说：对凯恩斯的解读和对"标准"理论的替代

3.1 引言

芝加哥大学的雅各布·维纳教授为凯恩斯的《通论》撰写过一篇严肃的长篇书评，这是唯一一篇被凯恩斯反驳的书评。维纳坚持认为，《通论》实际上并没有与传统经济学彻底决裂，凯恩斯之所以能取得创新性成果，原因在于他认为货币流通速度可变，同时假设价格与工资刚性[1]。维纳教授的评论是新古典综合式的，而后者可以说随着帕廷金在芝加哥大学的工作已趋成熟[2]。

在凯恩斯的反驳中，他否认了维纳教授的解释，并对《通论》的内容进行了简要陈述[3]。一旦把凯恩斯对维纳的反驳作为关键线索来区分其理论的陈旧部分和创新之处，就会浮现出这样一种对《通论》的解读，即它是一个解释"产出和就业为何如此容易波动"的理论[4]，从凯恩斯的论述中得到的这种解读既与希克斯-汉森对凯恩斯理论的阐述相矛盾，也与新古典综合不一致[5]。此外，这种与凯恩斯对维纳的反驳相一致的解读还会产生一种关于资本主义经济(动态)过程的理论。与标准的新古典理论相比，这一理论在理解我们的经济方面要更加切合实际且有效。这一以

---

[1] Jacob Viner, "Mr. Keynes on the Causes of Unemployment, " *Quarterly Journal of Economics*, November 1936.

[2] Don Patinkin, *Money Income and Prices* (Evanston, Ill.: Row, Peterson, 1956; 2nd ed., New York: Harper and Row, 1965).

[3] J. M. Keynes, "The General Theory of Employment, "*Quarterly Journal of Economics*, February 1937.

[4] 同上, p. 221.

[5] John R. Hicks, "Mr. Keynes and the Classics, A Suggested Interpretation, " *Econometrica*, April 1937; and Alvin H. Hansen, *Fiscal Policy and Business Cycles* (New York: W. W. Norton & Co., 1941).

凯恩斯自己所提供的解释为基础的理论就是"金融不稳定假说"①。

本文的主要目的是简要介绍金融不稳定假说,并简要说明与占统治地位的新古典综合相比,为什么这一理论更适用于我们的经济。在继续介绍金融不稳定观点之前,我会先简单介绍以凯恩斯对维纳的反驳为基础的对《通论》的解读是如何推导出金融不稳定假说的。

金融不稳定假说是否是对凯恩斯的合理解读,并不像它是否与我们经济密切相关这一问题那么重要。我之所以要强调凯恩斯与金融不稳定假说之间的联系,是因为金融不稳定假说这一说法的提出,确实源自我在过去十年从金融紧缩和其他金融动荡的角度理解凯恩斯的努力。尽管在凯恩斯写作《通论》的时期就已经爆发过极其严重的金融动荡,但后续的解读文献却都忽视了金融不稳定。

3.2 根据凯恩斯对维纳教授的反驳解读《通论》

在凯恩斯所处时代的标准经济理论和现在占统治地位的新古典理论看来,无论是金融危机,还是产出和就业的严重波动都是异常现象:两类理论都没有对这些现象做出解释。在《通论》中,凯恩斯提出了一种研究资本主义经济过程的理论,这一理论能够将金融和产出的不稳定解释为市场行为在面对不确定性时的结果。不幸的是,对新理论的论述常因为其中掺杂有旧理论的残余而不够明确。直到凯恩斯对维纳进行反驳时,他才对新理论做出了清晰而准确的论述。一旦以凯恩斯对维纳的答复为线索进行思考,从中浮现出的对《通论》的看法就会和标准解读明显不同。

由此浮现出的新理论聚焦于资本主义金融实践背景下的投资决策,并将其视为决定总体活动的关键因素。在对维纳的反驳中,凯恩斯坚称《通论》的主要命题都围绕那些在金融市场上运行的、打破均衡的力量展开。这些打破均衡的力量直接影响资本资产相对于当前产出品价格的估值,而这一价格比率与金融市场状况共同决定投资活动。因此,《通论》关注的是这两组价格(一组是资本资产和金融资产的价格,另一组是当前产出品的价格和工资)如何在不同的市场中、被我们经济中的不同力量决定,以及为什么这种经济"如此容易波动"。

标准经济理论——新古典综合——的构建从考察物物交换开始,例如可能发生在乡村集市上的物物交换,然后在基本模型中加入生产、资本资产、货币和金融资

---

① 长期以来,乔治·伦诺克斯·沙曼·沙克尔一直坚持认为,凯恩斯在《经济学季刊》(*Quarterly Journal of Economics*)上发表的文章,是凯恩斯货币思想的"终极升华"。见 G. L. S. Shackle, *Keynesian Kaleidics* (Edinburgh: Edinburgh University Press, 1974). 关于这种替代性解读是否合理,请参见《凯恩斯》的详细讨论。(Hyman P. Minsky, *John Maynard Keynes*, Columbia University Press, 1975)

产。这种乡村集市范式表明一个去中心化的市场机制能产生一个连贯一致的结果，但是它不能解释这样一种内生现象，即这种一致性为什么会周期性地被打破。在凯恩斯看来，这种一致性的破坏根源于金融运作，并通过投资活动向外扩散。为了解释这一切如何发生，必须放弃乡村集市范式，以及那种仅仅把货币定义为促进交易的工具的看法。

在《通论》中，凯恩斯采用了城市范式或者华尔街范式：从一家华尔街投资银行的董事会的角度看待经济。构建理论的起点是假设经济是拥有复杂、精致的金融机构的货币经济。在这样一种经济中，货币不仅仅是一张一般性的配给凭证——它使双向需要的匹配巧合不再是交易发生的必要条件(generalized ration point，一般性配给凭证，对应一般等价物——译者注)，它还是在资本资产的头寸得到融资时所产生的一种特殊形式的债券。在1931年的一篇文章中，凯恩斯明确地论述了这样的货币概念：

"在我们这样一个由资本财富——建筑物、商品库存、处于加工和运输过程中的商品等——所构成的世界中，存在大量的实物资产(real assets)。不过，这些资产名义上的所有者为了拥有它们而借钱却并非稀有之事。相应地，财富的实际所有者(比如说股东——译者注)对货币而不是对这些实物资产拥有索取权(claim)。这种'融资'中的相当一部分是通过银行系统进行的，银行系统介于借钱给它自己的储户和它提供贷款的客户之间，为这种借贷行为提供保证(guarantee)，从银行贷款得到资金的借款客户就用这笔融资来购买实物资产。在实物资产与财富所有者之间插入货币面纱是现代世界一个极其显著的特征。"[1]

这一概念将货币看作"实物资产和财富所有者"之间用于融资的面纱，这是银行家看待货币的自然方式，也是理解凯恩斯和理解我们经济的基础[2]。

在凯恩斯看来，我们生活在一个"对将来的不断变化的看法能影响就业数量"的世界中[3]。在当前的变量中，最直接地受到对将来的不断变化的看法影响的是金融变量，例如资本资产的市场估值、金融资产的价格和商人及他们的银行家在负债结构方面的行为。一旦采用了金融视角，时间就不能被解释为只是为经济增加了额外的商品。在凯恩斯的理论中，"时间"是日程意义上的时间(calendar time，发生

---

[1]　J. M. Keynes, "The Consequences to the Banks of the Collapse of Money values, " in *Essays in Persuasion*, vol. IX of the *Collected Writings of John Maynard Keynes* (London and Basingstoke: MacMillan, St. Martins Press, for the Royal Economic Society, 1972), p. 151.

[2]　Dudley Dillard, "The Theory of a Monetary Economy, " in K. K. Kurihara, ed., *Post-Keynesian Economics* (London: George Allen and Unwin, 1955). 迪拉德对凯恩斯的解读助生了本文的解读。不幸的是，他的文章没有产生重大影响。

[3]　J. M. Keynes, *The General Theory of Employment, Interest and Money* (New York: Harcourt, Brace, 1936), p. vii.

中、动态过程中的时间——译者注)，而且未来总是不确定的[①]。因此，投资和融资决策是在难以控制的不确定性中做出的，而不确定性意味着对将来的看法可以在短期内发生显著变化。特别是，对将来的不断变化的看法会影响各种资本资产和金融工具的相对价格，以及资本资产价格和当前产出品价格之间的关系[②]。

在凯恩斯看来，资本主义经济的金融属性导致了我们所观察到的经济不稳定的行为。在一个拥有复杂、精致的金融系统的经济中，金融面纱所包含的金融工具比任何狭义的——甚至广义的——货币概念都要多得多。特别地，凯恩斯从融资角度看待货币意味着"……货币在经济中占有重要和特殊的位置……"[③]这与古典经济理论和现在的标准新古典经济理论形成了鲜明对比，这两种理论都认为货币并不会影响经济的根本行为。

在《通论》这部开创性的著作中，凯恩斯对经济周期进行了解释。思想史上有很多有趣的问题都围绕这部分思想中被遗失的部分展开，但这里不讨论这些问题。相反，本文的其余部分所关注的，是把"金融不稳定假说"表述为一种致力于解释"经济周期现象"的理论[④]。在对凯恩斯的众多解读中，该假说是其中一个不同于标准解读的解读[⑤]。下文将不再证明这一解读的"合法性"：该假说将不再作为对凯恩斯的解读而提出，而是作为对当前标准新古典理论的替代理论而提出。

3.3 从金融不稳定的视角看我们的经济

"二战"后的前二十年以金融平稳为特征，并未出现爆发金融危机或(欧文·费雪描述的那种)发生债务紧缩过程[⑥]的重大威胁。1966年以来的十年则以金融动荡为特征。出现了三次爆发金融危机的威胁，在此期间都需要美联储对货币市场和金融市场进行干预以遏制潜在的危机。

"二战"后第一次需要美联储特殊干预的、爆发金融危机的威胁被称为1966年

---

① John R. Hicks, "Some questions of Time in Economics, " in *Evolution, Welfare and Time in Economics: Essays in Honor of Nicholas Georgesca-Roegen* (Lexington, Mass.: Lexington Books，1976), pp. 135–151.在这篇文章中，希克斯最终否定了IS-LM曲线所体现的凯恩斯理论的均衡版本：现在，他认识到IS-LM曲线没有抓住凯恩斯的要点，对于处在时间过程中的经济体而言，IS-LM曲线是糟糕的经济学理论。

② Keynes, *Quarterly Journal of Economics.*

③ Keynes, *The General Theory*, p. vii.

④ 同上，p. 313.

⑤ Paul Davidson, *Money and the Real World* (London: MacMillan, 1972): Sidney weintraub, *Classical Keynesianism, Monetary Theory and the Price Level* (Philadelphia: Chilton, 1961); and Axel Leijonhufvud, *on Keynesian Economics and the Economics of Keynes* (New York: Oxford University Press, 1968).

⑥ Irving Fisher, "The Debt-Deflation Theory of Great Depressions, " *Econometrica*, 1933.

"信贷紧缩"，这一事件的核心是银行可转让大额定期存单的"挤兑"。第二次出现在1970年，困难的直接焦点是宾夕法尼亚-中央铁路公司破产后，商业票据市场的"挤兑"。十年中第三次爆发金融危机的威胁发生于1974—1975年，涉及一大批过度扩张的金融头寸，不过最好的解释可能认为其围绕大银行的投机活动展开。纽约富兰克林国民银行在1973年12月的资产是50亿美元，却在这次危机风险中因为海外分行遭受"挤兑"而破产。

既然在"二战"以前金融不稳定周期性出现并构成我们经济的特征，而近期的金融不稳定是之前现象的重现，那么就有理由将金融危机看作系统性的而非偶然性的事件。从这种角度来看，"二战"之后的二十年间没有出现金融危机反而是反常的，其原因可以解释为大萧条及紧随其后的世界大战所带来的极其稳健的金融结构。历史上，具有资本主义金融机构的经济体的行为常常导致危机出现，而自20世纪60年代中叶以来，这种行为再次出现。过去十年与"二战"之前的区别在于，金融危机在萌芽时期就已经被美联储的支持操作及由规模大得多的政府部门所产生的收入、就业和金融效应共同终止了。然而，这种成功也已经带来了副作用——每次成功终止金融危机后，通货膨胀都会加速。

从华尔街董事会的角度看待经济，我们会看到一个票据的世界——一个充斥着在今天和未来支付现金的承诺的世界。这些现金流是过去签订的合同的遗产，这些合同里规定着今天的货币被用来交换未来的货币[①]。此外，我们还会看到：这些用未来的支付现金承诺交换今天的现金的交易也正在达成。这一票据世界的存续能力取决于企业组织、家庭和政府机构(例如州和市政当局)从收入创造过程中得到的现金流(或者扣除现金支出成本和税收后的毛利润)。

这里的关注点将聚焦于企业债务，因为这种债务是资本主义经济的一个本质特征。企业债务的确认需要价格和产出达到这样的水平：能够让几乎所有的企业都能在劳动成本和原料成本之外挣得足够多的剩余，以满足债务所要求的总支付额或能够发起再融资。只有在预期的毛利润足以确认新债务或发起进一步的再融资时，再融资才能顺利开展。

消费品生产部门的毛利润取决于以下三类人在消费品上的支出：消费品生产部门的雇佣工人、投资品生产部门的雇佣工人和从生产过程之外获得收入的人。如果简单假定工资收入只来源于消费品生产和投资品生产，只有工资收入用于购买消费品且全部工资收入都用于购买消费品，那么在消费品生产部门中，劳动成本之上

---

① 第17章中的q、c和I，"利息和货币的主要性质"最好被解释为现金流或现金流的等价物(*The General Theory* [Keynes, op. cit.])。参见H. P. Minsky, *John Maynard Keynes* (New York: Columbia University Press, 1975), ch. 4, "Capitalist Finance and the Pricing of Capital-Assets."

的价格加成就等于投资品生产部门的工资支出[①]。这个简单公式中的消费支出可以扩展到包含以下多种来源：从政府雇用中获得的工资收入，从转移支付中获得的收入，将利润用于消费，以及获得收入者的储蓄等。花费在消费品上的总支出使得在消费品生产中，劳动成本之上的价格加成得以实现。劳动成本之上的价格加成使企业从经营中获得毛利润。

投资品生产部门的利润并不像消费品生产部门那样直接决定。不过，利润流总是由特定资本资产的相对稀缺性决定。用于生产投资品的资本资产的相对稀缺性，以及由此而来的投资品生产部门的总收入和工资成本之间的差额取决于投资的进展速度。消费品生产者和投资品生产者能够用来履行偿债承诺的资金都是投资的函数。由此，当前可接受的债务结构反映了当前对未来投资进程的推测。

税后毛利润不仅是公司确认债务的可用资金——这些债务为控制资本资产提供资金，而且其超过偿债承诺的那部分是股东所获得的现金流。股票价格是将预期的剩余现金流资本化的结果(expected residual cash flows，指总收入减去总成本，即作为一种剩余而得到的现金(即利润)，将利润资本化(即贴现)，就得到了股票价格——译者注)。在一个有着华尔街的世界中，不断波动的股票价格是公司所拥有的资本资产的市场估值的一个决定因素。资本资产的市场价值影响投资品的需求价格，而投资品的需求价格、投资品的供给状况与金融市场状况共同决定投资。

如果把政府购买商品与服务及转移支付考虑进来，那么消费品生产部门与投资品生产部门的毛利润还取决于政府赤字。在我们当前所处的世界中，向政府赤字融资的急剧转变——正如在从1974年第四季度到1975年第三季度的这四个季度中所发生的那样——不仅维持了需求，还维持甚至有可能增加了企业利润。每当金融市场扰动导致消费者和企业支出下降时，企业维持债务能力下降的趋势就会被大政府对企业利润的影响所抵消。美国经济在战后时期的表现与以往不同，主要就是因为联邦政府的相对规模有所扩大，而不见得是因为政策制定者的技能有所提高。

因此，我们经济的运行表现取决于投资的进展速度。在资本主义经济中，对资本资产的估值决定当前的投资，履行合同承诺的能力决定融资的可能性，而这两者又在很大程度上取决于毛利润的发展状况。毛利润反过来又在很大程度上由投资决定。因此，能否通过借债进行新投资取决于所预期的未来投资是否足够大，以使得未来的现金流足以令今天发行的债务得到偿还或再融资。

因为投资既决定总需求，又决定债务结构的可行性，所以存在私人债务的经济极容易受到投资进展速度变动的影响而变得脆弱。这样的经济所表现出的不稳定源于对未来投资进程预期的主观性质，和银行家及他们的企业客户在为不同类型的资本资产头寸融资时所认为的合适的负债结构的主观决定。在一个资本主义金融运作

---

① Michal Kalecki, *Theory of Economic Dynamics* (London: Allen and Unwin, 1965).

盛行的世界里，在凯恩斯的意义上而言的不确定性是决定收入和就业发展路径的主要因素。

分析债务和收入之间的关系，一个自然而然的出发点是选取一个过去存在周期性波动而现在运行良好的经济体作为研究对象[①]。现有债务反映了经济的历史，包括距离现在并不太遥远的、经济不景气的那段时期。可接受的负债结构建立在某一安全边界上，使得即使在经济运行不佳的时期，预期的现金流也能够满足合同所规定的债务付款。随着经济运行良好的时期不断延长，从董事会的角度会发现，有两件事情变得明显起来：现存债务容易得到确认，负债累累的单位经营良好；杠杆经营获益丰厚。在经济运行良好一段时期之后，债务结构中预留的安全边界显然太大了。因此，在经济运行良好的时期内，人们对于可接受的债务结构的看法发生了改变。在银行、投资银行家和企业家之间的交易中，用于为各种活动和头寸提供融资的债务的可接受规模扩大了。债务融资比重的上升不仅使得资本资产的市场价格提高，还增加了投资。随着这种情况持续进行，经济进入繁荣时期。

在一个存在通过债务融资来获得资本资产所有权，并且这种债务融资的发展程度由市场决定的经济中，决定投资的方式注定不会带来稳定的增长。由此可见，资本主义经济根本上的不稳定提升了。经济从运行良好向投机性的投资繁荣转变的趋势，就是资本主义经济不稳定的一个基本表现。

金融实践创新是我们经济的一个特点，在经济运行良好时尤甚。房地产投资信托等新机构及可转让大额存单等新工具层出不穷，商业票据等旧工具也在数量上获得发展并且被发掘出了新的用途。但是，每一种新工具的出现和旧工具使用范围的扩大都增加了可利用的融资规模，这些融资可以用于为经济活动和就现有资产建立头寸提供资金。可获得融资的增加使资产的价格相对于当前产出品的价格上升，进而导致投资增加。在一个按照凯恩斯的方法定义货币的经济中，有效货币的数量是内生决定的。而标准理论中的货币——无论是基本准备金、活期存款和现金，还是包括定期存款和储蓄存款在内的货币概念——并不能解释那些与我们经济运行相关的货币现象[②]。

在我们的经济中，区分对冲融资和投机融资十分有用。当预期从经营活动中获得的现金流足以履行债务的支付承诺时，融资属于对冲融资。当预期从经营活动

---

① 实际上只需要假定，经济并不总处于均衡状态，而且对于非均衡的记忆会"延续很久"。在一般均衡理论中，依靠重新签订契约或者依靠瓦尔拉斯的特殊拍卖商，所有的经济行为都被假定发生在均衡之中。这种旨在证明去中心化的市场会导致一致(均衡)结果的理论，建立在经济现在处于并将一直处于均衡这一基本假设之上。新古典理论中的非均衡是"虚拟的"而非"现实的"非均衡。

② Hyman P. Minsky, "Central Banking and Money Market Changes," *Quarterly Journal of Economics*, May 1957.

中获得的现金流不足以履行债务的支付承诺时，即使预期获得的现金的现值高于支付承诺的现值，融资也属于投机融资。投机单位期望通过借新债来筹集资金以履行其支付义务。根据这一定义，一家拥有活期存款和短期存款的"银行"通常从事投机融资。房地产投资信托、航空公司和纽约市在1970—1973年从事投机融资。在1974—1975年，现值的逆转(债务承诺的现值超过了预期收入的现值)使这些机构遇到了困难。这一逆转既是因为利率上涨，也是因为实现的现金流低于之前的预期。

在经济顺利运转的时期，私人债务和投机性的金融实践都会得到确认。然而，从事对冲融资的单位仅仅依赖要素市场和产品市场的正常运行，而从事投机融资的单位还要依赖金融市场的正常运行。特别地，投机融资单位必须不断地为其头寸进行再融资。利率的升高会提高他们的融资成本，但与此同时，资产收益率并不一定会同步增长。在对冲融资占主导地位的体制中，货币供给规则可能是对政策的有效指导，但随着投机融资的比例增加，这样的规则会失去其有效性。每当投机融资的重要性增加，美联储就必须更加关注信贷市场的状况，因为从事投机融资的单位能否持续生存取决于利率是否保持在相当狭窄的范围内。

从事投机融资的单位在以下三个方面是脆弱的。其一，他们在为债务再融资时必然受到市场影响。利率提高会导致他们承诺支付的现金相对于现金收入提高。其二，因为他们的资产相对于负债来说期限更长，因而长期利率和短期利率中任何一个的上升，都会导致他们资产的市场价值的下降幅度大于负债的市场价值的下降幅度。资产的市场价值可能会变得比负债的市场价值更低。其三，关于可接受的负债结构的看法是主观的，在经济中任何地方出现现金收入相对于现金支付承诺的不足，都有可能导致对理想的和可接受的金融结构进行迅速而广泛的重估。尽管扩张债务结构的尝试可以持续多年，是一个逐步测试市场极限的过程，但当经济出现任何问题时，对可接受的债务结构的重新评估可能会发生得十分突然。

在对冲融资和投机融资之外的另一种融资类型是庞氏融资——通过增加待清偿债务规模的方式来履行债务的现金支付承诺[①]。处于高位并不断上升的利率会迫使对冲融资单位转变为投机融资，使投机融资单位转变为庞氏融资。庞氏融资单位的运行无法持续很长时间。一旦某些单位的财务问题暴露出来，所产生的反馈会影响银行家和企业家向各种机构提供债务融资的意愿。除非被政府支出所抵消，否则因不愿融资而导致的投资减少会导致利润的减少和维持债务能力的下降。随着降低负

---

① 查尔斯·庞齐是一位波士顿的"金融奇才"，他发现，通过为"存款"提供高回报，他可以获得大量的"存款"。只要他的借款总额的增长速度快于他承诺的"利息"，他就可以通过增加债务来兑现自己的承诺。一旦他的存款开始以低于他的利息义务的速度增长，他就不能履行他的承诺了。由于债务被用来支付利息(或股息)，庞氏骗局最终会崩溃。任何时候，只要是基于预期的未来现金流向债权人支付当前的现金回报，那么这种融资就具有"庞氏"特征。根据上述标准，许多房地产投资信托在依据权责发生制支付股息时都在从事庞氏融资。

债比率的压力增加，恐慌会突然降临。

金融不稳定假说揭示了资本主义经济如何内生性地产生一种容易发生金融危机的金融结构，也揭示了金融市场的正常运转在带来经济繁荣后，会如何引发金融危机。

一旦内生的经济过程将经济带到危机的边缘，美联储的干预可以阻止全面危机和债务紧缩的发展。过去十年的经验表明，在债务紧缩被遏制后，投资和消费者债务融资支出的下降会导致收入下降。在当前的经济中，积极的财政行动和内在的稳定器会导致政府赤字在收入下降时大幅增加。这样的赤字可以维持收入，维持或增加公司利润，并为渴望安全和流动性的投资组合提供安全、可转让的金融工具。其结果是，经济相当快速地从衰退中复苏，但由于美联储的干预保护了各类金融市场，经济复苏可能很快就会导致高通货膨胀的重现。

3.4　总结

围绕如何解读凯恩斯这一问题所产生的争议并不如下述问题重要，即今天的标准经济理论——新古典综合——是否是分析和制定经济政策的有效工具。我们这种经济的周期性的行为和金融不稳定可以看作驳斥新古典综合有效性的"临界实验"。一旦人们接受了新古典综合"行不通"这一看法，问题就变成"什么理论才行得通"，即"什么是适合我们这种经济的经济理论"。

新理论的建构是困难的。如果一个人能够站在巨人的肩膀上，这项任务就会变得更加可行。凯恩斯讨论了这样一个问题，即在一个以波动剧烈的经济周期和金融不稳定为特征的时代，标准理论是否"行得通"。他得出的结论是，现有理论是行不通的，于是他提出了另一种理论。在过去的四十年中，有一种对凯恩斯理论的解读实质上忽略了凯恩斯对金融市场和金融运作的关注，这种解读已经在很大程度上被同化为了标准理论的一部分。鉴于经济和金融不稳定的问题在世界上变得尤为突出，重要的问题是，凯恩斯提出的从金融和周期视角看待经济的这部分理论 (在构建今天的标准理论时，这部分理论基本上都被忽视了)是否可以作为所需新理论的基础。

金融不稳定假说试图构建一种与拥有复杂、精致的金融体系的资本主义经济相关的理论，并试图说明为什么这样的经济是不稳定的。这一理论构建在凯恩斯的理论之上，它弱化了《通论》中那些在与古典理论相综合时被抓取的部分，而强调了那些基本上被忽略的部分。由于凯恩斯在反驳维纳时强调了《通论》中关注资本主义框架下金融运作影响经济稳定的部分，因此金融不稳定假说具有强有力的合法性。

金融不稳定假说无论是否拥有"凯恩斯主义学说"的合法性，它都与我们现在生活的世界相吻合。在一个收入会急剧变动(如人们在1974—1975年所经历的)，利率会升降及财务重组、紧急救助和完全破产盛行的世界里，没有必要展示详细的数据来说明一种将金融不稳定作为经济本质属性的理论是被需要且与现实相关的。

从金融不稳定假说中可以得到以下政策建议。第一，除非是一种暂时现象，否则在现有的金融框架内进行微调(fine-tuning)是不可能的。第二，在一种金融体制下有效的政策在另一种体制下可能无效，例如在1946—1965年稳健的金融体制下有效的政策，在过去十年间脆弱的金融体制下可能是无效的。第三，为了比以往做得更好，我们必须建立并施行一个"良好的金融社会"，在这个社会中企业和银行家从事投机融资的倾向要受到限制。

第4章

资本主义金融过程
和资本主义的不稳定①

在下面的引文中，芝加哥学派的创始人亨利·西蒙斯认识到了货币的内生性，也认识到通过试图控制某些特定债务的数量来管控货币是不可能的，这在一个潜在利润的诱惑会引发金融实践创新的经济中尤为如此。

"银行业是一种普遍存在的现象，而不仅仅是当我们提起银行时所指的那种被法律明确界定的东西(明斯基所引用的西蒙斯的文字有一处打印错误，应该是legislation而不是lesiglation——译者注)。控制纸币发行的实践很可能在未来不断重演：许多类似的应急控制行为也许会被证明是无效且令人失望的，这是因为被禁止的行为会以新的、未被禁止的形式重新出现。预测人们将采取何种形式规避监管似乎是不可能的，设计出特定的禁止措施，以使其效果落到实处，似乎也是不可能的。"②

西蒙斯洞察到了货币的内生性和演化性，在这一逻辑下，他主张严格限制企业的可允许负债，并对金融机构的合规活动进行约束。

在西蒙斯看来，对货币的管控需要严格限制"大规模短期融资"③。因此，西蒙斯建议通过银行和其他拥有短期负债的中介机构，消除资本资产头寸和正在进行中的投资融资的行为。不幸的是，就西蒙斯开出的处方而言，通过银行和其他短期融资方式为经营活动提供融资是资本主义投资过程的一个重要环节。资本资产的所有权或许可以依靠长期融资获得，但是投资产出品的生产和其他生产活动一样，是一种短期行为，需要的自然是短期融资。

---

① 经与出版商协商，重印自*Journal of Economic Issues*, Vol. XIV, No. 2, June 1980。

② Henry Simons, "Rules versus Authorities in Monetary Policy," *Journal of Political Economy* 44 (February 1936): 1–39, reprinted in *H. Simons' Economic Policy for a Free Society* (Chicago: University of Chicago Press, 1948), p. 172. 《(货币政策中的)规则与当局》写于《通论》发酵和产生的同一时代，它反映了与《通论》相类似的、对理解资本主义经济基本行为规则的关注。

③ 同上，p. 171.

现代资本主义的一个基本属性是，无论是资本资产头寸还是正在进行的投资，都要由直接所有者或生产者(即公司)通过借债并承诺偿债的方式来获取资金，偿债承诺依靠企业的速动资金(liquid capital)来履行[①]。对债务最好的解释是，它是在一定时期内不断进行支付的承诺。从企业经营中获得的现金流被用来支付当前的成本，履行债务所带来的明确的支付承诺，以及为企业创造现金头寸并为所有者创造收入。企业的债务规定了其最低利润规模(此处的"利润"是指广义上的利润)，即企业如果想要通过利润流或通过从再融资安排中获得的资金来履行负债所规定的支付承诺，就必须创造出的最低利润规模。借债和偿债是资本主义的必要过程：两者都取决于预期或已实现的利润。

如果债务是欠银行的负债，那么履行债务支付承诺的付款会销毁"货币"。在一个正常运转的资本主义经济中，货币主要是对银行的负债，并且持续不断地被创造和销毁。在那些仅仅关注创造货币的交换，或者假设货币是"正规体系之外的某机构发行的无息债务"[②]的经济理论看来，既没有必要研究借款者如何才能履行偿债承诺，也没有必要分析系统性的诱发性债务违约会带来哪些经济后果。

与之相反，如果把货币看作"掩盖"了财富最终所有权的"面纱"，那么货币理论的主要关注点，就会变成诱导债务创造的预期利润和导致债务确认的已实现利润。从抽象的经济学理论向针对资本主义的经济分析的转变，有赖于把货币定义为金融内部各因素相互关联的"产物"。凯恩斯对此理解得很好：

"在我们这样一个由资本财富——建筑物、商品库存、处于加工和运输过程中的商品等——所构成的世界中，存在大量的实物资产。不过，这些资产名义上的所有者为了拥有它们而借钱却并非稀有之事。相应地，财富的实际所有者(比如说股东——译者注)对货币而不是对这些实物资产拥有索取权。这种'融资'中的相当一部分是通过银行系统进行的，银行系统介于借钱给它自己的储户和它提供贷款的客户之间，为这种借贷行为提供保证，从银行贷款得到资金的借款客户就用这笔融资来购买实物资产。在实物资产与财富所有者之间插入货币面纱是现代世界一个极其显著的特征。"[③]

任何忽视这一"现代世界极其显著的特征"的经济理论都不能成为政策设计的有效工具。特别是今天的标准经济理论——新古典综合——忽视货币"融资面纱"

---

① 在下文中，"公司"或"企业"就是经济中资本资产的直接所有者。这种对"公司"或"企业"的机构性质的说明既简化了论述，又不严重违背事实。

② Kenneth Arrow and Frank Hahn, *General Competitive Analysis* (San Francisco and London: Holden-Day, 1971), p. 346.

③ J. M. Keynes, "The Consequences to the Banks of the Collapse of Money values, " in *Essays in Persuasion*, vol. 9, *the Collected Writings of John Maynard Keynes* (New York: MacMillan, for the Royal Economic Society, 1971), p. 151.

的性质并坚持将货币只视为"物物交换的面纱"，并不能解释资本主义经济的正常运转会怎样产生出不稳定。其结果是，就制定旨在控制或减弱不稳定的政策而言，新古典理论是一个有缺陷的工具。我们如果想在控制失业和通胀方面做得更好，就必须回归西蒙斯和凯恩斯的洞见，并构建一种充分认识到货币的融资面纱特性的经济理论。

由于西蒙斯和凯恩斯的洞见和分析都脱胎于对资本主义不稳定的观察，所以他们在当前仍然十分重要这一点不足为奇。我们目前在经济学理论和现实经济方面的困难都源于我们未能理解并处理不稳定。我们如果想要做得更好，就必须接受被迫回到20世纪30年代的起点。

4.1　金融和资本主义经济运行

金融从三个方面影响资本主义经济的运行：第一，现有资本资产存量的头寸需要融资；第二，消费品与投资品的生产和分配活动需要融资；第三，支付承诺需要按照金融合同的规定来履行。

在为资本资产头寸融资时，可用的融资手段会影响资产价格。在资本主义经济中，资产会被定价。这些价格反映了资本资产被用于生产时预期会赚取的现金流或准租金，与为了给所有权融资而必须商定的支付承诺两者之间的关系。债务涉及一种交换，即用在未来支付货币的承诺换取今天的货币。为了在当前获得一笔货币来为资本资产头寸融资，必须承诺在未来会支付货币。在资本资产预期会带来某一给定的现金流的情况下，承诺在未来支付的货币越少，对这种资本资产的需求就越大。

在短期中，资本资产的供给是固定的；因此，需求的增加会导致价格的上涨。创新活动——通过中介调集资金方面的创新及资产所有权融资合同方面的创新——会倾向于提高资产价格。住房金融的各种"创新"已经推高了住房价格；而对公司资产负债表更高债务比的接受则支撑了资本资产的价格，同时，货币市场基金的爆炸式增长也提高了企业短期融资的可获得性。

借款和贷款行为都以安全边界为基础进行。最基本的安全边界指从经营资本资产中获得的预期准租金超过金融合同承诺支付的现金流的那部分差额。两个时间序列——预期收入和合同规定的支付承诺——概括了经济单位的财务状况。当西蒙斯提出要限制短期融资时，他实际上是在抨击那种短期中支付承诺超过从经营中预期获得的准租金的融资安排。如果商人及他们的银行家同意这种安排，那么他们一定相信除了从经营中获得的准租金流之外，债务人还有其他现金来源，也就是说，可以通过再融资获得现金。第二重安全边界就是能进行再融资的市场的广度、深度和弹性。

拥有资本资产的经济单位的金融关系取决于借款人和贷款人对于现金流的可靠

性、合适的安全边界，以及在从经营中获得的现金未达到预期时从其他渠道获取现金的可行性等问题的看法。对现金流的预期取决于现金流的历史，被认为是合适的安全边界取决于过去边界的充足程度，依靠再融资的意愿取决于可能进行再融资的市场的历史和制度结构。在经济平稳运行的年代，经济成功与制度演化相结合使得借款人和贷款人对于从经营中获得的现金流更加拥有信心，更加相信在安全边界缩小的情况下经济成功将会延续，并且更加确信需要再融资的现金流安排是安全的。融资的变化趋势反映了关于经济如何正常运转的看法的改变，以及"经营者"偏好体系的改变。用于为资本资产头寸融资的负债结构反映了对出现流动性不足的可接受概率的主观看法。在资本主义经济中，重要的流动性偏好是银行家和商人的流动性偏好，反映流动性偏好状态的可观察现象是企业和银行家资产负债表的变化趋势。

流动性偏好的改变会直接影响资本资产的货币价格。流动性偏好下降使短期支付承诺与短期预期准租金之比上升。这会抬高资本资产的货币价格。流动性偏好上升通常发生在准租金无法确认负债结构，或者金融市场无法为头寸提供再融资的时候，这会迫使人们试图降低短期支付承诺相对于预期准租金的水平。这会导致资本资产的货币价格下跌。

除了资本资产的头寸，消费品和投资品的生产和分配也需要融资。使消费品"生产者"能够履行其对银行家的支付承诺的现金源于销售收入，如果我们不考虑消费债务，那么这一销售收入取决于消费者的可支配收入(主要是工资和薪金)。使投资品生产者能够履行其对银行家的支付承诺的现金同样源于销售收入，但是投资品的买主使用的"货币"则来源于留存收益和外部融资的结合。为投资品的生产融资导致投资品生产者的负债。这些债务在资本资产的买主付款时得以偿还。在这类买主所需的资金中，通常至少有一部分是通过借款来获得的。在投资过程中，为债务融资的行为不断发生，尽管投资品生产者借到的短期债务，正是依靠那些将投资品作为资本资产购入的买主的融资安排而"筹得的"。

资本主义经济以一系列分层的、由金融合同规定的支付承诺为特征。这些支付承诺或者通过从经营中获得的现金流来履行——对企业来说这一现金流是"广义的"毛利润——或者通过发行债务来履行。发行债务的能力依赖于借款者和贷款者对于未来现金流、即未来利润的预期。因此，理解资本主义经济运转的核心在于理解用货币衡量的毛利润流是如何决定的。

4.2 关于"货币基金"的题外话

关于银行业是一种普遍现象及借贷带来的盈利机会导致金融创新的观点，在过去几年货币市场基金的发展和演化中得到了很好的诠释(具体见表4.1)。这些基金最初出现于1974—1975年的高利率时期，在1975—1977年低利率的经济滞胀时期停滞不前，并在1978—1979年爆炸式增长，此时由这些基金管理的资产增加了十倍。此外，他们的资金中用于投资公开市场票据和杂项资产的比例从1975年估计的16.2%上升到了1979年估计的46.2%；这些基金现在是短期融资的直接提供者。

只要关注了这些基金所拥有的资产和所发行的债务，在对其进行分析时就一定会认为这些机构等同于银行，他们的负债等同于货币。由于这些基金的成功运作，我们现在的货币系统由两种级别的货币构成：一部分货币供给受到银行股本、通过中央银行进行的完备的再融资渠道和存款保险这三者的保护；另一部分货币供给则缺少上述安全边界。当货币供给由收益和风险特征各不相同的工具组成时，挤兑，即一种货币的持有者试图将手中的货币快速地换为另一种类型，就有可能发生。如果没有事先做好准备把人们愿意持有的货币提供给那些将人们不愿意持有的货币作为负债的机构，挤兑就可能会造成灾难性的后果。当金融市场重复着我们在1966年、1969—1970年和1974—1975年所经历过的一切并向金融危机的边缘逼近时，某种形式的最后贷款人干预就可能因为货币市场基金的存在而变得必要。

表 4.1　货币市场基金

	年份						
	1973	1974	1975	1976	1977	1978	1979[①]
总资产	0	2.4	3.7	3.7	3.9	10.8	39.6
活期存款和通货	0	—	—	—	—	0.4	0.3
定期存款	0	1.6	2.1	1.5	1.8	5.3	14.2
信贷市场工具	0	0.8	1.5	2.1	1.9	5.1	24.1
美国政府债券	0	0.1	0.9	1.1	0.9	1.5	7.1
公开市场票据	0	0.6	0.5	0.9	1.1	3.7	17.1
杂项	0		0.1	0.1	0.1	0.3	1.2
已发行股票	0	2.4	3.7	3.7	3.9	10.8	39.6
公开市场票据 + 杂项占总资产百分比		25.0	16.2	27.0	30.8	37.0	46.2

资料来源：Board of Governors，Federal Reserve System，*Flow of Funds Accounts* (Washington，D.C.：quarterly).

在过去几十年里，金融市场和银行业的一系列创新改变了金融系统的性质，货币市场基金只是其中的最新产物。从20世纪50年代中叶联邦基金市场的出现开始，出现了诸如大额存单、商业票据的爆炸式增长、房地产投资信托基金的兴起和衰落、银行业的国际化及回购协议的广泛应用等变革。这些变革是对盈利机会做出的

---

① 按1979年变化率推算。

反应，这些盈利机会则源于融资需求的增长速度，在每一融资条件下都快于传统来源提供的融资供给的增长速度而导致的不断变化的利率差[1]。

4.3 美联储抑制通货膨胀的操作

传统的融资供给主要来自银行。美联储抑制通货膨胀的操作首先是限制商业银行通过扩大其有准备金要求的负债规模来为资产收购提供融资的能力。美联储这种限制行动所产生的利率效应刺激了金融创新和演化的出现。美联储所发起的行动会限制通过银行进行的融资，金融创新和演化则或部分或完全地抵消了这一限制，抵消效果甚至有可能比美联储的限制效果更大。

对美联储限制行动的演化性应对，使那些得以融资的活动的增长率高于商业银行有准备金要求的负债的增长率：货币(狭义定义为通货和银行有准备金要求的负债)的流通速度提高了。这种抵消美联储约束的货币流通速度的提高是金融市场上的正常现象。通过机构和金融运作的变革所能抵消的货币约束的极限，取决于增加的融资所带来的现金支付承诺，对各种资产和负债的组合所产生的现金流关系施加的影响。

货币约束并不会使通胀型扩张立刻或平稳地减速。在通胀型扩张加速发展的情况下，货币约束起初会令常规银行渠道之外的融资急剧增加。在一段或长或短的时间后，随之而来的是债务所要求的支付额相对于企业利润急剧上升。在持续的投资活动导致融资需求不断上升的情况下，货币约束只有在它迫使资产价值因清算头寸，或为头寸融资的市场压力而急剧崩溃时才生效。自20世纪60年代以来，货币约束只有在它成功地将经济推到债务紧缩的边缘时才生效。这一点可以从1966年的信贷紧缩、1969—1970年的流动性短缺和1974—1975年的崩溃中看出[2]。

现代资本主义经济复杂且不断演化的金融结构使得商人和他们的银行家可以抵消货币约束，直到这一行为迫使经济陷入一场可能导致深度萧条的危机。资本主义根本的不稳定增强。中央银行限制不断上行的经济扩张的尝试，或者金融系统内生性的局限会导致打破而不是减慢经济扩张的现值与现金流关系。一旦经济扩张被打破，更高名义利润预期导致资本资产价格上升的效应被消除。这意味着资本资产的价格将趋于急剧下降，进而导致投资的需求价格与可获得融资规模双双下跌。一旦资本资产价格反映着通胀的预期，这种预期的终结就将会导致投资暴跌。资本主义不稳定的增强是深度萧条可能出现的必要前提。

---

① Hyman P. Minsky, "Central Banking and Money Market Changes, " *Quarterly Journal of Economics* 71 (May 1957): 171–87. See Chapter 7, below, pp. 167–84. 见第7章。

② Irving Fisher, "The Debt Deflations Theory of Great Depressions, " *Econometrica* 1 (October 1933): 337–57.

4.4　资产价格、投资和融资

戴德礼·迪拉德于1955年发表了一篇出色、深刻的论文，但很不幸地被人们忽视，在这篇文章中他指出，对于凯恩斯来说，"经济学的问题"是对货币生产经济的运行的分析[①]。迪拉德认为，在《通论》及其后的阐释性文献中，重点都在于货币如何决定利率。正如我已经指出的那样[②]，在《通论》及之后澄清其思想的文章中[③]，凯恩斯将流动性偏好看作货币和资本资产价格水平之间的关系。

尽管货币-利率关系和货币与资本资产的"价格水平"之间的关系可以用相同的形式表现出来[④]，但事实上，它们所导向的对资本主义经济如何运行的看法是截然不同的。一旦认同利率-货币供给关系在理论上与金融市场影响经济运行的方式相关，货币主义反革命的道路就畅通了。在货币主义理论中，流动性偏好函数变成了货币需求函数。货币需求函数的稳定和货币供给的外生决定是世俗主义的货币主义者的信念所依赖的基石[⑤]。

用流动性偏好解释资本资产价格水平的决定，与用流动性偏好解释利率的决定，所导致的对经济过程的看法是大不相同的。一种观点认为，就任何给定的一组关于准租金与不确定性状态的预期而言，由于货币数量会影响资本资产头寸的融资条件，所以它会决定资本资产的价格水平。这种认知意味着在资本主义经济中存在两组"价格水平"：一组是当前产出品的价格水平，另一组是资本资产的价格水平。凯恩斯的一个根本性的洞见就在于，他认为适用于分析资本主义经济的经济理论必须明确地对这两组价格做出解释。经济理论必须以如下这一观点为基础，即存在两组待决定的价格，它们在不同的市场上被决定，并对截然不同的现象做出反应。因此，这两组价格之间的关系，比如两者的比率，是不断变化的，并且这些变化会影响经济系统的运行[⑥]。当经济理论遵循约翰·希克斯爵士所说，将流动性偏

---

①　Dudley Dillard, "Theory of a Monetary Economy, " in *Post Keynesian Economics*，edited by L. K. Kurihara (London: 1955).

②　Hyman P. Minsky, *John Maynard Keynes* (New York: Columbia University Press, 1975).

③　J. M. Keynes, "The General Theory of Employment, " *Quarterly Journal of Economics* 51 (February 1937): 209–33.

④　Minsky, *Keynes*, chapter 4, "Capitalist Finance and the Pricing of Capital Assets."

⑤　Milton Friedman, "The quantity Theory of Money: A Restatement, " in *Studies in the Quantity Theory of Money*, edited by Milton Friedman (Chicago: University of Chicago Press, 1956).

⑥　当新古典理论被拓展到处理积累和增长问题时，无论以何种形式，它都假设历史投资折旧后的价值等于现存资本存量的价值，后者由未来利润的现值决定：也就是说，这两组价格相等。但是，这一假设是处于均衡中的投资经济的特征。当新古典一般均衡理论被拓展到研究投资资本主义经济时，它通过首先假设经济处于均衡之中来证明均衡存在。参见G. C. Harcourt, *Some Cambridge Controversies in the Theory of Capital* (Cambridge: Cambridge University Press, 1972).这一点在Jan Kregal的作品 *The Reconstruction of Political Economy*中表达得尤为清晰。

好函数表述为货币供给和利率之间的关系时①，凯恩斯理论作为资本主义经济运行理论的深刻意义就丧失了。

在"不考虑政府"的情况下，当前产出品需求由消费产出品需求和投资产出品需求组成。投资需求取决于资本资产的价格、投资产出品的供给价格、投资产出品的融资条件和内部融资的可获得性。

图4.1给出了一家代表性公司的投资和融资关系。P_K代表资本资产的货币价格，它是投资产出品的需求价格。P_K取决于凯恩斯所说的长期预期状态，它导致了对未来利润的当前看法，取决于资本资产头寸可获得的融资条件，还取决于货币供给，货币在这里被定义为只提供流动性且无违约风险的资产。

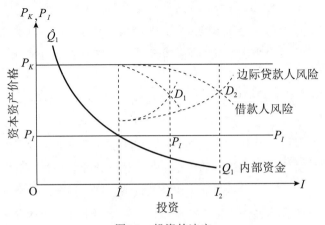

图4.1　投资的决定

P_I是总投资的供给函数。P_I的"位置"取决于投资品生产者的短期利润预期。投资产出品的供给曲线表明在考虑到当前的货币工资、投资品被生产时产生的利息成本和持有成本及购买投入品成本的情况下，生产出特定数量的投资产出品所需的最低价格。

企业现有的负债结构决定了它的现金支付承诺。国民收入账户中列出的税后毛利润与为债务支付的利息之和为总资本收入。这一收入减去为债务和股息支付的总数额得到内部融资总额。投资品的价格乘以能够依靠内部融资的投资品数量得到一条直角双曲线(图中的Q_1)，它决定了能够依靠内部融资生产出来的投资品的数量和价格的组合。预期内部融资和投资品供给函数相交，交点为预期能够依靠内部融资实现的投资规模。在图中标记为$\hat{I}$。

投资如果要超过$\hat{I}$，就需要外部融资。给定$P_K > P_I$，此时为了获得投资，存在对外部融资的需求。投资产出品的供给价格则不得不因为债务融资的成本加以修正，这个债务融资成本反映为固定利率之上的一个溢价，它反映了贷款人风险。此外，

①　J. R. Hicks, "Mr. Keynes and the Classics, " *Econometrica* 5, no. 1 (1937): 147–159.

为了反映借款人风险，投资的需求价格将低于资本资产的价格。投资将达到这一水平：此时，受借款人风险影响的资本价格，等于因反映了贷款人风险而提高的投资产出品的供给价格。在图4.1中，假定将要进行的投资为I_1，此时，$\hat{I}$来源于内部融资，$I_1-\hat{I}$来源于外部融资。

当总投资的结果为I_1时，债务$P_I(I_1-\hat{I})$成为企业负债结构的一部分。投资融资的杠杆程度由I_1与$\hat{I}$之比给出。这一比率取决于P_K超过P_I的规模、可获得的融资合同及借贷双方对风险的评估和态度。贷款人风险表现为利率和合同条款，在一定程度上成为一种客观现象；而借款人风险则主要是一种主观现象，它制约着支付承诺与毛利润之比。

诸如前文所述的金融机构和金融运作的演化将倾向于增加可行的杠杆。经济经过一段时间的平稳运行，企业成功履行过去的融资所带来的支付承诺的行为将使"主观上可接受的"外部融资规模增加。"二战"之后三十年的资金流量数据证实了这一点。随着杠杆相对于毛利润的增加，负债产生的支付承诺与毛利润之比上升，现金流方面的安全边界被侵蚀。随着这种情况的发生，金融系统变得脆弱。

一旦将金融因素纳入投资决策之中，我们所熟知的资本主义显然是内生不稳定的。正如迪拉德所指出的，在凯恩斯那里，"就业取决于投资"这一论断导致了对整个资本主义经济过程的普遍批判。与财富积累相关的矛盾和紧张成为分析的重点。不稳定成为常态而非异常。[①]

4.5　投资、利润和企业债务的确认

一旦存在债务，债务人的部分现金收入就要被用于履行合同的还款承诺。因此，如果债务要得到确认，债务人的现金收入就必须达到某种最低标准。此外，债务仅为资本资产和正在进行中的投资的部分头寸提供资金。如果债务和为资本资产支付的价格要得到确认，由资本资产的运行带来的现金收入就必须达到某种最低标准。用于确认的现金收入是总资本收入(广义的利润)。资本主义经济的顺利运转需要当前和预期的总资本收入足够大，以使得过去的投资决策和融资决策得到确认。

在资本主义经济中，对未来利润的当前看法决定了当前的投资和融资决策，与此同时，当前已获得的利润决定了过去所做的事情是否得到确认。适用于分析资本主义经济的经济理论不能通过假设重新签订合同或者假定经济系统普遍使用期货合同或相机合同来回避单向的历史时间所涉及的问题。资本主义的本质是经济单位必

① Dillard, "Theory," pp. 22–23.

须在一个不确定的世界中建立头寸[1]。

在一个不断进行投资的世界里，如下的大胆假设产生了如下的等式：假设工人把全部工资收入都用于购买消费品，同时假设资本家不进行消费[2]

$$C = W_c N_c + W_I N_I \qquad (4.1)$$

$$\pi_c = P_c Q_c - W_c N_c = W_I N_I \qquad (4.2)$$

$$\pi_I = P_I Q_I - W_I N_I = \pi_I \qquad (4.3)$$

因为 $\pi_c + \pi_I = \pi$，以及 $P_I Q_I = I$，故有

$$\pi = W_I N_I + \pi_I = I \qquad (4.4)$$

如我们所知，如果引入政府部门，简单卡莱茨基模型的结论就可以被扩展为

$$\pi = I + Df \qquad (4.5)$$

如果允许部分利润用于消费和部分工资用于储蓄，那么

$$\pi = I + Df + C\pi - sW \qquad (4.6)$$

如果经济是开放的[3]，那么

$$\pi = I + Df + C\pi - sW + BPS \qquad (4.7)$$

鉴于投资是由复杂的相互作用决定的，而这种相互作用又涉及对未来经济绩效的当前预期，因此简单的卡莱茨基关系可以被解释为，利润由投资决定。随着卡莱茨基关系被不断扩展，从投资到利润的运作逻辑通过以下变量所涉及的结构性和政策性决定因素得到强化：政府赤字、国际收支、家庭储蓄和资本收入获得者的消费。

投资将会达到某一个点，在这一水平上，调整后的资本资产价格(它是预期利润和为持有资本资产和金融资产借债时可获得的融资条件的函数)等于调整后的投资产出品的供给价格(它是货币工资的函数)，对这两个价格的调整是将不确定性和融资条件考虑在内。金融市场的演化通过影响资本资产的定价和投资融资的可获得

---

① Kregal, *Reconstruction;* and Paul Davidson, *Money in the Real World* (New York: Wiley，1972).

② 式(4.1)中的C代表消费；W_c、W_I分别代表消费品生产部门和投资品生产部门的工资；N_c、N_I分别代表消费品生产部门和投资品生产部门的就业；π_c、π_I、π分别代表消费品生产部门利润、投资品生产部门利润和总利润；Df代表政府赤字；式(4.6)和式(4.7)中的C代表利润用于消费的消费系数；s代表工资用于储蓄的储蓄系数，BPS代表国际收支盈余。参见Michal Kalecki. *Selected Essays on the Dynamics of the Capitalist Economy* (1933—1970) (Cambridge: Cambridge University Press，1971). Chapter 7, pp. 78–92. "利润的决定"是首刊于1942年的一篇论文的重印版。

③ 在$Y = C + I$及其派生式与$\pi = I + Df$及其派生式之间，具有形式上的等价性；两者的区别在于，在$Y = C + I$(及其派生式)中，收入被视为同质的整体，而在$\pi = I + Df$(及其派生式)中，收入被根据不同来源加以区分。一旦金融结构得到明确说明，并认识到正是利润流决定了过去的融资和资产价值能否得到确认，那么强调π是资本主义经济尤其重要的特征就具有重要意义。

性影响投资。金融系统的正常运转是投资得以持续进行的必要条件，由此才能使预期的利润如期到来，从而能够确认债务并引发未来的投资。金融系统的任何崩溃——比如1929—1933年发生的大规模崩溃，以及1966年、1969—1979年(此处应该为1969—1970年——译者注)和1974—1975年发生的小规模或规模被遏制的崩溃——都将扰乱经济。如果制度性的变革和中央银行的行为允许可获得融资快速膨胀，那么通胀式繁荣就是看得到的结果；如果金融危机削弱了(金融)机构提供信贷的能力和意愿，或者央行的行动限制了信贷，那么债务紧缩和深度萧条就有可能发生。

由图4.1可以看出，由贷款人风险和借款人风险共同决定的债务融资的程度，和不断演化的金融关系的结构会共同影响投资水平。在经济平稳运行的时期，新机构和新金融运作方式的发展导致杠杆率上升。随着I_1相对于预期的$\hat{I}$向右"漂移"，规模更大的已实现投资(I_2)将导致已实现利润大于预期利润。这意味着与预期相比，内部融资增大，外部融资减少。即使进行投资的经济单位及其银行家尝试增加债务融资，比预期更多的已实现利润也将导致实际债务比预期债务更少。在经济周期的扩张期，企业和财富所有者的"未使用的"或"可使用的"借款能力增加。

由融资条件的改善带来的投资增加导致利润增加。由于利润的水平与变化趋势会影响资本资产价格的决定，因此融资形式的"演化性"扩张通过以下两种方式提高资本资产的价格：既提高了预期准租金，又提高了市场为给定的预期准租金时间序列支付的价格。

在历史上，资本主义经济的发展路径取决于商人和银行家在为资本资产所有权和投资融资时进行的交易。在经济良好运行的时期，这些交易越来越反映出借款者和贷款者对于外部融资风险的低估。这意味着这样一种经济是不稳定的。从经济平稳扩张的时期到"通胀式"繁荣的时期，这种基本的不稳定是"不断增强"的。

随着新投资的杠杆率的提高，现有资本资产存量中"杠杆偏低"的头寸被再融资以满足新出现的标准。这种再融资导致债务的增长比资本存量和利润的增长都要快。即使金融合同规定的利率没有增加，支付承诺与利润之比也会上升。

金融创新，加上投资增加导致利润增加的相互作用，意味着当前产出品价格上涨[①]。或者因为中央银行试图限制通过银行可获得的融资规模，或者因为融资需求的增速超过了可获得融资的增速，"正在酝酿或进行中"的投资的增加会导致利率上升。因为投资决策会导致一系列的投资需求，所以经济的持续平稳运行会导致投

---

① 从卡莱茨基关系中我们有 $P_c Q_c = W_c N_c + W_I N_I$，进而有 $P_c = \dfrac{W_c}{(Q_c / N_c)}\left(1 + \dfrac{W_I N_I}{W_c N_c}\right)$，或者

$P_c = \dfrac{W_c}{A_v}\left(1 + \dfrac{W_I N_I}{W_c N_c}\right)$，其中，$A_v$是消费品生产部门的平均劳动生产率。$N_I$对$N_c$的比率越大，消费品的价格水平就越高。

资品生产的非弹性的融资需求上升。由于这种融资需求是非弹性的，因此融资供给弹性的任何下降都将导致利率急剧上升。通过首先降低资本资产的价格，利率的这种上升会降低投资的需求价格，同时也会提高投资产出品的供给价格。因此，计划的投资需求与预期的内部资金的比率将会下降；由越来越高的杠杆率带来不断增加的投资，以及由不断增加的投资带来不断上升的利润的这一过程将会停止。

资本主义经济的金融过程会引入不稳定：它使处于平稳运行状态的经济在向上扩张的过程中变得越来越不稳定，并在灵活性上对这种向上的扩张设置了限制。然而，外部融资达到极限的前提是金融状况变得脆弱。投资的下降会减少利润，这不仅使待清偿债务的支付承诺与可用于该支付的总资金之比上升，还使当前投资中必须依靠外部融资的部分比例上升。正如不断增长的利润让银行家和商人通过债务为投资融资的企图受挫，不断减少的利润使他们削减自身负债的企图受挫。

如果金融系统是稳健的，那么债务紧缩过程就可以被遏制。在历史上，金融系统时不时就被证明是如此的脆弱，以至于像1929—1933年那样的深度萧条多次爆发。自"二战"以来，还未出现过类似的债务紧缩和深度萧条。

自20世纪60年代中期以来，经济有三次处于债务紧缩的边缘：1966年、1969—1970年、1974—1975年。然而，债务紧缩并没有真正发生。其部分原因在于美联储迅速出手干预，并保证会保护银行和其他金融机构，以此稳固了金融系统；部分原因在于巨额政府赤字取代投资维持住了赤字利润。在利润得到维持的情况下，债务紧缩过程无法获得动力。

从式(4.5)中我们得到 $\pi = I + Df$。如果投资和就业的下降导致了政府赤字的大幅增长，以至于赤字的增长抵消了投资的下降，那么利润就不会减少。如果利润得到维持，那么资本所有者获得的总现金流也就得到了维持。这意味着待清偿债务和为资本资产支付的价格都往往能够得到确认。

自动稳定器、各种政府转移支付方案中对过去通胀的滞后调整及相机抉择的财政干预的结合，意味着当投资下降紧随信贷紧缩发生时，巨额政府赤字会出现。即在商业活动和就业减少的时候，利润仍能得到维持。因此，企业部门能够确认其债务。投资、利润和金融市场之间构成深度萧条的下行螺旋的相互作用就不会发生。

大政府，特别是当收入和就业下降时会极度扩张的政府的总需求效应，维持并增加了劳动力成本之上的价格加成[1]。由于转移支付方案可以在劳动力供应过剩的情况下维持住货币工资，同时赤字往往会维持住——如果不是增加的话——货币

---

[1] $\hat{P}_c Q_c = W_c N_c + W_I N_I + Df$；$P_c = \dfrac{W_c N_c}{Q_c}\left(1 + \dfrac{W_I N_I}{W_c N_c} + \dfrac{Df}{W_c N_c}\right)$；$P_c = \dfrac{W_c}{A_v}\left(1 + \dfrac{W_I N_I}{W_c N_c} + \dfrac{Df}{W_c N_c}\right)$。劳动之上的价格加成是 $\dfrac{W_c N_c + Df}{W_c N_c}$。

工资之上的价格加成，因此价格不会下降；当失业率上升时，价格甚至还会上升。滞胀确实是大政府的结果，但1966年以来没有出现过深度萧条也同样是大政府的结果。

天下没有免费的午餐，我们已经消除了深度萧条，但代价就是起初缓慢、现在正在加速发展的通货膨胀。

4.6　总结

一旦我们从一个抽象的经济转向分析具有昂贵的资本资产和精致、复杂的金融系统的资本主义经济的运行时，从标准经济理论中推导得出的均衡、平衡和稳定等特点都将不再适用。在那些反映了融资过程的内生性力量的作用下，这种具有昂贵的资本资产和精致、复杂的金融系统的资本主义经济是不稳定的。这些融资过程会将一个运行平稳且相对稳定的经济系统转变为如下的经济系统：在这一系统中，为了防止深度萧条的爆发，债务、投资、利润和价格都需要持续地加速扩张。

1929—1933年与1966年、1969—1970年和1974—1975年的对比清楚地表明，当金融危机迫在眉睫时，经济的结构和当局选择的干预措施会共同决定未来的走向。在这样的关头，政策十分重要。如果像1929年那样，联邦政府的总支出相对投资来说较小，并且美联储认为其职责范围仅限于一个狭窄的范围，那么债务紧缩和深度萧条就会在金融创伤后发生。如果像1966年、1969—1970年和1974—1975年那样，政府总支出相对投资来说规模较大，并且美联储认为其职责范围应该更广泛，那么金融创伤之后出现的将会是滞胀和逐步加速的通货膨胀。

尽管1946—1966年这段时期表明，资本主义的长期稳定运行是可能的，但我们应该认识到，这些年是一个特例。对1929—1939年的记忆使"资产负债表保守主义"成为"二战"结束时经济的主导特征。战时财政遗留下来的可用的支出能力逐渐转化为实际的支出。由此出现了一段长时间的经济平稳扩张且价格相对稳定的发展时期；然而，即使是在20世纪60年代中期也很明显：这种稳定的基础正逐渐受到侵蚀[①]。

"大萧条"、1966—1979年的恶性通胀和间歇性的经济停滞都是资本主义潜在不稳定的症状。大萧条是政府规模小及中央银行谨小慎微的结果。严重滞胀则是大政府和中央银行强力干预的结果。

考虑到我们金融系统的脆弱性，我们很快就将经历另一段危机时期，这段危机会让我们想起最近的几次危机。然而这一次，大政府将既不会像1974—1975年那样

---

① Hyman P. Minsky, "Longer waves in Financial Relations; Financial Factors in the More Severe Depressions," *American Economic Review* 54 (May 1964): 324–332.

迅速，(由于国际金融关系)也没有同样的能力向经济中注入货币。此外，美联储将不愿意干预经济、增加基础货币及提供广泛的担保。未来的前景是，下一次金融不稳定发生时，政策反应将比1974—1975年更缓慢、更温和，随后而来的衰退将更加持久和严重。

当前的制度结构给不了我们令人满意的选择；我们需要改变它，需要认识到资本主义根本性的关键缺陷是不稳定，而这种不稳定是由其融资方式造成的，即为持有资本资产和进行积累而借债的方式造成的。西蒙斯是正确的：银行业——为资本资产所有权和投资所进行的融资——是使经济不稳定的关键现象。但是，正如西蒙斯所意识到的，控制银行业——如果你愿意的话，也可称为是控制货币——是不够的；必须要限制经济中拥有大规模资本资产的单位可获得负债的结构。

经济组织的根本困境在于，如何在保持分散决策的活力和弹性的同时，避免分散化的金融市场出现的不稳定。凯恩斯的解决方案——投资的社会化，即禁止私人债务市场为资本密度最高的投资过程和昂贵的资本资产融资，可能是一种尽管不会消除，但可以减轻金融不稳定的办法。用政府融资替代资本密集型投资的私人融资，以及限制私人企业的负债结构可以减少资本主义经济的不稳定范围(domain of instability)。

芝加哥的西蒙斯和剑桥的凯恩斯的经济理论有诸多共同之处，但这并不令人惊奇。凯恩斯的《通论》和西蒙斯的《规则与当局》都是对同一种现实世界状况的回应。然而，西蒙斯从未打破既有的经济理论，而凯恩斯则看到了他所处时代的危机的一个方面就在于既有理论无力解释正在发生的事情。

从许多方面来说，当今经济学的诸多危机——经济绩效、经济政策和经济学理论的危机——都让人想起20世纪30年代的情况。经济学科内部再一次出现了分歧，一些人认为既有理论是经济和经济学科未来发展的充分基础，而另一些人则认为既有的标准理论已不再可取。现在，正如在20世纪30年代时一样，对系统性不稳定的管控是经济绩效和经济政策的关键问题，而不稳定就是那个使人们对既有理论产生怀疑的现象。

第5章

金融不稳定假说：一个重述①

5.1 引言

认为资本主义经济"并未按照其应有的方式来运行"这种说法已经是老生常谈了。然而，大多数经济学家——尤其是美国的政策顾问——拒绝承认问题的根源至少部分在于他们所说的"应有的方式"。因此，资本主义经济问题的一个来源，恰恰是它的经济理论——作为经济政策的基础的理论，以及定义了何为"应有的方式"的经济理论——不适用于此时的经济情况。

本文论述了一种替代当今标准理论的经济理论的主要特点。在这种我称之为金融不稳定假说的理论中，资本主义经济近期的表现并不是反常的：一旦经济干预试图阻止脆弱的金融关系引发债务紧缩和深度萧条，这些经济体就会表现出拥有复杂金融机构的资本主义经济应有的行为方式。因为金融不稳定假说带来了一种关于何为资本主义经济正常运转方式的新看法，所以它对经济政策的建议与当前标准经济理论的政策建议是不同的。

我们正处于三个密切相关的经济学危机之中：经济表现危机、政策危机和理论危机。经济表现危机在于：通货膨胀、金融扰动、失业率长期居高不下，以及国际交换的不稳定等现象，这些都不是一个经济体理想的特征，但在目前，不仅是美国，而且几乎所有更富裕的资本主义经济体都呈现出这些特征。

政策危机在于，货币政策和财政政策似乎都是无效的，这不仅是因为菲利普斯曲线所总结的那种在通货膨胀和失业之间的"权衡"，更重要的原因在于，经济有从(普通)扩张转变为通胀型扩张的强烈趋势，而这种通胀型扩张反过来又会导致金融危机的萌芽。在当前的经济结构和政策反应下，金融危机的萌芽又会产生通胀型衰退，也就是现在所说的滞胀。自20世纪60年代中期以来的几年里，金融危机已经成为虽然间歇出现却清晰而现实的危险。在当前的经济结构和政策结构下，现存债务所带来的压力被通货膨胀不断削弱，这已经成为资本主义经济得以避免深度和长

---

① 与出版商达成协议，转载自*Thames Papers in Political Economy*, Autumn 1978。

期萧条出现的过程的一部分。

经济学理论危机有两个方面：一是传统理论中出现了"毁灭性的逻辑漏洞"；二是传统理论无法解释金融危机。标准经济理论的逻辑缺陷在于，它无法将我们所拥有的资本资产和货币纳入理论中来，这些货币是银行为资本资产的生产和所有权提供融资时创造出来的。新古典理论的主要命题是存在多市场充分就业均衡，而且这个均衡将由市场过程搜寻并发现，但是，这一命题对于拥有资本资产和资本主义金融机构与实践的经济来说并不成立。此外，在现代银行业存在的情况下，为投资和持有资本资产进行的融资会使有效货币供给内生化；货币内生则意味着现实与标准理论之间存在巨大的差别，现实中各个市场间的互补性比标准理论所主张的更大。而且"过大的"互补性意味着在一个多市场相互依存的系统中，均衡并不存在。有时，特别是在经济强烈扩张和回落或收缩的时期，由金融的相互作用带来的互补性就会成为我们经济的主要特征，尽管这种特征的持续时间是短暂的。货币理论无法假设货币变化发生在一个总是具有强烈均衡倾向的经济体中。与拥有货币的资本主义经济相匹配的均衡的准确定义，与标准的"瓦尔拉斯"理论所使用的定义不同[①]。

标准理论的第二个缺陷在于，它无法解释金融不稳定。在过去的十几年间，美国出现了三次显著的金融不稳定，分别是1966年、1969—1970年和1974—1975年。从标准理论的角度来看，过去所发生的这些，比如说发生在1974—1975年的事情绝不是经济正常运转的结果。

金融不稳定假说是新古典综合——当前的标准经济理论——的一种替代理论。构建这一理论的目的是将不稳定解释为资本主义经济正常运转的结果。我们可以观察到金融市场的不稳定——周期性的信用紧缩、流动性短缺和银行大量倒闭。构建了这一理论，我们就可以将金融不稳定看作资本主义经济的正常运转内在产生的一种结果。

金融不稳定假说内容丰富。它不仅可以解释强烈的商业周期的产生，还为滞胀提供了超越货币供给、政府的财政政策或者工会错误行为的解释。它将相对价格的形成与总需求的构成整合起来。在金融不稳定假说中，利润在资本主义经济运转中的普遍作用得以明确地体现出来。利润是价格的一部分，它通过提供现金流使过去

---

① 在数量经济学家中，F. H.哈恩可能是对数学理论的局限性最持开放态度的一位。参见F. H. Hahn，"On Some Problems of Proving the Existence of an Equilibrium in a Monetary Economy, " in B. Clower (ed.) *Monetary Theory* (Penguin, 1969), "Professor Friedman's views on Money, " *Economica*，February 1971, 38(149): 61–80, *On the notions of Equilibrium in Economics* (Cambridge: Cambridge University Press, 1973). 又见: K. Arrow and F. H. Hahn，*General Competitive Analysis* (San Francisco: Holder Day, 1971)，特别是第14章The Keynesian Model, pp. 347–369。在介绍自己的观点时，他们注意到：在他们早期证明一种暂时的均衡总是存在的时候，他们曾经"……假定：在均衡被证明存在时，经济主体没有过去遗留下来的(支付)承诺……"也就是说，既没有债务，也没有我们所知道的资本资产。有趣的是，阿罗和哈恩引用W.B.叶芝《第二次降临》(*The Second Coming*)中的诗句作为第14章的开头："大厦倾颓，梁柱无存。"

的金融支付承诺得到确认，从而支撑金融系统和金融关系的结构。利润还是投资和反映当期金融支付承诺情况的信号。此外，由于创造利润的方式不同，竞争市场和垄断市场在经济中的比例会影响系统对货币和财政政策措施的反应。但比这些具体结论更重要的是金融不稳定假说所揭示的"大定理"：有着复杂金融机构的资本主义经济能够形成多种行为模式，而在各个时期中，哪种模式事实上起支配作用取决于制度关系、金融联系的结构和经济的历史。

金融不稳定假说对政策的影响超出了由新古典综合理论所提出的货币政策和财政政策的简单规则。特别是这一假说得出如下结论，即如果以对抗通胀并实现充分就业为目标的政策想要切实有效，同时又不会带来爆发深度萧条的风险，那么其前提条件就是维持稳健的金融结构。这意味着管控和引导金融演化的政策是必要的。

5.2　金融不稳定假说在经济理论中的地位

金融不稳定假说是后凯恩斯主义经济学的一个变种。从希克斯、汉森、莫迪利安尼和帕廷金对《通论》所做的形式化处理中衍生出来的对凯恩斯的解读，在合法性方面总是令人难以信服[1]。在后凯恩斯主义经济学这个颇为不幸的标签下发展起来的对凯恩斯的解释，强调"时间"和"不确定性"这两个概念的重要性，特别是这两个概念与资本资产定价、投资和家庭、企业与金融机构的资产负债结构之间的关系对于理解凯恩斯来说尤为重要。新兴的后凯恩斯主义理论的一个重要命题是，新古典综合的流动性偏好函数不仅无法体现凯恩斯思想的内涵，而且难以正确分析货币和金融是如何影响资本主义经济的运行表现的[2]。

在新古典综合对凯恩斯的解读中，流动性偏好函数被阐释为货币需求函数。在反驳维纳关于《通论》的那篇出名的评论时，凯恩斯对这种阐释的准确性予以了否定[3]。他认为，在一系列长期预期给定(同时融资的制度设计和惯例给定)的情况下，货币供求会影响资本资产的价格水平。对于那些认为货币数量的影响主要体现

---

① 最好的参考文献可能是 J. R. Hicks, "Mr. Keynes and the Classics: A Suggested Interpretation, " *Econometrica* 5(1937): 147–159, A. Hansen, *Monetary Theory and Fiscal Policy* (New York: McGraw-Hill, 1949), F. Modigliani, "Liquidity Preference and the Theory of Interest and Money, " *Econometrica*, 12(1944), D. Patinkin, *Money Interest and Prices* (Evanston, Ill.: Row-Peterson and Co., 1956)。

② 新兴的后凯恩斯主义的重要著作包括：Joan Robinson, *Economic Heresies* (London: MacMillan, 1971), P. Davidson, *Money and the Real World* (New York: John wiley & Sons, 1972), J. A. Kregal, *The Reconstruction of Political Economy* (London: MacMillan, 1973), S. Weintraub, *A Keynesian Theory of Employment, Growth and Income Distribution* (Philadelphia, Chilton, 1966), Victoria Chick, *The Theory of Monetary Policy* (London: Gray-Mills Publishing Ltd., 1973)。

③ J. Viner, "Mr. Keynes and the Causes of Unemployment, " *Quarterly Journal of Economics* (November 1936): 147–167, J. M. Keynes, "The General Theory of Employment, " *Quarterly Journal of Economics* (February 1937): 209–223.

在产出的价格水平，甚至是产出的货币价值上的观点，凯恩斯特别提出了反对。他认为，货币供求决定的是资本资产的价格水平。凯恩斯的这一反对意见一直以来都被人忽视，而新古典综合模型的构建者们则是一直把流动性偏好解读为货币需求方程。弗里德曼教授对货币数量论的复兴正是构建于稳定的货币需求函数之上，此时货币供给成为总产出货币价值的主要决定因素[①]。从弗里德曼的理论构想到前凯恩斯主义的观点——对劳动力的供给和需求决定产出，货币数量决定价格水平——其间只差了一小步。

目前在经济理论中占主导地位的观点认可瓦尔拉斯主义的理论范式，这种范式由相互依赖的方程体系构成，在这之中只有相对价格是需要讨论的。同时，主流理论还认可瓦尔拉斯主义的主要论点，即经济会沿充分就业路径增长。这种观点把经济理论完全拉回到了20世纪20年代和30年代的水平。然而，这一次，通过采取被科学哲学的专家们描绘为退行性的和特别的假设，新古典主义理论得到了支持，抵御了凯恩斯提出的反对意见。根据当前的资本理论，我们知道这样一个命题，即一个拥有货币和资本资产的投资型经济(investing economy)会实现均衡增长(growth equilibrium)，这一命题的基础是预先假定投资品和资本资产的价格总是相等的[②]。这个假定等价于假设经济在现在和未来一直处于均衡状态。将一个理论被"构建"出来所要证明的"结论"当作假设的做法显然不能令人信服。通过假设资本资产价格与投资品价格相等来支持新古典理论，实际上使新古典理论沦为一种同义反复。

凯恩斯在他对维纳的批驳中提出的观点(这一观点在《通论》中已经出现)认为，货币与负债结构偏好、可获得的资本资产的组合和金融资产的供给共同生成资本资产的价格。在凯恩斯看来，每项资本资产和金融资产都是快速现金与未来收入的组合。(quick cash，迅速变现。也就是说，资本资产和金融资产既可以在未来带来收入，也可以在当下出售或用作抵押以获取当前的现金——译者注。)此外，每笔负债都是在规定日期或在其他条件下支付现金的承诺。由于债务和合同的本质特性，持有快速现金总会带来一定的主观回报。货币数量决定了将会被持有的快速现金的数量，由此又决定了持有货币所带来的主观回报的多寡。一些可以产生现金收入流的资产只有在进行一定的折价后，才能有不同的可能性成功出售或用作抵押以获得快速现金，这些资产的货币价格会根据主观的货币回报所设定的标准进行调整。与资本资产价格体系的设定方式不同，当前产出品(既包括消费产出品，也包括投资产出品)的价格体系是由企业短期运行的利润预期、需求条件和产出品的生

---

① M. Friedman, "The quantity Theory of Money—A Restatement，" in M. Friedman (ed.) *Studies in the Quantity Theory of Money* (Chicago: University of Chicago Press, 1956).

② 这是关于资本理论的两个剑桥之争的结果，尽管对于这次争论的标准讨论和总结没有明确说出这一点——参见G. C. Harcourt, *Some Cambridge Controversies in the Theory of Capital* (Cambridge: Cambridge University Press, 1972).

产成本共同决定的。

在封闭经济中，从总体上来讲，使用资本资产生产当前产出品的成本主要是劳动力成本。作为不同产出品的相对单位成本的主要决定因素，货币工资率对于当前产出品价格体系十分关键。

因此，一个资本主义经济有两套相对价格，一是当前产出品的相对价格，二是资本资产的相对价格。资本资产的价格取决于当前对未来利润(准租金)流的看法，以及当前人们赋予那种包含在货币或快速现金之中的，对不确定性的防范能力的主观价值；这些当前看法取决于人们对经济在较长时期的发展所持的预期。当前产出品的价格则建立在人们关于近期需求状况的当前看法和对货币工资率的当前认知的基础之上。由此，当前产出品的价格和被雇佣来生产产出品的劳动力的价格取决于较短期的预期。决定资本资产的价格和当前产出品价格的预期在时间尺度上有巨大差距：资本资产价格反映的是长期预期，而当前产出品价格则反映短期预期。

这两套价格基于完全不同的时间尺度，被完全不同的变量所决定。它们两者和融资条件一起决定投资。此外，当前的投资需求和其他因素(诸如利润收入中用于消费的比例、工资收入中用于储蓄的比例、政府税收和开支应对收入变化的方式及国际贸易余额等)一起决定总有效需求。消费、投资、政府和出口产出品的总有效需求决定就业。

金融不稳定假说从每个时期有效需求的决定因素开始。它考虑了过去融资活动所产生的金融余额或金融遗留，同时分析了这些金融遗留如何既对经济的当前运转提出要求，又对经济的未来运行表现施加影响。金融不稳定假说使我们不得不超越国民生产总值表的简单会计关系，转而关注资本主义经济中的资金流动，在这种经济中，现金支付承诺存在的原因在于它们是过去融资决策的遗留。

金融不稳定假说以凯恩斯的理论为根基，它与凯恩斯本人明确阐释过的内容及其他后凯恩斯主义经济学家理论的不同之处在于，金融不稳定假说将金融机构和金融惯例纳入整个分析之中。此外，对于金融及导致当前产出品和资本资产这两组相对价格发生变动的方式的强调，使得与其他后凯恩斯主义经济学家的经济理论相比，金融不稳定假说更明显地表现为关于资本主义经济周期性行为的理论。也就是说，金融不稳定假说会形成用投资解释经济周期的理论和用金融解释投资的理论。

5.3　投资、消费和有效需求理论[①]

投资需求与消费需求之间的区别，以及影响这些需求的各种变量、各个市场和

[①]　本节反映了我与扬·克雷格尔和伊格纳齐奥·穆索进行的讨论，以及我对他们一些正在进行的工作的阅读。

各种要考虑的因素之间的区别，对于理解以下问题来说十分重要。

第一，为什么有效需求理论是必要的？

第二，对于理解投资型资本主义经济来说，什么是有意义的？确切的均衡概念，这一有意义的概念与标准经济理论所使用的均衡概念之间有何不同？也就是说，凯恩斯主义的和瓦尔拉斯主义的均衡概念之间有何不同？

第三，如何理解在生产中使用昂贵的资本资产的、同时有着复杂、精致且不断演进的金融机构和金融实践的资本主义经济的运行方式？

近些年来出现了一大批解读凯恩斯的理论、探讨凯恩斯的本真含义的文献[1]。这些文献中的一部分将"凯恩斯经济学"解读为静态瓦尔拉斯一般均衡理论框架下的"非均衡状态"。这些解读以黏性价格的形式引入了关于市场行为的假设，这样一来，"短缺"销售或者"定量配给"就成为均衡的特征。"短缺结果"或者工作的"定量配给"导致失业成为这一受约束的系统的均衡结果。在这些模型中，工资、价格和利率的刚性是导致失业结果的约束条件。失业结果被看作凯恩斯主义分析的特征[2]。

这种非均衡方法完全忽略了凯恩斯指出的核心问题，即在资本主义经济中，决定投资需求的变量和市场，与决定劳动应用于现存资本资产以生产"当前产出"的程度的变量与市场，是不同的。凯恩斯研究的是相互依赖的市场，但这种相互依赖贯穿于时间序列之中，对某段依赖于时间的决策起到重要作用的变量和市场，与影响到其他依赖于时间的决策的变量和市场是不同的。在这些相互依赖的市场中，从当前产能利用率到投资需求的信号(对实际经济状况的反映)可能是恰当的，也可能是不存在的，还可能是脆弱的，或者是有悖常理的，这取决于反映着经济历史的现存经济关系和经济制度。

关于凯恩斯真正含义的争论的主要问题，实际上不是要去发现"大师"的文本所蕴含的本真内涵。主要的问题是如何构建一种可以帮助我们理解资本主义经济运行表现的理论。了解资本主义经济的行为方式很有可能会给我们提供使我们能够控制和改变它的知识，从而消除或削弱它最不合理的特征。在这个探索过程中，凯恩斯为我们提供了"巨人的肩膀"，我们可以站在上面来尽自己的绵薄之力。因此，试图理解凯恩斯是一种有效的科学努力。

为了理解凯恩斯，我们就必须认识到凯恩斯的分析并非单纯是为了解释失业。确实，20世纪30年代持续的大规模失业是历史抛出的一个"临界实验"，迫使人们

---

[1]　R. W. Clower, "The Keynesian Counter-revolution: A Theoretical Appraisal" in F. H. Hahn and F. C. R. Brechling (eds.), *The Theory of Interest Rates* (London: MacMillan, 1965), 以及A. Leijonhufvud, *On Keynesian Economics and the Economics of Keynes* (London: Oxford University Press, 1968)，他们都参与开启了关于凯恩斯"真实含义"的讨论，但不是后凯恩斯主义者。

[2]　E. Malinvaud, *The Theory of Unemployment Reconsidered*, Yrjo Johnsson Lectures (Oxford: Basil Blackwell, 1977)，这是对这种方法的一种复杂精致的描述。

重新考虑传统经济理论的有效性。然而，凯恩斯虽然允许并解释了深度和持续失业的周期性出现，但他并不认为深度萧条是资本主义经济通常、正常或永久的状态。1929—1933年世界金融秩序的崩溃是另一个迫使人们重新考虑传统经济理论的"临界实验"。凯恩斯的独特理论认为，在金融危机和债务紧缩过程共同发生的特定情况下，内生的市场过程既是无效率的，也很可能是不合理的，因为它们往往会在消除失业方面使情况变得更糟。经济的这种状态不会永远持续下去，但会持续足够长的时间，使其具有政治和社会意义。

凯恩斯的《通论》把经济过程看作一个周期性过程；他的理论既包括低失业、低通胀的短暂状态，也包括严重通胀和深度萧条的短暂状态。尽管周期性的行为表现是资本主义经济的规律，但是凯恩斯明确地区分了正常的周期和会带来严重损失的周期。在一处脚注中，凯恩斯写道："正是在这种转变之中，我们才确实地存在着。"[①]这句话简明扼要地抓住了其所研究的经济的内在动态特征。

诸如马林沃这样的非均衡理论家坚持将对内在动态性问题的分析纳入其静态的一般均衡框架。在这一框架中，制约因素和刚性的引入决定了"均衡"的特征。马林沃通过这种做法，掩盖了决定这些制约因素的市场和社会过程中有趣而重要的经济学原理。非均衡理论家可能可以构建逻辑上合理的模型，使它们能够展示出一定程度的理论技巧，但代价是使他们的经济学毫无价值。

凯恩斯的理论之所以具有新颖性，并以相对快的速度被采用为政策指导，其原因并不在于他认为债务融资的公共支出和低息货币是在经济萧条期间扭转经济下行趋势、加快恢复速度的适当政策。当时，世界各国的许多经济学家都强烈支持这种政策方案。凯恩斯对他的同事及同时代者不满的部分原因，就在于他们支持的政策并不符合于他们的理论。保罗·道格拉斯教授、亨利·西蒙斯和雅克布·维纳等美国经济学家——他们都就职于芝加哥大学——在《通论》出版很久以前就已经倡导过现在被称为扩张性财政政策的政策方案了。在当选美国总统之前，赫伯特·胡佛担任过商务部部长。在此期间，他发起了一些委员会和报告，主张预算应该是在每个商业周期内实现平衡，而非在每一年都要平衡。也就是说，在他的主持下，反周期的财政政策得以倡导。然而，这些经济学家和政客所持有的关于资本主义经济表现的理论并不能为其政策提供依据：他们的政策建议同他们的理论是相互脱离的。凯恩斯的贡献可被总结为他提供了一种理论，使得积极的扩张性政策成为"从严密的理论中得出的逻辑推论"[②]。

---

① J. M. Keynes, *The General Theory of Employment, Interest and Money* (London: MacMillan, 1936), p. 343.

② M. Blaug, "Kuhn versus Lakatos on Paradigms versus Research Programmes in the History of Economic Thought," in Spiro Latsis (ed.), *Method and Appraisal in Economics* (Cambridge: Cambridge University Press, 1976), p. 164.

"有效"需求或总需求的概念，以及决定有效需求和供给的每一个短暂均衡的市场过程，是凯恩斯理论的核心要素，也是理解决定经济行为的动态过程的核心。重大且严重的市场失灵之所以出现，就是因为市场过程并不能确保有效需求足以实现充分就业。此外，当有效需求充足，从而充分就业得以实现并成功维持时，导致"投机性"投资和无法持续的金融繁荣的市场过程就会发生。

有效需求或总需求是两种需求的总和：消费需求和投资需求(暂时不考虑政府和世界的其他部分)。企业提供就业，并由此在预期利润的基础上生产产品，这种利润是企业通过使用劳动和现存资本资产来生产和分配消费产出品和投资产出品而获得的。在生产和分配中，对于与现存资本资产一同使用的劳动的需求取决于凯恩斯所说的"短期预期"。意大利生产商在确定"下一个"季节向美国和德国经销商提供的鞋子的价格时，需要估算他们在这相对较短时间内的劳动成本和材料成本。美国和德国的批发和零售公司必须估计本国明年夏天的鞋子市场——这主要取决于他们对收入、就业和价格发展的预期。此外，类似的短期考虑还会围绕正在进行的投资项目、企业批准的投资支出授权及正在做出的融资安排等展开，这些短期考虑会影响那些投资中会使用到的商品的生产者的就业决策和产出决策。建筑业这种根据"手中已有的订单"开展项目的行业所提供的就业也与短期预期有关。因此，正是短期预期决定着消费品和投资品的生产。标准的国民生产总值统计衡量的正是这一组短期预期在一段时间内的结果。

企业除了要决定如何使用现有产能，还必须决定是否及如何扩大产能。现有产能的利用率取决于价格和成本，因而取决于相对短期(六个月、一年或两年)的利润预期，而扩大产能的决策则由更长时期内的利润预期决定：十年、二十年甚至四十年。企业需要根据对未来经济和政治形势的预测来制定决策和采取行动，而这些预测是概率计算所无法涵盖的。从这种意义上来说，不确定性以一种本质性的方式进入今天的一部分有效需求——由投资行为产生的有效需求——的决定中来。

投资需求的融资方式与消费需求的不同。在一个具有消费信用的世界中，银行和金融关系会影响消费需求，但消费需求主要取决于收入与对资本资产的需求，而投资才真正取决于在短期和长期中获得外部融资的条件。因此，对投资产出品的需求不仅受到企业家的长期预期影响，而且受到金融界的长期预期影响。金融和金融市场以一种本质性的方式进入投资产出品的有效需求的产生中来。

家庭需求的外部融资——消费融资和房屋所有权融资——与企业投资需求及资本资产所有权的外部融资之间的区别主要在于信用的时间尺度不同，以及在未来偿还债务的预期资金来源不同。购房融资之外的其他消费者债务通常都是短期的。尽管银行系统确实会为企业提供短期融资，特别是为基于短期预期的经营活动提供短期融资，然而，投资融资和资本资产所有权的融资都涉及较长时期的股权和债务工具。

　　偿还消费债务和购房债务所需的现金，通常以工资和其他家庭收入的形式获得。偿还企业债务融资工具所需的现金，将由利润和由长期利润预期转化为资产价格的方式产生。对于家庭债务和企业债务，债务融资的作用和银行家需要考虑的因素是不同的。

　　企业家决定现有产能的利用率，而投资需求决定企业家的短期利润预期是否得到确认。如果投资需求处于合适水平，那么利用现有产能生产出来的各种产出品就会创造出与预期相符的利润。若第一次和随后的生产决策之间的间隔非常小，以至于正在进行的投资不会明显影响生产的可能性，而且为投资融资而发行的负债不会明显影响现金支付承诺，那么这一结果将诱导企业维持相同的就业水平，生产相同规模的产出。

　　由于总利润是通过需求影响现有产能利用率的方式被创造出来的，所以已实现利润对短期利润预期的确认取决于投资活动的水平。得到融资的投资需求通过乘数效应，将总有效需求推动到储蓄等于投资的水平。如果投资稳定了，那么总利润流就确定了，最终，通过市场调整的过程，就业将稳定在某一水平上，这个水平是通过正确预测利润规模所决定的，而这个利润来源于假设是稳定的投资。因此对于每一个长期预期状态来说，都有一个相应的投资水平，如果短期预期调整到与该投资水平所隐含的利润水平相一致的情况，那么就业也会确定在一定水平，此时经济也将稳定在这一水平。这个与长期预期状态相一致的就业水平就是凯恩斯所认为的系统的"虚幻的"均衡：这是一种隐性的而不是已实现的均衡，因为事实上，在这里被假定为"其他条件不变"的因素，在投资和融资对产能和支付承诺产生影响的过程中都会发生改变，而这些累积性的影响将会改变系统的隐性均衡。此外，如果与长期预期状态相一致的隐性的短期均衡已经实现，那么经济将维持一种"稳定"或"平稳"的运行。经济的这样一种稳定或平稳的表现如果维持一段时间，就会产生反馈作用，影响对经济表现的长期预期。这会影响对于不确定性的看法，而这些看法反过来又会影响资产价值和可接受的债务结构。

　　为了使经济维持就业的虚幻均衡——其中短期利润预期与得到融资的投资相一致，利润流必须足以确认债务，也就是说，企业将能履行他们的债务结构所产生的现金支付承诺。但是这种对债务支付承诺的履行将会影响银行家及其客户的债务融资意愿：货币所包含的避险价值将随着经济的平稳运转而下降。在一个有着周期性变化的历史并且具有资本主义金融机构的世界中，经济发展的稳定性——或者说平稳性——将使稳定性不断减弱。

　　如果在由现存短期预期所定义的那种短暂的均衡中未能实现充分就业，那么问题就来了：劳动、产出或者金融市场对于当前占统治地位的状况所做出的反应，究竟能否对短期预期或长期预期产生影响，以使得经济状况向实现充分就业的方向发展。凯恩斯对此的回答是，这取决于市场调节如何影响长期预期的状态，而长期预期状态是企业家及其银行家在持有资本资产头寸和为资本资产头寸融资，以及计划投资开支并为其提供融资等方面的决策指导。在1929—1933年的大紧缩中，劳动、产出和金融市场对于失业盛行、供给过剩和难以履行金融承诺等因素的响应，显然是使情况变得更糟而不是更好了。利润流取决于当前价格、产出和工资，工资和产品价格的下降使得由现存债务带来的现金支付承诺的负担相对于利润流加重，这使得企业家和银行家的长期预期状态更不利于而不是更有利于投资产出品的订购。

因此，在资本主义经济中存在有效需求不足的问题，但这一问题并非源于工资、价格或利率的刚性。想要认识到这一问题的存在，就必须明确我们的研究对象是具有复杂金融机构的投资型资本主义经济。在这种经济中，就业的提供以短期利润预期为基础，而取决于长期利润预期的投资需求则会决定实际上会实现的利润。只有在市场对失业的响应对长期预期的改变会增加投资，市场对超额总需求的响应对长期预期的改变会降低投资时，我们才能认为系统可以自动实现均衡，且其"均衡"接近充分就业状态。

通过强调资产存量的价值、从内部资金和金融市场获得融资的难度及投资产出品的供给价格这三者共同产生投资需求的方式，金融不稳定假说阐明了由进行投机融资和庞氏融资[①]的经济单位所面临的头寸建立的问题而导致的资产价格暴跌是如何导致投资暴跌的。这种投资暴跌将会导致资本资产创造的利润流减少，这反过来又会使企业的金融支付承诺的兑现难度提高，甚至完全无法兑现。金融结构和金融内部关系是资本主义经济中的现象，它们使得长期预期出现那种导致投资暴跌的发展变化，成为在持续扩张之后的特定条件下所产生的一种内生现象。

5.4 对金融不稳定假说的重述

资本主义经济中存在当前产出品价格和资本资产价格这两套价格，其中当前产出品价格反映短期或当前预期，而资本资产价格反映长期预期，金融不稳定假说就建立在分析这两套价格的基础之上。[②] 因此，金融不稳定假说是凯恩斯主义理论的一个变种。

---

① "庞氏"这一标签指的是第一次世界大战后不久波士顿发生的一件事，一种"金字塔式"融资计划席卷了工人阶级，甚至影响到了"体面"的阶层。

② H. P. Minsky, *John Maynard Keynes* (New York: Columbia University Press, 1975).

不过，金融不稳定假说将负债结构及其所隐含的现金支付承诺纳入对资本资产价格和投资融资的决定的分析之中，因而比《通论》中所叙述的理论走得更远。这一理论从"华尔街"或"大城市"的视角来看待经济，把经济活动看作为创造企业现金流的活动。这些现金流中的一部分被用于确认债务。从企业运行中获得的预期现金流，决定了用于为资本资产头寸和新的资本资产(投资产出品)生产提供融资的"债务"的需求和供给。货币主要在银行为企业提供融资和购得其他资产时创造，并在对银行的债务得到偿还或者银行出售资产时被毁灭①。

"华尔街"或"大城市"视角把用今天的货币交换未来的货币看作关键的经济交易活动。今天的货币中的一部分可能涉及金融工具、现存资本资产或者投资产出品。未来的货币中的一部分可能是利息、分红、偿还的本金或者使用资本资产进行生产所获得的税后总利润。一般来说，获得资本资产，特别是投资，就是今天的货币-未来的货币的交易。资本资产和投资的债务融资头寸涉及两组今天的货币-未来的货币交易：其一包括对债务工具的支付承诺，其二包括资本资产或已造好的投资品用于生产时将获得的收益。

具有华尔街的经济不可能是静态的。昨天的债务和对资本资产的购买需要今天的现金流来确认；今天的现金流大部分取决于今天的投资；今天的投资则由在明天创造出的现金流来决定能否得到确认。因此，符合有华尔街经济的经济理论不能是静态的；这一理论不能将时间抽象掉。

用来确认债务的现金流及确认在过去购买资本资产时所支付的价格的，是利润。这些利润是国民生产总值中的资本份额，而不是财务报告中的净利润。对于有华尔街的经济来说，关键问题在于"是什么决定了利润"。

对此，新古典理论给出的答案是，资本在技术上的边际生产力产生了利润。这对于产出会波动、存在市场力量的世界来说显然不成立。一旦我们接受经济的动态和周期特征，生产函数的建构，就既不能构成分析产出的理论基础，也不能构成分析生产要素的相对报酬(relative factor remuneration)(原文将remuneration误写为renumeration——译者注)的理论基础。

现有的短期成本曲线反映了资本资产所具有的技术能力，这是分析利润流的合适出发点。这些成本曲线展现出了付现成本与产出之间在事实上的关系。若同

---

①　马林沃(同上)如此介绍货币："让我们考虑一个有 r 种商品($h=1, 2, \cdots, r$)的经济体，最后一种商品是货币；"阿罗和哈恩在他们的《凯恩斯主义模型》第14章中写道："让下标 'n' 代表货币，我们现在将其视为我们正式系统之外的某些机构(比如政府)的无息债务。"显然马林沃和阿罗/哈恩所说的"货币"与我们"构建"经济理论时试图理解其特征的那些经济体中的"货币"没有任何相似之处。阿罗和哈恩承认他们的定义违背现实，并为他们提出的"原始货币概念"道歉。尽管马林沃认为自己的工作对政策分析"十分重要"，但他没有明确地承认他的抽象概念具有的"大胆"性质。

时考虑成本曲线和市场条件，那么需求曲线的变化(这反映了总需求的变化)就会转变成总利润的变化。如果总利润足够大，那么债务结构和过去的投资决策就可以得到确认。

如果按照卡莱茨基的理论[1]，我们假设工人把全部收入都花在消费上，而获得利润者不进行消费，那么就得到

$$\pi = I \text{(利润等于投资)} \tag{5.1}$$

这只不过是对 $S = I$ (储蓄等于投资)的另一种表述。然而，I 是 P_K，$P_I(I)$，$E\pi$，Ext. Finance 的函数，其中 P_K =资本资产价格，$P_I(I)$ =投资品的供给价格(是投资价格的函数)，$E\pi$ =预期利润，Ext. Finance =外部融资条件。因此

$$I\pi \text{(投资为因，利润为果)}$$

投资决定一切，金融影响投资。可以很容易证明

$$\overset{*}{\pi} = I + DF \tag{5.2}$$

其中，DF 是政府赤字，$\overset{*}{\pi}$ 是税后利润。

$$\overset{*}{\pi} = I + DF - BPDF \tag{5.3}$$

其中，$BPDF$ 是国际收支的逆差。卡莱茨基模型也可以考虑利润中的一部分用于消费 $C\overset{*}{\pi}$ 和工人的储蓄 SW，此时

$$\overset{*}{\pi} = I + DF - BPDF - SW + C\overset{*}{\pi} \tag{5.4}$$

因此

$$\overset{*}{\pi} = \frac{1}{1-C}(I + DF - BPDF - SW) \tag{5.5}$$

利润并非像以生产函数为基础的新古典综合中所述的那样由技术决定，而是由经济、政治、社会和心理的关系决定，这些关系决定了 I，DF，$BPDF$，W，SW 和 $C\overset{*}{\pi}$[2]。

这种把利润看作经济实际运行方式的结果的观点，清楚地将利润定义为一种现金流。把利润看作现金流的观点，很自然地使我们开始分析利润在资本主义经

---

① M. Kalecki, *Selected Essays on the Dynamics of the Capitalist Economy* (1933—1970) (Cambridge: Cambridge University Press, 1971)，Chapter 7, "The Determinants of Profits, "pp. 78–92. 正如卡莱茨基所示，金融不稳定假说将利润界定为一笔可以或不能确认过去金融承诺的现金流：这种观点将卡莱茨基关于利润动态决定的视角与资本主义这一制度性事实整合在了一起：从过去继承下来的已有债务结构与现在和未来的利润相关联。(顺便说一句，卡莱茨基的这篇论文最早发表于1942年。)

② 参见 Thanos Skouras, *Government Activity and Private Profits*, Thames Papers in Political Economy (London: Thames Polytechnic, Summer 1975).

济中所发挥的不同作用。资本主义经济中，已实现的利润是：第一，现金流，可以(或者不能)确认债务和确认购买资本资产开支的现金流；第二，劳动成本之上的加成，确保一部分劳动力生产的产品被分配给全体劳动力(将一部分人生产出来的产品分配给所有的人是一种创造剩余的手段)；第三，信号，判断是否应该继续积累，以及应当将剩余投入哪个行业的信号。

利润，尤其是与债务的现金支付承诺相关联的利润，影响着企业和银行家的长期预期。在资本主义经济中，利润是与时间相关联的关键环节：利润由总需求的现存规模和结构决定，并决定着过去的债务和购买资本资产的花费能否得到确认，此外还会影响企业家和银行家的长期预期，这些长期预期又影响到投资与融资决策。我们所研究的资本主义经济既有过去，也有现在，还有将来。在这种经济中，当期利润对过去所作决策的确认程度会影响长期预期，由此会影响当期投资和融资决策；当期的投资和融资行为反过来又会决定那些制定未来决策时要考虑的"参数"。通过聚焦于利润，这一在卡莱茨基关于利润如何创造的洞见的基础上构建出的理论清楚地认识到，我们需要建立一个与历史上实际存在的经济相匹配的经济理论。

由于投资创造利润，因此资本主义经济只有不断投资才能良好地运转。足够高的利润预期使债务融资成为可能，并有助于决定对投资产出品的需求。投资之所以发生，是因为人们预期资本资产在未来会产生利润，但是只有在未来也有投资进行时，上述未来的利润才会被创造出来。利润是驱使资本主义运转的"胡萝卜"和"大棒"。

利润来源于商品价格高出单位劳动成本与单位购买的投入成本的那部分。当前产出品的价格体系将利润分配给特定的产出品，进而分配给特定的现有资本资产。在不考虑政府与对外贸易的简单模型中，价格和产出会进行调整，以使得利润等于融资投资。相对价格的形成，生产与就业就都发生在利润要与投资相等这一需要所决定的宏观经济条件之下。

将利润界定为收入创造过程所决定的流量，只是金融不稳定观点中的一个要素。这一要素引出这样的命题，即当前投资决定了企业债务的支付承诺能否得到履行。当投资、收入、就业从而利润水平过低时，合同规定的企业债务支付承诺中的一大部分都不能通过通常的来源来进行支付。负债者为了履行支付承诺，需要通过出售资产等非正常的渠道筹集资金，这就是最初的金融紧张转化为金融危机的那种机制的一部分。投资的波动决定了债务能否得到确认；现在必须提出这样一个问题："投资为什么会波动？"

想要回答这个问题，我们需要转向金融系统和负债结构[①]。任何"头寸"(即一系列被持有的资产)都需要融资。为头寸融资的工具建立了现金流支付承诺，同时这些"被持有"的资产会创造现金流。我们可以区分出以下三种类型的融资状态。

(1) 对冲融资：在各个时期中，人们预期持有资产创造的现金流都会超过债务的现金流支付承诺。由于各个时期中的现金流入都超过现金流出，因此在任意一组有限的利率下，对冲融资单位的预期现值都是正值。尽管利用短期商业信用来为进行中的项目融资与对冲融资并不冲突，但是对冲融资单位的负债结构主要由长期债务和发行股权构成。

(2) 投机融资：资产在近期创造的现金流不足以履行合同规定的近期支付承诺，但是按照公认的会计惯例核算的近期现金流中的收入部分超过了债务的利息成本，而且长期中的预期现金收入预计会超过待清偿的现金支付承诺。进行投机融资的单位为了履行近期的支付承诺，需要对债务进行展期或者再融资。投机融资单位的净现金流的现值在低利率组合时为正，在高利率组合时为负。银行是投机融资单位。

(3) 庞氏融资：资产在近期创造的现金流不足以履行现金支付承诺，而且净收入不足以支付利息。庞氏融资单位为了履行支付承诺，必须增加其待清偿债务。假定在未来出现了"新财源"，那么当利率足够低时，现值可以为正。尽管庞氏融资经常与欺诈相关，但是实际上每一个有着较长的孕育期且收入具有一定不确定性的投资项目都会带有庞氏融资机制的特点。在1974—1975年，美国许多房地产投资信托公司都陷入了困境，卷入了庞氏融资机制，而购买其股票的家庭投资者们却对此一无所知。许多信托公司都为建筑项目提供融资。如果要偿还这些信托公司的债务，这些项目就必须以优惠的价格迅速出售。抵押信用的收紧延缓了已建成建筑的销售，导致这些项目出现"现值逆转"。

在任何时期，对冲、投机和庞氏融资的共存，都反映了经济的历史及历史发展对长期预期状态的影响。特别是在平稳时期，经济在接近充分就业的状态下运行，持有货币的避险价值就会下降。这会同时导致资本资产价格的上升和投资组合偏好的调整，这时投机融资甚至庞氏融资会在企业的融资中占据越来越大的比重，这一变化会被银行家所接受。资本资产价格上升后，投资需求会增长，而通过投机融资乃至庞氏融资的增加，金融系统会内生性地产生资本资产价格上涨后投资需求增加

---

① H. P. Minsky, "The Modelling of Financial Instability: An Introduction, " *Modelling and Simulation*, vol. 5，Proceedings of the Fifth Annual Pittsburgh Conference，Edited by William G. Vogt and Merlin H. Mickle. School of Engineering, University of Pittsburgh, 1974. "Suggestions for a Cash Flow Oriented Bank Examination, " *Conference on Bank Structure and Competition*, Federal Reserve Bank of Chicago, December 1975.

所需的至少部分资金[①]。

　　随着投机融资单位和庞氏融资单位在经济总的金融结构中所占的比重上升，经济对利率的波动越发敏感。对投机融资单位和庞氏融资单位来说，能使金融结构不崩溃的预期现金流的流入，在时间上要晚于待清偿债务的支付承诺的到期。当短期利率足够高时，投机融资单位会转变为庞氏融资单位，而庞氏融资单位在高利率下，为了支付待清偿短期债务而会不断积累费用，(最终)其需要的现金流会超过最初为了维持头寸所需的预期现金流——也就是说，最初的现金流只是短期入不敷出，现在由于利率过高，变为了持续的入不敷出。

　　外部融资和利息"率"在两个相当不同的阶段对投资过程产生作用。投资品的生产需要耗费时间，在计算投资产出品的成本时，早期成本按照短期利率以复率计算。这一点可以在美国建筑业的融资方式中得到很好的说明。对建筑项目的融资导致银行可用资金的提取；显然，这些资金所收取的利息费用必须通过投资品的"交货价格"来收回。投资品的交货价格是(短期)利率的正相关函数。

　　投资品一旦交货并在生产过程中"投产"，就成了资本资产。作为资本资产，其价值是其参与经济活动所带来的预期税后总利润(准租金)的现值。资本资产的现值是(长期)利率的负相关函数。

　　不断增长的投资需求导致进行中的投资增加。由于进行中的投资增加，融资需求曲线中的非弹性部分增加。如果融资的供给曲线是无限弹性的，那么融资成本就不会随投资增加而增长。因为更多的投资会带来更多的利润，所以在利率不变时，资本资产的价格也会提高。资本资产价格的提高又会驱动更多的投资：其结果是价格和利润的上涨，而这正是繁荣时期的特征。不过，银行业机制的内部运行或中央银行限制通胀的措施会使融资供给的弹性小于无限弹性——甚至可能趋向于零弹性。进行中的投资导致非弹性的融资需求曲线向上移动，这和非弹性的融资供给曲线共同导致了短期利率的快速上涨。

　　短期利率的大幅上涨会抬高投资产出品的供给价格。短期利率的大幅上涨(还)会导致长期利率增长。这使得资本资产预期获得的税后总利润(准租金)的现值下降。不断上升的利率使投资的供给曲线上移，同时使得源于资本资产价格的投资需求曲线下移。投资供给和需求状况的这些变化导致投资下降，而这又降低了当前和近期的预期利润。降低了的利润预期会降低资本资产价格，由此降低企业愿意为投

---

　　① 根据美国金融统计数据中的资金流量账户所示，向投机甚至庞氏融资的转变十分明显。全球大型跨国银行的"购买货币"的行动证明了存在一定程度的投机融资：所有银行都从事投机融资，但有些银行的投机性比其他银行更强。只有对一个经济体进行全面的现金流分析，才能指出融资在多大程度上是投机的，以及履行合同承诺能力的临界点在哪里。参见H. P. Minsky, "Suggestions for a Cash Flow Oriented Bank Examination" (op. cit.). 关于资金流量的参考文献：Board of Governors of the Federal Reserve System, *Flow of Funds Accounts 1946—1975* (Washington, D.C., December 1976).

资产出品支付的价格。

利润的下降意味着企业履行由其债务决定的支付承诺的能力受到损害。特别是，当利润下降时，一些对冲融资单位会变为投机融资单位，而一些投机融资单位会变为庞氏融资单位。因为长期利率的上升和预期利润的下降会使庞氏融资单位所期待的未来财源的现值大幅下降，所以这对庞氏融资单位来说是灭顶之灾。庞氏融资单位必须出售资产的头寸，才能满足支付承诺，而这时他们只会发现自己无法按照预期价格来出售资产，实际的出售价格甚至会远远低于偿债所需的价格。一旦出售头寸而不是再融资成为普遍现象，资产价格就会并且确实会降低到其作为投资品的生产成本以下。

上述内容描绘了一条通向金融危机的道路。是否会爆发全面的金融危机取决于中央银行执行最后贷款人职能的效果，以及总利润流能否通过政府赤字的增加或者国际收支的改变而得到维持。然而，即使全面的金融危机没有爆发，企业、银行家和金融资产的最终持有者等人的长期预期也都会被这些发展所影响。与投资项目相关的风险溢价将会上升，而且企业家和银行家将会调整资产负债结构，使之向投机融资占比更少的方向发展。

利润和企业资产的有效贴现率之间的递归过程甚至会持续到"现值逆转"。也就是说，投资产出品的供给曲线可以上升到需求曲线之上，以至于投资崩溃，且利润也随之崩溃。一旦利润崩溃，就算企业最初是对冲融资，其现金流也无法确认债务[①]。这些关系由图5.1和图5.2所描述。

图5.1描述了"通常"状况。在考虑到融资条件的情况下，当利润、风险溢价和投资产出品的生产成本变化时，投资的需求和供给条件可能导致投资在I_1和I_2之间移动。图5.2描述了"债务紧缩"引起的反响对于利润和有效融资条件的影响。在这种情况下，利润的下降降低了资本资产的需求价格，同时"贷款者风险"的上升提高了任意给定货币工资水平下的投资产出品的供给价格。这里描述的是一种极端情况，即供给曲线"处处"都位于需求曲线之上。

在图5.1中，投资的供给和需求曲线的移动反映出，那些直接决定总需求和总供给的变量改变了，而那些决定长期预期的变量没有受到影响。这恰恰意味着，尽管已获得的利润和融资合同条款都已经出现变化，但是当前关于长期利润、利率和可接受的金融结构的预期都还没有改变。在图5.1中，供给和需求曲线向左的移动可以被货币市场条件、政府财政措施与货币工资率的微小变动所抵消。

在图5.2中，投资产出品的供给和需求曲线的位置反映了关于利润和理想的融资结构的长期预期的变化。从图5.1所描述的情况到图5.2所描述的情况的转变，反

---

① H. P. Minsky, "A Theory of Systemic Fragility,"in E. Altman, A. W. Sametz, *Financial Crises* (New York: Wiley Interscience, 1977).

映了现存债务结构出现的不良的变化，关于此我们曾在讨论对冲融资、投机融资和庞氏融资时提到过。在图5.2的情况中，利润、市场利率、货币工资和政府财政措施的短期变动可能可以维持收入和就业，但是并不能快速影响投资产出品的供给和需求。特别是在小政府的体制下——就像凯恩斯写作《通论》时的那种情况一样——工资下跌和货币市场宽松都不能快速地将图5.2的情况转变为图5.1。事实上，因为对于图5.2所描述的情况的产生和延续而言，一个关键要素是利润相对于现存债务的支付承诺来说不足，所以货币工资的下跌反而有可能导致对于利润的"美元"价值下跌的预期，从而使得情况更加恶化。

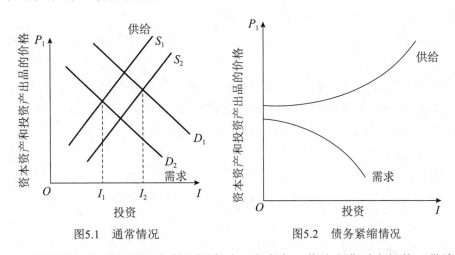

图5.1　通常情况　　　　　　　　图5.2　债务紧缩情况

也就是说，当长期预期有利于投资时，由生产、劳动和货币市场的"供给和需求"状况所决定的那些市场变量的变化可以有效地调节投资率，而当金融危机爆发时和爆发后，长期预期发生改变时，上述相同变量的变化就不再能有效调节投资了。

一旦类似图5.2描述的情况出现，经济就将会走向或者已经处于深度萧条之中。不过，这种情况是否会得到充分发展，如果充分发展的话会持续多长时间，这些都取决于政府对经济的参与程度；取决于政府干预的及时程度和效果如何。在1929—1933年，政府的干预规模小且出台时间晚。特别是在美国，美联储实际上放弃了自身作为最后贷款人的责任，即确保那些投机融资与庞氏融资头寸能够得到及时的再融资。在价格维持当前(危机之前)水平，收入与充分就业所对应的收入水平相近似，利率低于投资繁荣的巅峰期所对应的利率水平的条件下，这些投机融资和庞氏融资头寸的债务本可以被长期现金流确认。

在1974—1975年出现了爆发金融崩溃的风险，面对这一风险，联储系统进行了大规模的最后贷款人干预，联邦政府赤字也大幅增加——这维持住了总的工商业利润。1974—1975年的美国经济和世界经济，比1929—1933年表现出更强的恢复能力，这是因为政府对经济的参与比之前规模更大，且更加有效。

金融不稳定假说的实质是，金融创伤——即使是在债务紧缩的相互作用下发生的——是资本主义经济正常运转的结果。这并不意味着资本主义经济总是处于灾难的边缘。在有些情况下，企业和家庭的短期债务融资是适当的；这使金融市场趋于稳定，不容易发生债务紧缩过程。当企业和家庭大量存在投机融资和庞氏融资时，金融结构就会是脆弱的。金融状况稳定时，经济的正常运转是平稳的，总体上是成功的。(然而)平稳和成功并不是能够自我维持的状态，它们会诱使资本资产价格相对于当前产出品价格上升，以及任意预期现金流下的可接受负债规模、投资和利润的上升。这些因素的同步上升会导致最初稳定的金融结构随着时间的推移，转变为脆弱的结构。一旦金融结构中投机融资和"准庞氏"融资(指具有长孕育期的投资项目进行的临时融资)的比重相当大，那么只要短期融资需求快速增加，短期利率就会急剧增长。这会导致"现值逆转"，特别是如果短期利率的上涨还伴随着因一些单位无法履行其金融义务而出现的流动性价值的上升。因为投资产出品的成本变得高于正处于被生产过程中的资本资产的价值，所以，未来的替换融资将不会发生。这将导致资产价值"崩溃"到远低于投资产出品供给价格的程度，从而进一步减少投资。但是投资的降低会减少利润，进而使得情况更糟。在庞氏融资和投机融资占比很大的金融结构下，市场对收入下降的即时反应会使得情况更糟；相关市场都不再稳定。

5.5 政策建议

金融不稳定假说对政策来说有重要意义。首先，它指出资本主义有不可避免的内在缺陷。资本主义有缺陷并不意味着我们必须反对资本主义。金融不稳定假说强调制度的重要性及制度调节经济运行表现的能力；因此，资本主义有不同的种类。问题很可能是哪种种类更好，没必要在各个时期都更好，只要在当下更好即可。

在小政府的资本主义经济中，$\pi = I$，以至于会降低I的资产价值崩溃不仅会降低收入和就业，也会降低利润。这不仅意味着资本资产价值下跌，也意味着待清偿债务支付承诺——特别是那些即将"转变为"投机融资和庞氏融资的单位的支付承诺——不能得到履行。

另外，在大政府的资本主义经济中，$\overset{*}{\pi} = I + DF$；税后利润等于投资加赤字。如果$I$的减少被赤字增长所抵消，那么利润流就不一定下降；事实上，如果赤字增长足够大，利润还会上升。这就是1975年发生在美国的事情。政府在该年前两个季度的巨大规模赤字在投资下跌时维持住了税后总利润，从而帮助终止了严重的债务紧缩过程的发生。

价格必须达到一定水平以产生与投资相等的利润这一命题的一个含义是，投资产出品生产中的总工资额对消费品生产中的总工资额的比值的任何增长都会导致通货膨胀。此外，由转移支付或利润收入提供资金进行的消费品支出的任何增长也都会导致通货膨胀。由于支付给管理劳动和诸如广告等辅助性工商业服务的工资都被看作对利润的分配，所以花费在广告、管理层、产品研发和发展方面的开支的上升会导致通货膨胀。因此，强调依靠投资发展经济、偏向工商业中的大企业、强调广告和管理的企业模式及转移支付的爆发式增长，都是我们当前通货膨胀的主要原因。

在金融不稳定假说看来，通货膨胀是缓解债务支付承诺的一种方式。20世纪70年代，通过通货膨胀来摆脱无法维持的债务结构，我们成功地避免了一场严重的萧条。滞胀是大萧条的替代品。不过，通过通货膨胀来摆脱债务是一场只能进行几次的"游戏"；随着银行家开始警惕庞氏骗局，经济向繁荣扩张的倾向将被遏制。或者，政府过于依赖干预来维持投资，以至于投资不再产生实际效益，而是只产生名义效益，不再产生社会效益，而是只产生私人效益。

每个企业家和银行家都知道，就每一个值得进行的投资项目而言，失败者的数量都是无穷无尽的。一旦政府通过投资进行救助的教条在我们的政策系统和经济系统中根深蒂固，那么对于愚蠢投资的限制将被放松。如果政府准备保证特定投资者或特定投资项目避免损失，那么这种情况将会愈演愈烈。有大政府的资本主义如果致力于通过表面上的私人投资来实现充分就业，那么这种经济将是低效的。

总的来说，银行家、商人和政府担保人的愚蠢被巨额的政府赤字所掩盖，这些赤字带来的利润确认了过去的全部投资和整体的企业负债，尽管付出的代价是通货膨胀和日益低效的商业技术。所选技术的低效可以通过伴随通胀而来的失业反映出来：若一组资本资产归根结底是不合理的，那么滞胀就是其症状。

考虑到强调投资会带来不稳定性，强调投资、转移支付和帮助有风险的金融结构摆脱困境的需要会带来通货膨胀，金融不稳定假说指出，与目前由政策推动形成的经济体相比，一个由技术推动的，以消费品生产为导向的经济体的资本密集度更低，因而更不容易受到金融不稳定和通货膨胀的影响。这意味着政策重点应当从通过鼓励投资来实现经济增长，转向通过消费品生产来实现充分就业。金融不稳定假说指出，简化金融结构是增强稳定性的一个途径，尽管在分析金融结构的历史发展后不得不承认，强制简化金融结构将会是非常困难的。

金融不稳定假说还指出，尽管比起近些年来管理经济的方式来说，还有更好的方式，但是并不存在这样的经济组织或富有魔力的公式，一旦采用并启动，就可以解决全部时期的经济政策问题。经济在不断演化，而伴随着经济机制的内部演化，适当的法定制度结构和政策操作也会改变：某一代经济学家不可能让其后继者无事可做。经济学家恐怕永远不会成为单纯的技术人员，能够在一个不改变且不需要改变的制度结构下，应用一种适用于所有时期的被普遍认可的理论。

第6章

金融不稳定再考察：
灾难经济学[①]

6.1 引言

金融危机的反复出现是美国经济的一个显著特征，这些危机引致了深度萧条和经济增速很低的停滞时期。距那个开启了20世纪30年代大萧条的金融冲击已经过去了四十多年，这一时间跨度比20世纪(任意两次)危机和深度萧条之间的时期都要长得多[②]。大萧条以来的经历是经济系统和我们的知识出现根本变化，从而危机和深度萧条不会再发生的结果吗？还是基本的关系并没有变化，我们的知识和力量依然不足，从而危机和深度萧条依然有可能发生？

本文的主张是：基本关系并没有变化；持续的经济增长、商业周期的繁荣阶段和与之相伴随的金融发展，依然会产生那些促使整个经济系统陷入灾难的先决条件。

每一场灾难，无论是金融灾难还是其他灾难，都是由以下因素共同导致的：初始的偏移或冲击、系统的结构性特征及人为的错误。本文提出的理论主张是：在经济的长期扩张与繁荣时期，金融系统的结构性特征会发生变化，并且这些变化会累积起来，从而缩小系统的稳定区间。因此，在经济扩张已经持续了一段时间以后，

---

① 本文的初稿写于1966年秋季，修改于1970年1月。我非常感谢Maurice I. Townsend, Lawrence H. Seltzer，以及 Bernard Shull的评论及鼓励。不用说，(文中)任何事实的或设想的错误都由我来负责。

作者对本书进行了删节，来源于Reappraisal of the Federal Reserve Discount Mechanism (Washington, D.C.: the Board of Governors of the Federal Reserve System，June 1972).

② 关于轻度萧条周期和深度萧条周期的年表，参见M. Friedman and A. J. Schwartz, "Money and Business Cycles."

在该年表中，所有明显的深度萧条周期都与金融危机有关，而所有明显的轻度萧条周期都与金融危机无关。Friedman和Schwartz选择忽视这一现象，他们偏向于对1929—1933年和1960—1961年进行统一解释。更好的做法似乎是认为轻度萧条和深度萧条是两种完全不同的"猛兽"，它们在持续时间和下跌程度上的差异取决于金融恐慌是否发生。参见H. P. Minsky, "Comment on Friedman and Schwartz's 'Money and Business Cycles.'"

即使是一个规模或持续时间并不罕见的事件，也能触发急剧的金融反应[1]。

偏移可能是系统运行或者人为错误的结果。一旦出现急剧的金融反应，制度性缺陷就会显现出来。因此在一次危机发生之后，总是有可能通过强调触发性事件或制度性缺陷来建构这样一种看似合理的论点，即偶然事件、错误或者容易被修正的缺陷是灾难的原因[2]。

在之前的研究中，我已经使用了一个带有限制性上限和下限的加速数-乘数模型来代表实际经济。在这一模型中，偏离于上限的周期性下降是对参数值的反映，因而是一个内生现象。如果经济中存在"合适的"金融环境或金融结构，这种下降就不会成为能够触发"不稳定的"金融反应的特别事件。反过来，其触发的金融反应会降低收入的有效下限。一旦收入下限和收入上限之间的差距足够大，那么，我认为加速数系数会下降至这样一个值，即它会导致经济陷入停滞。这样，一系列导致发散型收入扩张的参数值将被一系列导致经济停滞的值所取代。我认为收入下限和上限之间的差距是加速数系数的一个决定因素，并且金融不稳定的直接影响便是降低了收入下限，因为金融变量——包括普通股的市场价值——决定了传统凯恩斯主义消费函数的位置[3]。

这一视角忽视了系统运行的一个决定性因素：不确定性下的决策行为。由于金融关系的存在，在一个决策去中心化且生产资料私人所有的企业体系中，内生存在一种特殊的不确定性。这样一种经济体内部的金融系统会切分并分配这一不确定性。我们要想理解金融不稳定，就需要这样一个模型，它要能认识到决策在面临不确定性时所涉及的问题，而这一不确定性本质上是一种非理性的事实。在考察什么因素决定了金融系统的稳定性，进而决定了经济系统的稳定性之前，我们需要将凯恩斯经济学重新解读为如上所说的这样一种模型，并考察货币的限制——无论是源于政策还是源于经济运行——是如何起作用的。结果表明，资本主义经济根本的不稳定是一种使经济发散式增长的趋势，即使经济进入一种高涨或"癫狂"状态的趋势。

本文将不会展现任何经验研究。尽管如此，依然需要以下工作：第一，将我们之前研究分析过的经验性结果更新至最新的数据；第二，探索另外的数据信息；第三，生成新数据。只有掌握了这些信息，才能使问题变得精确，使命题得以检验。

就(我们)所讨论的问题而言，其经验研究存在特殊的一面。金融危机、恐慌和

---

[1]　I. Fisher,"The Debt-Deflation Theory of Great Depressions."

[2]　有关这种论证，有一个非常令人震惊的例子，参见 M. Friedman and A. J. Schwartz, *A Monetary History of the United States 1867—1960*，第309-310页，脚注9。

[3]　H. P. Minsky, "Financial Crisis, Financial Systems, and the Performance of the Economy, " and "A Linear Model of Cyclical Growth."

不稳定都是持续时间较短的罕见事件[①]。自20世纪30年代早期以来，我们仅仅经历过经济单位的财务困难或较小部门的轻微财务困难。由于立法与金融实践的不断演化，金融制度与惯例在今天也已经非常不同于它们在大萧条之前的样子。例如，为了判断一系列初始事件会在什么条件下发展为危机，(我们现在)有必要推测存款保险的力量[②]。危机的持续时间较短意味着，在数据生成和计量分析中所用到的平滑方法倾向于将危机的重要性最小化。

鉴于这些影响因素，(我们认为)检验有关金融不稳定的根源和影响这些命题的最有意义的方法，可能是通过模拟研究来进行。在模拟研究中，可以设计不同的模拟模型来反映会引致金融不稳定的各种情况[③]。

6.2节讨论了单纯稳定增长的经济和狂热发展的经济两者之间的差异，确认了癫狂经济的特征。本节提出这样一个命题，即在狂热或癫狂的经济中，无论货币供给的增长率有多大，投资和发债的意愿都会如此强烈，以至于由此而产生的货币需求状况将导致货币市场紧张，这里的货币市场由利率水平、利率变化率和其他融资条款所定义。

6.3节关注由收入生产(income production)、资产负债表关系和实物资产及金融资产的交易所产生的现金流。金融不稳定发生的可能性既取决于现金支付承诺与正常现金来源之间的关系，也取决于如果需要发掘非正常的现金来源，那些将会受到影响的市场的运行情况。

6.4节阐明了在凯恩斯经济学框架中，不确定性作为投资需求的一个决定因素所起的作用。

6.5节考察了融资约束起作用的不同模式。在癫狂的经济中，紧缩的货币如果有效的话，它发挥作用的方式不是沿着一条稳定的投资函数曲线平滑移动；而是移动流动性偏好函数的位置。这样的移动通常源于某种流动性危机。

6.6节探讨了金融系统和经济的稳定区间。这一节表明，这些稳定区间是内生的，并且在长时间的繁荣中会缩小。此外，在癫狂期发生的金融变化，也倾向于缩小稳定区间，并且来自癫狂时期的反馈倾向于引致部门性的财务困难，这些困难可能会升级为一场普遍的金融恐慌。如果这种恐慌发生，那么它将带来一场深度的萧条。不过，中央银行可以中止金融危机的发生。然而，在这样一个接近危机的时期，金融系统中传递的紧张和波动，可能导致金融机构和其他经济单位重新审视其合意的资产组合构成。在这样一种再审视之后，一场非常严重的衰退可能会尾随而至。

---

① 1929—1933年期间大规模和长时间的(经济)收缩，可以被解释为加剧了最初的动荡的一系列危机。

② 也许，1966年的金融史可以被解释为一次测试，测试了存款保险是否有力量抵消融资约束对经济产生的不稳定影响。

③ H. P. Minsky, "Financial Crisis, Financial Systems, and the Performance of the Economy," pp. 326–370，其中展示了大量"初级的"模拟。

6.7节为美联储提供了一些政策参考。本文主张，贴现窗口应该向被选定的货币市场头寸持有者(交易商)开放，并且美联储应该通过贴现操作，提供更大比例的银行总准备金。这一政策策略源于对以下两点的认识不断增强：金融危机发生的可能性；一旦爆发金融危机的威胁出现，需要为各种各样的金融工具建立一个广泛、深化且富有弹性的市场，以便减轻此类危机的影响。

这一重印版本中删去了两节内容，它们涉及两个特殊的主题：银行审查和区域性影响。银行审查部分认为银行审查程序(应该)围绕着由资产负债表和合同关系所决定的现金流展开，这一审查程序对美联储而言将会是有价值的指南，对银行管理而言也将是重要的工具。这样一种审查程序会强制金融单位的管理者和经济政策的制定者去考虑实体经济和金融系统的特征对金融单位的影响。区域性影响部分主要是对区域性影响的讨论，围绕着金融脆弱单位集中在一个地区的可能性展开。在这种情况下，融资约束有可能升级为金融危机，尽管此时在全国层次上，金融脆弱的单位还太少而不会造成困难。

6.2　癫狂经济学

20世纪60年代中期，美国经济的状态发生了变化。政治领导人和官方经济学家宣称，经济体系已经进入了新时期，这一时期以众所周知的商业周期的终结为特征[1]。自那时起，周期——如果说还存在的话——也只是收入增长率为正的周期。"微调(fine tuning)"学说走得更远，它断言即使是收入增长率的衰退也可以避免。当时的商业评论与这些官方观点保持一致。

经济状态变化的实质是投资繁荣：1963—1966年，公司企业的投资增长率每年都在上升[2]。截至20世纪60年代中期，企业投资都被这样的信念所引导，即未来经济会永远扩张。由这样的预期所主导，并表现出这种投资行为的经济可以被恰当地

---

[1]　J. Tobin, *The Intellectual Revolution in U.S. Economic Policy Making*.

[2]　非农场、非金融公司的投资，1962—1966年：

年份	实物资产的购买	
	美元 / 十亿	增长率 /%
1962	44.7	—
1963	46.7	4.5
1964	53.5	14.6
1965	64.9	21.3
1966	79.8	23.0[*]

资料来源：*Economic Report of the President*, 1969, Table B73.

*1966年的"流动性紧缩"发生于8月晚期至9月早期；它阻碍了投资的增长，实物资产的购买在1967年下降至741亿美元。

命名为"癫狂经济"。

请考虑一下一个持续经营企业的价值。对税后总利润的预期反映了对经济运行、市场和管理变化的预期。如果对稳定增长的预期取代了对正常商业周期的预期，那么这会直接导致两个结果。首先，在计算现值时，那些反映经济持续扩张预期的各个时期的总利润的值会取代反映衰退预期的总利润的值。同时，关于未来经济运行的预期会存在更少的不确定性。随着人们开始相信新时期已经成为事实，他们将预期厂房和设备的停工时间或者开工不足的时间会减少，这种预期会提升厂房设备的现值。对繁荣期总利润的一系列稳定流量的自信预期，使得冒进调整资产组合对企业决策者更具有吸引力。

实物资本的预期回报急剧上升，这使得经济在一夜之间变得资本短缺。人们愿意承担(对风险)防御性较弱的负债结构，并愿意冒在先前被认为是不可取的风险，来为获取额外的资本品而融资，这意味着这种资本短缺将转化为对金融资源的需求。

那些金融资源的供给单位和需求单位处于同样的预期环境中。在一些金融市场中，一旦预期发生变化，那些之前因为自己的负债结构而被供给方认为没有资格获得金融资源的需求方，现在就变得相当可以接受了。这样，随着为收购实物资本举债融资的意愿增强，为这种收购进行融资的供给条件同时也得到了改善。

这样一种扩张性的新时期在以下三个意义上削弱了经济的稳定性。第一，它非常迅速地提升了现有资本的价值。第二，通过发行先前被认为是高成本的负债来为收购实物资本融资的意愿增强，其中负债的成本包含了负债发行者所承担的风险或不确定性(借款者风险)。第三，贷款者接受了之前原本被认为是低收益的资产，因为其资产收益(在新时期)根据资产收益者承担的风险(贷款者风险)被(向上)调整了[1]。

我们可以更精确地描述这些概念。企业拥有的一系列资本品的现值反映了企业的预期税后总利润。对所有的企业而言，历史上的商业周期对其总利润的影响都有模式可循。起初，现值反映的是过去的周期模式。例如，在短期内

$$V = \frac{Q_1}{1+r_1} + \frac{Q_2}{(1+r_2)^2} + \frac{Q_3}{(1+r_3)^3}$$

其中 Q_1 是繁荣期税后总利润，Q_2 是衰退期税后总利润，Q_3 是复苏期税后总利润，$Q_2 < Q_3 < Q_1$。当经济进入新时期，(新的)预期为 Q_2' 和 Q_3'，繁荣期的回报值分别取代了萧条期和复苏期的回报值。结果便是 V(新时期)大于 V(传统的)。企业拥有的现存资本资产价值的上升，提高了企业愿意为其新增资本资产支付的价格。

一般而言，发债意愿受到以下两种需要的约束：一是对冲的需要；二是保护组

---

① M. Kalecki, "The Principle of Increasing Risk."

织使其免受不利情况影响的需要。假设当一个有可能发生但事实上却没有被预料到的深度而长期的萧条发生时，税后总利润分别为 Q_2'' 和 Q_3''。作为一个风险规避者，其资产组合规则可能要求其资产负债结构必须满足如下的条件：即使 Q_2'' 和 Q_3'' 确实发生，也不会导致严重的后果；Q_2'' 和 Q_3''——尽管发生的可能性很低——却是合意的资产负债结构的重要决定因素[1]。经济"状态"向癫狂方向的变化使越来越多的人认为 Q_2'' 和 Q_3'' 发生的可能性是如此之低，以至于没有必要保护企业免受其影响。在过去预期出现 Q_2'' 和 Q_3'' 的可能性很大时，(有些)负债结构会因风险大而(融资)成本高昂，现在成本变得低廉了。资本的成本或者通过这种负债结构融资的成本都降低了。

金融机构既是一系列金融市场上的需求者，同时也是另一系列金融市场上的供给者。一旦经济开始陷入癫狂，他们就会接受自己的和借款人的那些他们在更冷静的预期环境下原本会拒绝的负债结构。随着其收益取决于经济表现的那些资产由不确定性带来的折价下降，货币和国库券就变成了不适合持有的劣质资产。经济向癫狂的转变，提高了金融机构通过降低资产组合的流动性来获得资产的意愿。癫狂的新时期意味着，投资繁荣是与普遍的转向流动性更低的资产组合联系在一起的。因为投资需求在上升，且这一需求相对于市场利率和合同条款的弹性在下降，所以货币市场的利率会上升。在一个复杂、精致的金融系统中，通过转变资产组合来为投资融资是可能的。因此，当预期经济会向癫狂转变时，在一个较短的时期内，通过融资进行的投资的数量可以独立于货币政策。扩张的欲望及通过资产组合的变化来为扩张融资的意愿是如此之大，以至于除非这一扩张过程反馈过来产生强烈的副作用，否则，通胀型扩张就有可能出现。

过去早些时候、更不安全时期的金融遗产会对癫狂的繁荣经济产生影响。世界并非无时每刻都在重生。过去的资产组合决策和金融市场的状况，都体现在金融工具的存量中。尤其是，如果在资产的价值中体现了一种关于不利的状态性质的保护机制，而这些状态现在被认为不太可能发生了，那么这些资产的市场价值就会下降，或者另外一种选择是，为了让人们愿意持有同样具备这些保护机制的新创造的资产，对这些资产需要支付的利率就必须上升。考虑到这类资产的生命周期较长，并且是由拥有短期负债或即期负债的存款机构所持有，那么经济的癫狂状态就会对这些存款机构产生压力。此外，同样的状态变化既导致了投资繁荣，又增强了发债意愿，这都会影响这些存款机构的负债持有者的资产组合偏好。当他们出售的资产

---

① W. Fellner, "Average-Cost Pricing and the Theory of Uncertainty, " and "Monetary Policies and Hoarding in Periods of Stagnation, " and S. A. Ozga, *Expectations in Economic Theory*.

的安全性的市场价值已经下降的时候，这些机构必须参与这一时期的利率竞争；也就是说，他们的利率必须比其他利率上升得更多。

在癫狂的繁荣期，安全资产不断上升的利率对那些提供保护和安全的金融机构施加了巨大的压力。经济繁荣使某些部门遭受到抑制性压力，这些压力通过这些存款机构、融资安排的惯例和特定的实体经济市场之间的联系，被反馈到特定的市场上；这些抑制性压力是实物资源转移机制的一部分。

利率的上升对特定的金融中介施加了严重的压力。在当前时期(1966年)，储蓄贷款协会、互助储蓄银行，以及与之联系密切的房屋建筑行业，都似乎承担了大部分的初始反馈压力。另外的反馈压力可能会波及人寿保险和消费金融公司。

关于金融资本的价值和实物资本的价值是如何联系起来的问题，其中一个鲜为人知的方面是围绕着股票市场价值的影响展开的[1]。当发生衰退的预期下降的时候，实物资本的价值会上升，这种上升将会被反映到股票价格的上升上。债务融资比率的增加也可以提升股票的预期回报。由于财富的所有者与公司的高级管理人员生活在相同的预期环境中，因此随着人们越来越不相信衰退或萧条有可能发生，资产组合偏好会移向股票。因此股票市场的繁荣由投资繁荣所激发并(反过来)激发投资的繁荣。

投资繁荣所带来的融资需求提升了利率。利率的这一上升降低了长期债务的市场价值，并且对一些金融机构产生不利影响。更高的利率也会提升为股票头寸融资的信贷成本。最初，不同金融部门之间对资金的竞争促进了经济的迅速扩张；然后随着利率的上升，它将会限制投资单位的利润，并使股票的持有成本更高。这起初会减缓股票价格的增长，然后会降低股票价格。

总而言之，癫狂时期持续的时间较短。区域性和部门性的萧条及股票价格的下降会引发这样的质疑：新时期是否已经真正到来。此时资产组合会被套期保值，投资项目也会被重新审视。然而，在短暂的癫狂期内的资产组合承诺已被固定在负债结构之中。对投资项目的再审视、资源转移的压力对其他部门的滞后影响，以及导致成本上升的总供给的无弹性，这些因素共同使得投资单位的收入低于癫狂预期的更为乐观的水平。

结果会是这样一种现金组合：一边是从癫狂的爆发期中继承下来的现金流支付承诺，另一边是在低于预期的收入基础上的现金流收入。现在不那么合意的金融头寸是否会在不产生严重冲击的条件下得以结清，或者是否会发生一系列金融冲击，都是不得而知的。无论发生哪种情况，投资需求都会从癫狂的水平降下来。如果可以不怎么费力地结清癫狂的繁荣期所留下的金融头寸，经济再次进入"新时期"就

---

① R. Turvey, "Does the Rate of Interest Rule the Roost?" J. M. Keynes, *The General Theory of Employment*, Interest and Money, Chapter 12.

会变得相当容易；另外，如果结清头寸引发了金融不稳定，前景就是深度萧条和经济停滞。

癫狂期的相关特征可以描述如下。

第一，癫狂期的货币紧张更多是因为需求失控而非供给受限。因此，那些在评估货币市场状况时过于看重货币供给的人将会误入歧途。

第二，短期和长期利率的上升对存款储蓄中介施加了压力，扰乱了那些以这些中介为融资渠道的行业。由此产生了这样的反馈机制：经济的癫狂状态会抑制某些部门的实际需求。

第三，癫狂经济一个本质的方面，在于建构了这样一种负债结构，在这种负债结构中，偿债支付直接或间接地通过金融分层与基于收入生产的现金流紧密连接在一起。如果在金融头寸严重收紧之后，融资渠道的中断开始产生影响，那么进一步地，抑制性的因素就会发挥作用。

6.3　现金流

金融危机发生在这样一种情况下：经济单位需要的现金或欲求的现金比他们通常的现金来源更多，于是，他们求助于非同寻常的现金获取方式。本节确认了各种不同类型的现金流，并考察了它们之间的关系及现金流和经济其他特征之间的关系。

在银行理论中，现金来源的可靠性不断变化是众所周知的现象。对一个单位而言，只要不存在对该现金的净市场需求，那么这一现金来源可能就是可靠的，而无论何时，只要存在对这种现金来源的净需求，它就变得不可靠了。在压力之下，各种各样的金融和非金融单位，可能会要么出于迫切的需要，要么因为防御性的金融政策，从一些金融市场上退出。这样的退出不仅会影响市场上价格的潜在变化，而且还可能扰乱企业间的联系。做生意的通常方式和备用的、防御性的现金来源都会受到影响。

金融市场供给方的退出，可能会迫使那些没有特别的负担，也没有直接受到金融紧缩影响的需求单位去寻找新的融资联系。初始的扰动可以通过这样对第三方或者无辜的旁观者的影响而累积起来。扰乱完备融资渠道的金融市场事件，也将会影响那些未受到直接影响的单位的现值和现金流[①]。

对大多数消费者和非金融(普通)企业而言，它们最大的现金来源是其当前收入。工资和薪金是大多数消费者的主要现金来源，产出销售额是工商业企业的主要

---

① 因此，在1966年中期，南加州存款和抵押贷款市场的扰乱，影响了经济中所有的现值和现金流预期。

现金来源。对除了交易商的金融中介而言，它们通常可以从其金融资产中得到现金流。例如，商业银行资产组合中的短期企业债务，规定了借款者承诺在合同日期还给银行的可作为准备金的货币。储蓄贷款协会资产组合中的抵押贷款，规定了不同时期依照合同可得的"现金流"。对于金融市场交易商而言，现金收入通常来源于其头寸的出售，而非资产存货所规定的支付承诺。在通常情况下，持续经营的交易商不期望卖光所有的头寸；当他们卖出一系列资产的时候，会继续买进一系列新的资产。

对各种类型的经济单位而言，其通常的现金流被称为源于业务的现金流。上述三种源于业务的现金流——收入、金融合同和资产存货周转——都可以被视为国民收入的函数。履行支付承诺的能力取决于收入生产体系的正常运行。

除了源于资产出售的现金流，交易商——以及其他金融和非金融单位——还可以通过发行新负债来弥补由偿债需要所产生的现金流出。这第二种现金来源被称为头寸再融资。

此外，头寸清算或头寸冲销是某些单位获得现金的第三种可能的方式。这正是零售商或批发商在出售库存时所做的(季节性零售商实际上通过出售库存来进行清算)。

经济单位的金融资产和负债，可以转化为由合同所规定的现金收入和支付的时间序列。各种不同的合同收入和合同支付项目取决于国民收入：抵押贷款合同条款的履行取决于消费者的可支配收入等因素[①]。国民收入的变化会直接或间接地影响各个不同部门中的单位履行其金融承诺的能力，对这些影响可以进行估算和推导[②]。

每一经济单位都有其备用的、应急的现金来源。对很多单位而言，应急来源包括一些可交易或可赎回资产的头寸。对于消费者来说，储蓄债券和定期存款是典型的备用现金来源。公司可能会持有国库券或其他货币市场工具作为其备用来源，以满足不寻常的现金需要或未预期到的现金收入的短缺。对所有单位而言，闲置现金的贮藏都可以满足这一目的。现金具有特殊的性质，即它的可利用性不依赖于任何市场的正常运行。

原则上，我们可以确定所有单位的正常现金来源和次级现金来源，并且估算出它们与金融支付承诺之间的比率。迄今为止，使用其收入来履行金融承诺的单位数量是最多的。消费者的抵押贷款和消费分期付款、企业的利息支付和偿债基金支付，通常都通过收入现金流获得资金。

在银行的负债结构中，消费者B的存款取代消费者A的存款可以被视为头寸再融资。为了履行其负债所规定的支付承诺，典型的金融单位不是从其资产中获得现

---

①　这变成了银行现金流审查的基本原理。实际现金流与合同现金流之间的偏差取决于经济的运行。

②　Minsky-Bonen实验是这样做的早期尝试，参见H. P. Minsky, "Financial Crisis, Financial Systems, and the Performance of the Economy, ".

金，也不是通过出售资产来获得现金，而是通过发行替代性的负债来获得现金(唯一一种看起来是从资产中获得现金流以履行现金流承诺的金融组织，是有杠杆或者没有杠杆的封闭式投资信托)。

如果单位通常通过其收入现金流来履行其金融承诺，那么当它发现头寸再融资是必要的或者合意的时候，金融机构就会遭受额外的压力。

一些金融关系基于定期的头寸清算——例如零售商的季节性存货。为了获得新的资产，资本市场的交易商或承销商会清算某一系列资产的头寸。然而，如果一个单位通常用来自收入的现金或者来自头寸再融资的现金为其支付提供资金，那么，当这种单位转而试图出售其头寸以获取现金时，可能会发现作为头寸而持有的资产的市场是薄弱的：其结果是，在供给只有小幅增加的情况下，资产价格将急剧下跌。在单户型住宅市场中，销售通常不是强制出售，并且在很大程度上，一个房屋的出售者就是另一个房屋的购买者或承租者。如果住房所有者这一整个阶层都试图清售他们的房屋，那么，除非出现大幅度的价格优惠，否则，市场将无法处理这种情况。但大幅度的价格优惠意味着净价值的下降——不仅对出售单位而言，而且对所有持有该资产的单位而言都是如此。尤其是价格的下降可能意味着，出售资产的单位可能无法通过交易这个(价格)受到影响的资产，来筹集到其所需要或者所预期的现金额。

作为一个经验上的概括，几乎所有金融承诺都通过两个正常的现金来源得以满足：收入流和头寸再融资。对大多数单位而言——尤其是那些将实物资本品作为其资产的单位——清售资产是不可行的(不存在快速出售的市场)；对其他单位而言，除了通过特殊的货币市场进行微不足道的调整，资产出售并非正常的现金来源。

进一步的经验概括是，资产价格(存量的价格)可以比收入的价格(流量的价格)下降得迅速得多[1]。任何试图通过清售可复制资产的头寸来获得现金的需要或者意愿，不仅将导致净价值的大规模下降，而且会使得可复制资产的市场价格下降至远低于其现行生产成本的水平。

即使面对着通过出售资产以获得现金的普遍需要或意愿，也并不是所有资产的价格都被任由其下跌。中央银行的购买或贷款(头寸再融资)将使一些资产的价格止跌回稳；这样的资产被称为受保护的资产。

无论何时，只要大量的单位诉诸非正常的现金来源，金融不稳定就会发生。不得不挖掘特别现金来源的情况——对金融单位而言，这主要意味着头寸必须被清算(冲销或清仓)的情况——就是会触发金融不稳定的情况。来自收入的现金流相对于债务的充足程度，再融资的可能性相对于头寸的充足程度及未被保护的金融资产与受保护的金融资产之间的比率，是金融系统稳定性的决定因素。金融不稳定发生的

---

① 这正是凯恩斯主义理论所宣称的工资刚性假设的内容。参见H. G. Johnson, "The 'General Theory' after Twenty-five Years."

可能性的趋势与演化取决于这些金融稳定性的决定因素的趋势和演化。

6.4　金融不稳定和收入的决定

凯恩斯的经济学和古典、新古典经济学之间的关键区别在于不确定性被赋予的重要性[1]。古典与新古典经济学的基本命题都是通过抽象掉不确定性才推导出来的，不确定性最多只是为其理论命题增加了一些微不足道的限定性条件。只有将凯恩斯关于货币、投资和非充分就业的特殊命题及关于消费的论述，视为是对有着不确定性的世界中经济系统运行方式的描述，才能理解它们。对于世界上某些可能发生的状态所带来的可能发生、但人们极不愿看到的结果，应对的一种防御方法是做出恰当的防御性的资产组合选择[2]。

为了精确地表达他对不确定性的看法，以及其"通论"的真正含义，凯恩斯宣称，在一个没有不确定性的世界，除了精神病院，任何人都不会将货币作为财富的贮藏工具来使用[3]。在现实世界中，货币和国库券被作为资产持有。资产组合反映的是，理智健全的人在内在非理性(不可预测)的世界中，努力以一种理性的方式行动时所作的选择。这意味着相当一部分财富持有者会试图管理其资产组合，从而就经济的各种可能发生的状态而言，无论实际出现了其中哪一种，他们都可以受到很好的保护。

在选择资产组合的时候，经济单位不会接受任何一个东西作为预测经济未来状态的可靠指南。除非存在强有力的理由说明不这么做，否则他们通常会按以下原则行事，即由现行情况或趋势推断未来趋势，即使他们可能会怀疑这种推断的可

---

① 我把传统上对凯恩斯的解读归为新古典经济学。这一标准解读"起源于"J.R.Hicks的著名文章"Mr. Keynes and the'Classics,'A Suggested Interpretation"，此后被收录在比如G. Ackley的《宏观经济理论》(*Macroeconomic Theory*)这样的标准经济学的作品中，但是，它与凯恩斯在反驳Viner的著名评论("Mr. Keynes on the Causes of Unemployment")中对通论内容简洁而清晰的阐述并不一致。凯恩斯的驳斥以"就业通论"("The General Theory of Employment")为标题，强调了不确定性在决定资产组合、资本定价和投资速度方面的主导地位。

② 加尔布雷斯在《丰裕社会》(*The Affluent Society*)和阿罗在《不确定性和医疗服务的福利经济学》("Uncertainty and the Welfare Economics of Medical Care")中认为，劳动力市场和产品市场与竞争性条件的各种偏差，反映出需要限制世界不合意"状态"发生的可能性。加尔布雷斯-阿罗关于企业和家庭最优行为的观点，似乎补充了凯恩斯驳斥Viner的观点。另请参见K. J. Arrow, *Aspects of the Theory of Risk Bearing*, Lecture 2: "The Theory of Risk Aversion, " and Lecture 3: "Insurance, Risk and Resource Allocation."

③ 凯恩斯，"The General Theory of Employment, "pp.209~223精确、完整的引文如下："众所周知，货币有两个主要的用途。通过充当记账货币，它促进了交换，却不必作为实物出现。在这个方面，它是一种缺乏意义或实际影响的便利。另外，它是财富的贮藏手段。我们在被告知这样的事实时脸上没有一丝笑容。但是在古典经济学的世界中，这是一种多么疯狂的用途啊！因为货币在作为财富贮藏手段的时候有一个公认的特征，即它是不生息的；而其他每一种贮藏财富的形式都能在事实上产生一些利息或利润。为什么任何一个住在精神病院以外的人，会希望将货币作为财富的贮藏手段来使用？"第215页。

靠性[①]。因为这种究其本质而言的信心缺乏，所以预期，从而未来收入的现值都是内在不稳定的；因此，一个极其寻常的事件，比如"色拉油丑闻"或收入的温和下降，如果发生在对其起到促进作用的环境中，也会导致对预期，从而对资产价值的急剧重估。它可能不仅导致某些特定理性人的预期产生急剧变化，而且可能会导致关于未来经济状况的共识发生显著变化。

理论上，对一项特定的长期资产或一套这种资产确定价值的过程可以分为两个阶段。在第一个阶段，人们对经济在连续时间内出现各种备选状态的可能性进行主观判断，并对这种主观判断抱有信心。在第二个阶段，评估对上述各种备选状态发生可能性的"相信"程度。

如果人们对经济的各种备选状态发生的可能性的主观判断确信不疑，那么对预期价值进行标准的概率计算就是有意义的。长期资产的现值反映了在经济的每一种"状态-时期"下，对它的(主观)预期收入及对这些状态-时期发生的可能性的假设。在稳定条件下，第 i 种资产在第 t 期的预期税后总利润(现金流) Q_{it} 将等于 $\sum p_{st} Q_{si}$，其中 Q_{si} 指第 s 种性质状态发生时第 i 种资产的税后总利润(假定它与时期无关，但也可以修改为 Q_{sit}，指在第 t 期，第 s 种性质状态发生时第 i 种资产的税后总利润)，p_{st} 指第 s 种(性质)状态在第 t 期发生的(主观)概率。这 s 种(性质)状态被定义为，对每一个 t，都有 $\sum p_{st} = 1$。如果假定人们对所持预期具有完全的确定性，那么按照一个与(完全的确定性)相应的比率对这些 Q_{it} 贴现，会得到第 i 种资产的现值 V_i[②]。

假定 S 是一系列互斥且互补的经济性质状态。在第 t 期，S 的其中一种性质状态 s_j 会发生；$\sum p_{sj} = 1$。为了计算第 t 期的预期总利润和现金流，我们需要为各种性质状态出现的概率赋值(即 p_{sj})，然而(经济主体)可以以不同程度的理性信心来接受这些概率赋值。第 i 种资产的价值不仅会随着多种性质状态-时期下的预期报酬及这些报酬被赋予的概率而变化，而且会随着(人们)对各种性质状态-时期被赋予的概率所持有信心(的多少)而变化。也就是说，$Q_{it} = \phi(\sum p_{st} Q_{si})$，其中 $0 \le \phi \le 1$，ϕ 反映了对

---

① 怀疑的表现形式可以是判断上的不确定，比如要考虑什么样的"惯性"应该被附加于其上：它应该与水平、变化率(速度)有关？还是应该与变化率的变化率(加速关系)有关？

② 如果需要的话，对每一个结果 Q_{it}，都可以赋予一个效用 $U(Q_{it})$。可以计算有关效用的概率和现值。决策单位的风险厌恶性质，可以表示为效用函数的曲率。信心的变化可以用曲率的变化来描述，信心降低可以表示为曲率的增加。如果偏好系统可以被认为是反映了人们的经历，那么，一个较长的没有深度萧条发生的时期将会降低曲率，而金融危机的发生则会增加偏好系统的曲率。经济学家需要从相关同类社会科学中获得关于以下两点的指导：不确定性的心理学、乐观主义和悲观主义波动的社会心理学。在讨论不确定性及不确定性框架下的经济政策时，都必须做出心理学假设。有时，结论就关键性地取决于心理学假设。

各种性质状态发生的可能性被赋予的特定权重所持有的信心。

换言之，在决定预期报酬 Q_{it} 从而 V_{it} 时至少存在两种推测性因素：第一，Q_{si} 是推测值；第二，可能性质状态的概率分布，反映为 p_s，它并不是确定已知的。显然，如果一些事件能影响对可能发生的状态的任一假设的概率分布所持有的信心，那么它们也会影响 s 状态发生时，对假设的预期报酬 Q_{si} 所持有的信心。对于任意资产被估算出的现值 V_i，人们对它的接受程度，可能都处于广泛的信心范围之间——从接近于确定到一种极度脆弱的猜测。这种接受的程度会影响资产的市场价格。

对消费者、工商企业和金融企业而言，有意义的资产决策并不是就单个资产做出的；相反，它们是就一系列资产做出的。选择一个资产组合的困难在于，为了实现经济单位的目标，要将随经济性质状态的变化而其回报彼此相当独立地发生变化的资产组合在一起；对于风险厌恶者来说，这可能是在任何一种情况下的最低的满意状态。这也许可以表述如下：资产组合的选择是为了在给定的特定估值程序下，实现 V 的最大化，这种估值程序服从于这一条件，即对每一种可能的性质状态，都有 $V_s > V_{\min}$ [1]。

可获得的资产既包括内部资产也包括外部资产：外部资产包含货币和政府债务 [2]。货币资产的名义价值(货币加上政府债务)独立于经济状态。政府债务的名义价值可以因利率的变化而变化，但在出现商业周期的情况下，其名义价值与内部资产的预期名义价值之间不存在高度的相关性。

我们假设可以区分两种类型的时期：在第一种时期，人们对某个时间段内经济各种性质状态发生的可能性做出主观判断，并对这些判断抱有信心；在第二种时期，人们对这些主观判断没有把握。在第二种情况下，人们是被迫下注的。在这第二种时期里——所谓的更高阶的不确定性占主导地位的时候——那些其名义价值取决于经济表现的资产被赋予的相对价值会显著降低。在更高阶不确定性的时期，资产组合转向那些提供保护以使其名义价值免于大幅下降的资产。尽管灵活性几乎从来都是优势，但在这种更高阶不确定性的时期，资产灵活性的溢价会更大。理性人对很多问题都能选择说"我不知道"或者推迟决策。然而作为财富所有者，即使在情况如此易变以致他宁愿不进行决策的时候，他也必须评估各种资产的价值。

凯恩斯的流动性偏好包含了这两种信心状况。对不同性质状态发生的可能性的预期所抱持的信心的程度是不断变化的。在预期稳定的时期，管理资产组合的方式是：无论哪一种性质状态占据支配地位，结果都是可以接受的。大多数单位倾向于给规避灾难(比如单位的流动性危机)赋予极大的重要性。那些提供保护，以免受流

---

① 或者，可以用现金流的形式来表示合意资产组合的目标；6.6节考察了这一不那么传统的观点。

② J. G. Gurley and E. Shaw, *Money in a Theory of Finance*.

动性危机或暂时紊乱的资产市场影响的资产，在任何情况下都是理性资产组合的一个组成部分。此外，可能存在一个市场将可以避免资产损失的资产作为其首选。这样，流动性偏好就被定义为，理性人将货币作为资产的需求；给定任一更高阶不确定性的值，它都会引致一个确定的货币需求函数[①]。

除了那些各种性质状态的可能性都保持稳定的时期，还存在混乱的时期——对各种性质状态可能性的主观估计所持有的信心是非常小的。风险厌恶者对信心降低的反应是，试图在资产组合选择上增加具有灵活性的资产的权重，换言之，不仅要增加货币的价值，而且要增加所有那些具有广泛、深化且富有弹性的市场的资产的数量。不确定性的任何增加都会移动流动性偏好函数，并且这一移动可以是非常显著而突然的。

显然，不确定性下降这样相反的事情也会发生。如果风险厌恶者占据主导地位，那么不确定性的上升有可能是一个迅速的现象，而不确定性的下降则需要信心的缓慢积累。信心的下降和信心的增加不必以相同的速度进行。

合意资产组合的迅速变化可能面临着一级资产(实物资本和政府负债)在短期的非弹性供给。结果就是不同资产的相对价格发生变化。不确定性的提升将使内部资产(实物资本和股权)的价格相对于外部资产(政府债务)和货币的价格下降；不确定性的下降将使内部资产的价格相对于外部资产的价格上升。

在我们的部分准备金银行体系中，名义货币的供给几乎是无限弹性的。任何导致实际财富所有者一方不确定性增加的事件，都会增加商业银行一方的不确定性。除非内部资产的价格被中央银行钉住，否则不确定性的急剧上升，将导致内部资产的价格相对于货币、无违约风险资产或受保护资产的价格的下降。

在一个去中心化且商业银行由私人所有的私有企业经济中，我们预期货币供给的增加，将不足以抵消不确定性的急剧增加对内部资产价格的影响。反之，我们预期货币供给的下降，也不足以抵消不确定性急剧降低的影响。我们应该预料到，私有的、利润最大化的、风险厌恶的商业银行偏偏会反着行动，即随着不确定性的下降，他们愿意并且渴望增加货币供给，而随着不确定性的增加，他们采取行动收缩货币供给[②]。

资产组合必须持有现有的私有实物资产、美国国债和货币。即使在投资繁荣期间，实物资本存量的年度增量相对于总存量而言也是比较小的。然而，随着时间的

---

①　参见 J. Tobin, "Liquidity Preference as Behavior Toward Risk," pp. 65–68.

②　在停滞状态之后跟随的是深度萧条，这种深度萧条一直以无违约资产的低收益率及高价格为特征。对流动性陷阱的一种解读是，它反映出一种无能为力，即即使进一步降低无违约资产的收益率，也无法实现实物资产和无违约资产的收益率之间有意义的差异(指两者之间的差异能使得人们减少持有无违约资产，转向投资的情况——译者注)。一个同样的但更具启发性的观点是，流动性陷阱是这样一些情况，即无法通过增加货币存量来提升现有资本存量单位的价格从而引致投资。在这些情况下，扩张性的财政政策，尤其是政府支出，将会提高实物资本存量中单位资本所能产生的现金流。在经济的其他方面都停滞不前的情况下，这一实现了的收入上升将倾向于提高内部资本的相对价格，从而有助于引致投资。

推移，可复制资本的存量在新生产的资本品的价格上具有无限弹性。因此，在当前市场上，单位实物资本存量的价格存在一个上限。这一上限价格允许资本存量的价格水平会预期下降至新生产出来的资本品流量的价格水平。

无论是繁荣还是萧条占据主导地位，企业所拥有的实物资本的当期回报都反映了经济当前的运营状况。在投资繁荣期间，当期回报很高。因为投资成本对存量资本的价格施加了一个上限，因此合意资产组合的构成向实物资本占更大比例的转变，不会将实物资本按照市场价格估算的短期收益率降至非常低的水平。事实上，由于繁荣和更大的产能利用率(的影响)，这一收益率可能增加。因为与在其他更不确定的环境下相比，外部资产(美国国债等)在当前是更不合意的，所以它们的收益率必须上升，以趋向与内部资产或实物资产的收益率相等的水平。用凯恩斯的话来说，"在一个没有不确定性的世界中，除了精神病院，没有人"会愿意持有国库券作为财富的贮藏手段，除非它们的收益率与实物资产的收益率相同。

因为货币的潜在收益主要是它内含的安全保障的价值，因此不确定性的下降会降低其潜在收益，从而降低资产组合中合意的货币数量。因为所有的货币都必须被持有，加上银行家渴望增加货币供给，并且货币的名义价值不能下降，因此，其他资产，尤其是实物资产的货币价格就必须上升。

在癫狂的经济中，人们普遍认为过去对经济未来的怀疑建立在错误的基础之上。在这样一种时期，无违约资产和可能违约的资产的收益率迅速收敛，货币和资本市场利率的表现与这种收敛相一致。这一收敛是这样发生的：与经济中作为基础的实物资本的价格相比，无违约资产的价格会下降，或者无违约资产的利率相对于实物资本的收益率上升。

在无违约资产(政府债务加黄金)与可能违约的资产(实物资本、私人债务和股权)之外，还存在受保护的资产。有着各种不同来源、受到不同程度保护的资产，携带着某种保护机制以抵御不利事件所产生的后果。这种资产的典型例子是债券和储蓄存款。

金融中介——由于银行发行货币，因此也包括银行——提供了至少部分受到保护的资产。即使银行购得的资产具有违约的可能性，金融中介的增加，尤其是银行货币的增加，也可能使资产组合失去平衡而更偏向于无违约资产。银行业通过货币创造来刺激经济的能力建立在这一信念的基础上，即银行和货币当局可以对其负债予以这种保护。其他金融中介的负债也受到保护，但是不如银行货币受到的保护那样大；因此，它们的刺激作用，尽管不可忽略不计，也更小。在癫狂的经济中，这种保护的价值降低，并且这些工具的价格相对于实物资产或股票的价格也降低了[①]。

总而言之，关于经济未来状态的不确定性的看法不断变化，这会导致资产组合失去平衡，进而影响资产的相对价格。在货币供给、其他外部资产及受到全部或者部分保护以免受经济运行不利影响的资产的数量给定的情况下，不确定性的降低会提升内部实物资产存量的价格；不确定性的增加则会降低这些价格。在不确定性的状态和实物资本资产的存量给定的情况下，货币、其他外部资产和受保护的资产的数量越多，实物资本存量的价格就越高。投资包括生产实物资本存量中各项的替代品；存量的价格是对将要被生产出来的资本品的需求价格。在投资的供给是对其需求价格的正向响应这个意义上说，投资速度的变化正起因于资产组合的失衡状况。

投资过程可以详述如下。

(1) 资产组合平衡关系：将资本资产的市场价格表述为货币供给的函数(见图6.1)。

(2) 投资供给函数：表明在资本资产的每一个市场价格水平上，有多少投资品产出被生产出来(见图6.2)。假定资本资产的市场价格就是投资品产出的需求价格。投资品产出的供给曲线的斜率为正值。投资品的产出为零时，其对应的价格水平大于零。资本资产的市场价格取决于资产组合偏好，(因而)容易受到关于未来的预期状态或不确定性程度的影响[②]。

在图6.1中，我选择使资本存量保持不变(这一假设在脚注中被称为"第一种变体"，假设财富不变被称为第二种变体——译者注)。因此 $V = P_k \bar{K} + M$，其中 V 是财富，P_k 是资本价格水平，$\bar{K}$ 是固定不变的资本存量，M 是外部货币。随着 M 的增加，V 会因为 M 的上升和 P_k 的上升而增加。如果 M 的增加犹如天降吗哪(吗哪：《圣经》中的一种天降食物——译者注)，那么在消费函数中引入 W/P_y 变量就是恰当的(这里 W 应该是 $\bar{V}$ ——译者注)(P_y 是当期产出的价格水平)。按照现在的惯例，M数

---

① 顺便一提，在劳动力市场上也存在这样的现象：一些保护(这些保护将提升工作抵御经济停滞和经济危机影响的能力——译者注)价值的降低会影响观察到的市场价格。公务员和教师接受了相比于其他人(拥有同样的初始的工作机会选择范围)更低的工资，以交换安全；公务员比其他人更看重安全。在癫狂的、充分就业的经济中，公务员的这种安全的价值降低了。因此为了吸引员工，他们相对的、可量度(measured)市场工资将需要上升。

② 这里的投资观点建立在R. W. Clower, "An Investigation into the Dynamics of Investment, "和J. G. Witte, Jr., "The Microfoundations of the Social Investment Function."的基础上。Clower和Witte都强调，单位存量的价格是外生给定利率的函数：利率与实物资本资产结合起来，共同构成了对实物资本资产需求的生产率基础。这里的观点强调平衡资产组合或对实物资本资产需求的投机性方面。因此，利率是根据预期流量和市场价格之间的关系计算得到的，也就是说，资本的价格是货币供给的函数，这一函数也就是流动性偏好函数。

量的上升影响产出的机制意味着一个向上移动的消费函数[①]。

如果 $C = f(Y)$，并且 $Y = C + I$，那么图6.1和图6.2也就决定了收入水平(作为 M 的函数)[②]。

由这种观点来看，不可能得出这样一种投资函数：$I = f(r)$，即投资的变化独立于由流动性偏好原则所导致的资产组合调整。在资本主义经济中，投资是一种投机活动，它与生产率之间的关系仅仅是次要的。

我们可以区分两种现象。如果 M 随着资本的积累保持不变，那么函数 $Q(M, \bar{K})$ (见图6.1)会缓慢向下移动。面对实物资本存量的增加，需要 M 上升来维持实物资产价格不变[③]。或者，如果资产组合偏好改变(也许是因为不确定性的变化)，那么函数 $Q(M, \bar{K})$ 将移动，且这一移动与实际积累的影响无关。正是这第二种类型的移动，在凯恩斯对经济世界的分析中占据核心位置。(但)这一点在货币分析和投资分析中都被忽视了。

[①] 或者，也可以让财富的价值保持不变；因此 $\bar{V} = P_k K + M$。M 的增加最初是一种"公开市场操作" $\Delta M = P_k K$。然而，随着资产组合现在持有更多的货币和更少的资本品，单位资本品的价格上升了。资本被"剥夺"从而使得 W 保持不变(这里应该是保持 $\bar{V}$ 不变——译者注)。这是一个纯粹的资产平衡关系。

如果从某一个初始头寸 $V_0 = P_{k0} K_0 + M_0$ 开始，当 M 增加时，第二种变体(财富的价值保持不变)下的 P_k 将高于第一种变体(资本存量保持不变)下的。如果 M 降低了，那么第二种变体的 P_k 将低于第一种变体下的。第二种变体的曲线从下方与第一种变体的曲线相交。我在画图1(图6.1)的时候，已假定资本存量 K 保持不变。

[②] 如果我们假定资本的未来预期回报是已知的，那么方程 $P_k = Q(M, \bar{K})$ 可以变形为 $r = Q(M, \bar{K})$。对同样的未来收入流而言，在每一个货币数量 M 之下，都会有一个不同的支付价格；货币数量越大，现有资本的市场价格越高，从而资本的市场价值的回报率越低。同样，投资关系可以转变为 $I = I(r)$ 关系。这里需要用到在改变资产组合关系时用到的同样的预期回报信息。反过来，$I = I(r)$ 和 $r = Q(M)$ 可以被转化为 $I = Q(M)$。因为在方程 $P_k = Q(M, \bar{K})$ 中，自变量是 $\bar{K}$ 而非 Y，因此我们得不到IS-LM建构。

[③] 作为基础起作用的偏好不需要满足 $\dfrac{dM}{M} = \dfrac{dK}{K}$，以使得 P_k 保持不变；可能的情况是 $\dfrac{dM}{M} < \dfrac{dK}{K}$ 或者甚至是 $\dfrac{dM}{M} > \dfrac{dK}{K}$。参见Arrow, "Aspects of the Theory of Risk Bearing."弗里德曼广为人知的结果是 $\dfrac{dM}{M} > \dfrac{d(P_k K)}{P_k K}$。参见M. Friedman, "The Demand for Money: Some Theoretical and Empirical Results," pp. 327–351.

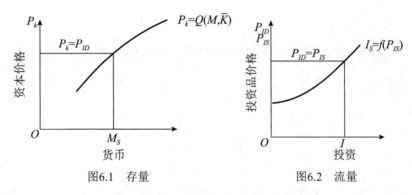

图6.1　存量　　　　　　　　　图6.2　流量

　　无论什么时候，投资需求都必须将在经济的各种预期状态下所会获得的回报考虑在内。作为冲击的结果，萧条状态对应的投资回报被赋予的权重会增加。当尘埃落定，人们有关不利的性质状态发生的可能性的看法会逐渐缓和。流动性被赋予的权重就会降低，投资就会逐渐增加。

　　希望我们有足够的知识通过荣誉投资(honorary investment)(政府支出)来补充投资，使得资本的预期回报不再反映大规模的产能过剩。尽管如此，如果冲击发生，那么，在其影响完全消散之前还会需要一段时间。在这些情况下，荣誉投资可能不得不在一段更长的时期内承担起维持充分就业的责任。

　　这一论点的本质在于，投资活动可以被视为资产组合偏好的产物，资产组合偏好反映了理性人试图在不确定的世界中表现良好。如果对资产组合偏好的冲击导致投资急剧下降，那么这种冲击一定产生于资产组合已经变差的体验。在金融危机之后，资产组合会大规模地变差。

6.4的附录：一个模型

这个模型可以写为如下的式子：

$$Y = C + I \tag{6.1}$$

$$C = C(Y) \tag{6.2}$$

$$I = I(P_{IS}, \bar{W}) \tag{6.3}$$

$$P_K = L(M, \bar{K}) \tag{6.4}$$

$$P_{ID} = P_K \tag{6.5}$$

$$P_{IS} = P_{ID} \tag{6.6}$$

$$M_D = M_S \tag{6.7}$$

M_S 为货币，$\bar{K}$ 为资本存量，$\bar{W}$ 为工资，这些都是外生的，$P_M = 1$。

这些符号代表的就是它们通常的含义：增加 P_{IS} 作为单位投资的供给价格，P_K 是现有实物资本或内部资本的单位市场价格，P_{ID} 是单位投资的需求价格。

$$\frac{dI}{dP_{IS}} > 0, \ \frac{P_{IS}}{I \to 0} > 0, \ \frac{dP_{IS}}{dW} > 0 \tag{6.3}$$

$$\frac{dP_K}{dM} > 0, \ \frac{dP_K}{dK} < 0 \tag{6.4}$$

式(6.4)因受到对不确定性看法的影响而不稳定；无论什么时候，只要不确定性增加，"它"就会向下移动。从这一资产组合平衡方程(流动性偏好函数)中可以得到每一个货币数量下，实物资本存量的市场价格。

给定 W、I 会不断调整以使 $P_{IS} = P_K$ (式(6.3)、式(6.5)和式(6.6))。一旦 I 给定，那么 C 和 Y 就被决定了(式(6.1)和式(6.2))。在这个模型中，既没有利率，也没有资本生产率。"流动性偏好"(式(6.4))决定了实物资产存量的市场价格。流动性偏好的变化意味着式(6.4)的移动，而非沿着这一函数的运动。

在这个模型中，起决定作用的是实物资本存量的市场价格。如果在投资的成本曲线上，产出品为零时价格仍然为正，那么需求价格就可能会下降到某个价格水平(该水平对应的资本品产量依然可观)之下，使得其对应的资本品产量再也不可观。因此，投资可能会彻底崩溃。

当然，在预期准租金意义上的生产率几乎一直都是决定一个实物资产或一套资产的市场价格的一个因素。然而，(上述)这一建构将生产率的影响最小化了，因为它强调在决定市场价格的时候，资产的流动性属性可能有时比其生产率水平更为重要。这一理论建构使用的是商业周期的视角，而不是充分就业的稳态视角。

资本的生产率表现为在一个生产单位内部，一套资本品的预期未来收入(税后总利润)。在任何现实世界的决策中，特定资本项或一套资本的收入必须要被估算出来，资本存量的异质性也必须要被考虑在内。

一旦收入被估算出来，那么在现行的市场价格给定的情况下，贴现率便可以计算出来。也就是说，我们有

$$P_K \bar{K} = \sum_{i=1}^{n} \sum_{t=1} Q_i / (1+r_i)^t \tag{6.7}$$

它阐明了一种数学关系，即资本存量的价值必须等于某个已知收益流 Q_i 的贴现值。如果现行市场决定了 $P_K \cdot K$，并且如果一系列 Q_i 被估算出来，那么，利率就可以被计算出来。如果愿意的话，可以把式(6.7)代入式(6.4)，得到

$$\frac{1}{K} \sum_{i=1}^{n} \sum_{t=1} Q_i / (1+r_i)^t = L(M, K) \tag{6.4'}$$

如果引入对货币的交易需求，把 Q_i 表示为 Y 的函数，且如果所有的 r_i 都被假定相等，K 在短期内被设定为固定不变，那么就可以推导出

$$M_D = L(r, Y) \tag{6.4''}$$

对投资决策而言，我们可以假定新增资本的未来回报与资本存量的回报相等。那么在 Q_i 已知且被假定与短期的投资速度无关的情况下，

$$P_{IS} = \frac{1}{K} \sum_{i=1}^{n} \sum_{t=1} Q_i / (1 + r_i)^t \tag{6.3'}$$

因此，在投资的供给价格随投资增加而上升(W不变)的情况下，利率越低，投资规模越大。

$$I = I(r, Y), \frac{dI}{dr} < 0 \tag{6.3''}$$

式(6.4″)和式(6.3″)都是式(6.4)和式(6.3)的数学变形。式(6.4)和式(6.3)代表市场现象，而式(6.4″)和式(6.3″)则是对市场条件进行数学计算上的变形。

对金融合同而言，比如债券，Q_i 是被规定在合同中的。即使如此，到期收益率也是一个估算出来的数字——市场数字就是债券的价格。

当利率没有被估算出来的时候，我们可以以一种更自然的方式看待投资决策及其与流动性偏好之间的关系。当然，对实物资本而言，Q_i 以当前和预期现金流的形式反映了它的生产率。但是，资本和投资的生产率只有在被过滤(filter)之后才能影响当前的(经济)表现：这里的过滤指对非理性的、不确定的世界的状态进行评估，同时也是对决定流动性偏好函数位置的变量(positioning variable)进行评估。生产率和节俭是存在的，但在资本主义经济中，它们产生的影响总是要经过不确定性的过滤。

6.5　货币紧缩如何起作用

货币紧缩，我们把它定义为名义利率的上升，并伴之以其他更严格的合同条款。货币紧缩可能通过两种方式限制需求[1]。传统观点认为，货币紧缩是通过提高利率来配给需求的。通常情况下，这可以表示为沿着稳定的、斜向下的投资(和某

---

[1]　货币的"紧缩程度"指以债务这种方式进行的融资活动的成本(包括合同条款)。较高且上升中的利率，以及合同中其他条款的限制性增强都是货币紧缩的证据。货币紧缩与货币供给、基础货币或者什么类似的东西的变化率之间并没有直接关系。只有当这些货币供给现象影响到合同条款的时候，它们才会影响货币的紧缩程度。

融资供给者的非价格配给，意味着对某些需求者而言，融资合同中的其他条款会显著增加。如果仅考虑合同中的一个条款，即利率一项，就不能正确地量度货币的紧缩程度。

些形式的消费)需求曲线的运动,这一曲线被绘制为利率的函数。6.4节论证的另一种观点认为,因为诸如金融危机这样的事件或一段金融紧缩的时期,货币紧缩会引致预期的变化,以及感知到的不确定性的变化。这在图6.1和图6.2中表示为具有无限弹性的投资需求曲线的向下移动。

货币紧缩起作用的方式取决于经济的状态。在扩张但非癫狂的经济中,负债结构被认为是令人满意的,货币限制起作用的方式可能是沿着稳定的投资需求曲线移动,以分配投资的数量。在繁荣发展的、癫狂的经济中,资本价格处于高位并持续上升,与之相伴的是企业"拓展"其负债结构的意愿,以及金融中介对其资产和负债进行实验的意愿,(在这种情况下)要想使货币紧缩生效,就只有使这样的资产组合、负债结构或实验停止下来。在没有触发性事件的情况下,不会有对金融实验是否合意的再审视,但一旦出现触发性事件,反应就可能是迅速而毁灭性的。癫狂的经济以流动性的不断拉伸或变得稀薄为特征;当合意的流动性迅速地变得比实际的流动性大得多的时候,繁荣就终结了。

在癫狂的经济中,随着信心的不断增加,这一性质状态,即有利于拥有更多实物资本存量的性质状态,会被赋予更多的权重。因此,实物资本的价格-货币供给函数会向上移动。

这一移动意味着,对所有单位而言,源于业务的预期现金流和对这些预期的信心都在上升。鉴于这些预期,企业会认为它可以安全地从事以下行为:一是发行负债,并预期未来的现金流可以满足偿债需要,且对现在的这一预期持有信心;二是承担项目,并预期源于业务的现金流将会成为将来融资的一个来源。在癫狂的经济中,对现金储备的必要性所赋予的权重不断降低,这些现金储备将在现金流出现意外下降时舒缓压力。

在一个没有时滞的世界中——也就是说,在这样的世界中,所有的投资决策都不受过去的影响——当期的投资支出只与当期的预期和当期的金融或货币市场条件有关。但在一个今天的投资反映了过去的决策的世界,今天的融资需要对今天的融资条件往往很不具有弹性;并且今天的融资条件也许会对未来的投资支出产生重大的影响。因此,在货币和资本市场条件及投资支出条件之间存在一种时滞模式。这种时滞模式并不独立于经济事件。剧烈的金融市场事件,尤其是金融危机或普遍的财务困难,会迅速产生影响。

对具有待清偿债务的单位而言,货币紧缩意味着随着头寸的再融资,现金支付承诺上升。之所以如此,不仅是因为利率更高,而且还因为该单位借款合同的其他条款也受到影响。此外,如果项目在执行时带有这样的预期,即它们要部分地由正在进行的业务所产生的现金流来融资,并且如果可获得的现金流低于预期——可能是因为对现有债务进行再融资的成本上升——那么,就将需要通过借债或出售金融资产来筹集更多的资金。这意味着，由此导致的资产负债表会劣于项目被实施时所设想的目标，而现金流支付承诺会大于过去所设想的目标。相反，如果总利润上升得比成本快，从而通过债务为投资提供融资的部分小于预期，由此导致的资产负债表就将优于项目被实施时的预期。这样，投资可能会因为对现金流和资产负债表的考量而被放缓或加速[①]。

如果存款性金融机构的资产期限比它们的债务期限长得多，它们就尤其容易受到货币紧缩的影响；通过为其存款者提供有吸引力的条款，存款性金融机构事实上每天都在为其头寸进行再融资。利息成本的上升可能导致其所需的现金流迅速上升，这可能会导致其净收入急剧下降。

这样，在癫狂的扩张期，对持有实物资本的单位而言，货币紧缩的影响可以被完全抵消，而对其他单位比如储蓄银行而言，无论是用流动性还是用净价值来量度，货币紧缩都意味着其金融头寸的严重恶化。

在癫狂的经济中，持有货币或者持有货币近似物的意愿降低了。可观察到的货币的紧缩——货币近似物和其他债务利率的上升——并不一定是由对货币供给增长率的任何不适当的限制造成的，相反，它反映了融资需求的迅速增加。当局通过创造银行信用去满足融资需求的企图将导致价格的迅速上升；通胀预期将加剧癫狂的程度。由于起决定作用的、强劲的投资需求，对融资条款中关于融资成本的上升并不敏感，因此癫狂的预期不会被收入的下降所终结。

在以投资繁荣为特征的癫狂的经济中，现金支付变得与现金收入越来越密切地联系在一起；货币和货币近似物的投机性存量已经耗尽。这一更紧密的联系导致了两个现象：第一，正常运营中现金收入短缺的规模和现金支出过量的规模都减少了，这导致手头没有足够现金来满足支付的情况也减少了；第二，需要用再融资或资产出售来满足支付承诺的频率增加了。经济单位变得更加依赖于各种金融市场的正常运行。

在这些新出现的情况下，能够导致单位出现严重财务困难的混乱的规模缩小了，而困难单位引发其他单位陷入困难的可能性增加了。并且，即使是地方性或者部门性的财务困难或市场混乱，也可能引致单位普遍地试图通过冲销或售清实物资产或金融资产头寸(存货清算)来获得流动性。这一行动反过来可能会抑制收入及实物资产和金融资产的市场价格。我们可以预期，面对这一事态发展，金融机构的反应将会是清理其资产负债表，逆转其资产组合在最近的癫狂期所出现的变化。金融机构、消费者和企业同时改善其资产负债表的尝试，可能导致一直以来正常的和备

---

① 关于财务状况与项目决策之间的关系，请参见H. P. Minsky, "Financial Intermediation in the Money and Capital Markets."中更详细的分析，另请参见E. Greenberg, "A Stock-Adjustment Investment Model."

用的融资关系的破裂。结果是损失产生了，并且这些损失会与市场混乱结合起来，共同导致人们对于合意的负债结构的看法变得更保守。

这里的观点认为，在癫狂的经济状态下，紧缩货币通过使人们重估经济单位所面临的不确定性来起作用。这与教科书的分析形成了鲜明的对比。后者认为，紧缩货币通过沿着稳定的投资函数(移动)以限制支出来起作用。如果在经济扩张发生的时候，没有出现癫狂的预期，首选的资产组合和负债结构没有发生转变，那么这一体系就可以通过沿着稳定的投资函数移动、以配给投资数量来发挥作用。这样，货币紧缩就可能导致投资下降，而货币限制的放松也可能逆转这一下降：传统的货币政策便可以充当经济的方向盘。

但是，一旦经济扩张伴随着资产负债结构的转变——这一转变被视为癫狂经济的特征，那么，货币紧缩就只有在它引致货币需求函数或资本品价格函数移动时，才能抑制需求。为了使这一情况发生，经济扩张的持续时间必须足够长，以使得资产负债表发生根本变化。然后，某个触发性事件必然发生，这一事件将导致人们对于合意的资产负债表进行重新考虑。为了抑制癫狂，金融危机或至少是某种重大财务困难是必需的。为了压倒建立在长期成功记录上的预期，对金融失败的恐惧必须是令人信服的。

在一个正在兴起的癫狂繁荣时期中，预期的改善可能会压倒不断上升的利率。作为资产组合标准被修订后的结果，融资的供给对逐步上升的利率似乎具有近乎无限的弹性。通常，这一"无限"弹性的供给与新的金融工具和金融机构的出现有关①，例如运用联邦基金做头寸，可转让大额存单的爆发性增长，以及次级银行体系的发展。在这种情况下，中央银行将会发现，消费者、工商企业和金融机构降低其现金余额的意愿，将战胜它对货币供给或基本储备金增长率的限制：货币流通速度的增加克服了对货币数量的限制。受挫的中央银行可以通过进一步降低货币供给的增长率，来竭力弥补其在限制扩张方面的失败，从而迫使紧密关联(tightly articulated)的现金头寸发展得更快。这种进一步的货币紧缩就会发生在一个越来越脆弱的金融环境中，由此带来的经济转变将不是从太过迅速的扩张，经由缓慢的减速达到稳定，而是在扩张急刹车之后急剧下滑。

由于在癫狂繁荣之后，可能出现某种形式的金融危机，因此很难为中央银行开出正确的政策药方。然而，中央银行必须意识到发生危机的这种可能性，并且必须随时做好准备，在金融危机发生时，为整个金融系统充当最后贷款人。经济轨迹就其总量而言独立于货币供给的增长率，也独立于银行融资的相对重要性，对此而言，如果中央银行初始的货币限制程度没有迅速起作用，那么它最好抵抗住进一步收紧其货币限制的诱惑。中央银行应该将基本准备金和货币供给的增长率维持在与

---

① H. P. Minsky, "Central Banking and Money Market Changes."

经济长期增长率保持一致的水平上。不管希望多么渺茫，我们都应该抱着希望采取这样的行动方针：通过缓慢减弱癫狂的预期，使流通速度的上升，也即之前所述的资产负债表恶化的现象，收敛至可持续的稳定状态。

特别是在癫狂的扩张期，中央银行更应该抵抗住如下的诱惑：对金融系统中最完全受其控制的部分——商业银行，实施限制性的直接控制。中央银行应该意识到，癫狂的扩张期将是一段由银行和非银行金融机构共同造就的创新实验期。从收拾残局、重建信心和维持经济发展的视角来看，金融系统中受到中央银行最明确保护的那部分的规模应该尽可能地大。即使是在癫狂的扩张期，中央银行也应该致力于维持商业银行的相对重要性，而不是通过直接控制来限制商业银行；尤其是不应该过度限制商业银行参与获取资源的利率竞争。

6.6　金融稳定理论

6.4节中指出，经济的正常运行需要实物资本资产的价格水平——这一价格也许是潜在的——与现行工资水平下的投资品的供给价格保持一致。当资产组合的偏好发生变化，使得存量的价格水平相对于工资水平上升，进而导致投资品产出增加时，癫狂的繁荣就出现了。实物资产存量价格水平的急剧下降，将导致投资急剧下降：只有在相对价格发生这样一种变化时，深度萧条才会发生。

1. 稳定的特性

在对不确定性的讨论中，我们发现了一个可以导致现有资本存量的价格水平急剧下降的因素。资产组合中合意的资产构成的急剧变化——由于对以前关于经济各种状态-时期发生的可能性的看法所持的信心消失——将使得实物资产的价值相对于当期产出的价格与货币的价格下降。对一系列预期的信心进行的这种重估并不是突然发生的。

标志着资产组合偏好变化的事件是一段充满金融危机、财务困境和银根紧缩(这些术语被用于描述不同程度的财务困难)的时期。然而，金融危机(此处作为一个通用术语使用)并不是一个偶然事件，而且并非所有的金融结构都同样地容易发生金融不稳定。我们现在感兴趣的是，金融系统中那些决定其稳定性的属性。

我们正在讨论一个全球性的不稳定的系统。分析该种经济的最好方式，就是假定系统中存在不止一个稳定均衡。以各个稳定均衡为中心，存在经济的稳定区间。我们感兴趣的是，是什么因素决定了这些稳定区间的大小。我们的问题是这样的："能够发生且(发生之后)系统仍然能够回到特定的初始均衡点的最大位移是多少"，以及"这一'最大位移'取决于什么因素"。

金融系统可以吸收的，并且发生后经济仍然能回到初始均衡的最大冲击，取决于金融结构及金融结构和实际收入之间的联系。我们发现有两类冲击能够引发金融变量的大幅抑制性运动：一类是由收入的整体下降所导致的现金流短缺，另一类是由管理"失误"所导致的财务困难。但并非所有的衰退都会触发金融不稳定，也并非每一个财务破产，甚至是大型金融单位的财务破产，都会引发金融恐慌或金融危机。要使寻常的事件引发不寻常的结果，潜在触发性事件发生的金融环境就必须有一个足够小的稳定区间。

本文的论点是，金融系统的稳定区间主要是一种内生现象，它取决于负债结构和制度安排。决定金融稳定区间的外生因素是政府和中央银行的安排：1966年中期以后，很清楚的是，存款保险这一外生政策工具有力地抵消了可能引发金融危机的事件的影响。

金融系统的两个基本属性决定了其稳定区间：第一，单位来自合同规定或惯常的现金流支出，与其各种现金收入之间联系紧密的程度；第二，在资产组合中，那些几乎在所有情况下都能以近乎其账面或票面价值被出售或被抵押的资产的比重。第三个决定金融系统的脆弱性，但不那么基本的因素是，对增长和资产价格上升的预期，在多大程度上影响了当期资产的价格及这些资产进入金融系统时的价值[①]。现金流支出与收入之间的联系越紧密，受保护资产的比重越小，资产价格越多地反映增长的预期及过去已实现的增值，金融系统的稳定区间就越小。金融结构的这些特性随着时间的推移而演化，这一演化历程将会影响金融系统稳定区间的大小。关于这一影响，对此提出的一个理论假说及对这些观点的早期描述是：当充分就业由私人需求维持时，金融系统的稳定区间会不断减小。

除了这种依靠私人需求维持的充分就业的影响之外，在癫狂经济中，货币的紧张是由需求拉动而产生的，因此，与癫狂经济相伴的，将会是金融债务分层的迅速增加，而这也倾向于缩小其稳定区间。这是因为随着分层的增加，现金流支出与收入之间的相互关联越发紧密，同时分层也增加了内部资产与那些其名义或账面价值不受系统运行影响的资产之间的比率[②]。与一个癫狂的经济相伴的，通常是股票市场的繁荣，以及那些对预期的急剧重估很敏感的金融资产的价值占比的提高。

由私人需求主导的长期扩张导致资产组合和资产结构向着易于引致金融危机的趋势转变，不过在癫狂条件下所发生的资产组合转变会急剧加强这一趋势。也许可

---

① 当资产被用作贷款抵押物时，它们便进入了金融系统。新建房屋通过抵押贷款进入金融系统，这一抵押贷款是以当前的生产成本为基础。如果预期房屋价格自此每年将上升10%，那么现有房屋的市场价值也会上升，以反映这一预期的资本利得。如果抵押贷款是以购买价格为基础，那么一旦这样一幢房屋转手，金融机构资产组合中的价值就会反映这一增长预期。这种情况会在收购、兼并和组建企业集团的时候发生。这类公司发展在癫狂期最为频繁，而这并非偶然。

② 有意义的资产结构概念，是外部资产与所有私人单位的总计资产(combined assets)(或负债)的比率，而不是与合并资产(consolidated assets)的比率。

以这样推测，癫狂既是金融危机的必要前奏曲，也几乎是企业经济成功运行的必然结果。

因此，金融稳定理论考虑了资本主义经济运行的两个方面。第一，金融结构在长期扩张过程中的演化，这影响着初级资产的性质、金融分层的程度及金融制度与惯例的演化。第二，由高度乐观的、癫狂的经济在短期内造成的金融影响；癫狂的经济是经济长期良好运行的自然结果。无论是在长期繁荣期还是在经济癫狂期，资产组合都会向着缩小金融系统稳定区间的方向转变。

金融不稳定作为一种系统特征，是由两个因素组成的。经济单位是如何陷于财务困境，以及单位的财务困境又是如何升级为系统范围的危机的呢？

2. 适用于所有单位的"银行业理论"

一种可取的做法是，将所有的经济单位都视作银行或者至少是作为金融中介来分析。这种金融单位的基本特征是，它通过发行负债来为头寸融资。一家金融机构并不指望通过出售其头寸或者抛售其资产组合来履行其负债规定的支付承诺。相反，它预期通过发行新债务来为头寸再融资。另外，每一个单位，包括银行和其他金融机构，都具有源于业务的、正常运行的现金流。一方面是正常运行的现金流和再融资机会，另一方面是负债包含的承诺，两者之间的关系决定了一个组织陷于财务困境的条件。

就我们的目标而言，从防御性的视角看待所有的组织是重要的：使一个组织陷于财务困境需要什么条件呢？

清偿能力和流动性限制。所有的经济单位都有一个资产负债表。在资产和负债的估值已知的情况下，我们可以得到该单位的净值或所有者权益。企业管理的直接目标可能是所有者权益在一定条件下的最大化——条件就是(即使)在经济状态最不利的情况下，也需要保护某个最低限度的所有者权益。

给定一套估值程序，一个单位的净值为正值时，它就具有清偿能力[①]。当它可以履行支付承诺时，它就具有流动性。清偿能力和流动性是所有私人经济组织都必须始终满足的两个条件。(一个经济组织只要)无法满足其中任何一个条件，或者甚至是近乎无法满足任一条件，都会导致其他组织采取行动，而这些行动会深刻地影响这一组织的状态。

尽管教科书可能将清偿能力和流动性视为相互独立的特征，但两者是相互联系的。首先，持有任何一个组织的债务的意愿，都部分地取决于体现在该单位净值上的对债务持有者的保护。净值的下降——也许是资产重估的结果——会导致持有该单位债务的意愿下降，从而使该单位在需要头寸再融资的时候遇到困难。流动性的

---

① 常见的估值方法采用账面价值或市场价值。出于管理和央行决策的目的，估值程序如果是有条件的将更好：如果经济表现如下，那么这些资产的价值将如下。

缺乏可能来源于最初的清偿能力问题。

同样，一个组织现金的净流失或净流出，也可能使其需要采取不寻常的做法——通过出售资产来获得现金。在尝试这种出售的时候，如果资产价格因为市场薄弱而急剧下降，那么净值也会急剧下降，尤其是在该组织被高度杠杆化的情况下。

因此，我们可以确认存量(资本)价格水平下降的三个来源——当然是与流量(收入和投资)相比。第一，如下这种社会状态出现的可能性被赋予的权重上升，在这种社会状态中，持有实物资产和其价值与实物资产紧密相关的金融资产是不利的；第二，不确定性导致贴现率上升从而引起资产价值下降；第三，资产价值因其头寸可被融资的条件变化而下降。尤其是无论什么时候，只要需要出售头寸来满足负债所规定的现金支付承诺，头寸被售的资产的价格就有可能大幅下跌。资产价格的这种下跌会触发金融市场对当前产出品需求的严重影响。

现金支付的需要。无论是用于金融交易还是用于收入交易，支付都需要现金。金融关系的分层影响了必须要支付的总数。就某种意义而言，如果在长期繁荣期间，或者在对不断上升的利率的回应中，又或者在癫狂的时期中，分层增长的速度快于收入增长的速度，那么，支付/收入比就会上升。消费者和工商业企业的收入与由金融合同导致的支付之间的联系越紧密，发生金融危机的可能性就越大。

每一笔货币支付同时也是一笔货币收入。随着分层的增加，不被打断的收入流变得日益重要。如果某一个单位不能履行其支付承诺，就将影响未来的收款单位履行其支付承诺的能力。

我们可以区分三种支付类型：收入支付、资产负债表支付和资产组合支付，其中每一种又都可以分解为很多子类[①]。这些支付类型反映了这样的事实：经济单位拥有收入并管理其资产组合。

一个资产组合中的负债规定了支付承诺。这些由合同规定的支付承诺可以分为

---

① 收入支付直接与当期收入的生产有关。即使一些劳动力成本独立于当期产出，数据也会将所有工资支付置于收入支付的类别。所有"列昂惕夫式"的、对购得投入的支付都是这样的收入支付。

一个时期内的资产负债表支付反映了过去的金融支付承诺。租约、利息和本金的偿还都属于资产负债表支付。对于金融中介而言，存款者的提款或向保单持有人的贷款都是资产负债表支付。

资产组合支付源于实物资产和金融资产的交易。

从付款人或收款人的角度来看，任何一笔支付都可能属于不同的类别。对投资品的生产者而言，产品的销售收入属于收入进款；而对购买者而言，属于资产组合支付。

除类别以外，支付也可以根据"谁支付"和"付给谁"进行分类。

如果货币只由受支票约束的储户组成，那么支付总额将是账户的借方总额(debits to accounts)，而收入总额将是账户的贷方总额。因此，我们正在考察的，是清算总额对系统稳定性的影响，其中金融结算总额与收入结算总额是结合在一起的。

日期承诺、即付承诺和或有承诺。对每一笔负债都伴随着不履行承诺的某种惩罚：根据违约惩罚的严重程度，支付承诺可以很自然地被分为不同的类别。尤其是，涉及抵押品质押的支付承诺很重要——因为它们在资产市场价值的下降与进行现金支付的需要之间建立了一种直接而迅速的联系。也就是说，它们是这样一种或有支付承诺，即无论何时，只要资产的市场价格低于某个阈值，就要提供额外的抵押品或现金。这种保证金或担保维持的支付承诺可以成为重大混乱的来源，并导致资产价格的急剧下跌。

资产负债表的支付承诺的另一个方面是用于支付的现金的来源。可以区分三种现金来源：收入产生的现金流；资产组合的资产产生的现金流；资产交易——无论是发新债还是卖资产——产生的现金流。

对每一个单位或者每一类单位而言，支付承诺相对于实际或潜在的现金来源的变化趋势，使得金融关系的结构不断变化。基本的经验假设是，在长期扩张期，尤其是在癫狂期，对私人单位而言，资产负债表的支付承诺比收入增加得快(分层比收入增长得快)，因此，与收入相比，总的金融承诺上升了。此外，在癫狂期，资产组合的支付(资产交易)相对于收入交易和金融交易上升。在经济扩张期间，测量到的收入流通速度的上升，会使人们对货币供给所承受的支付负担的增加估计不足[①]。

3. 系统运行模式

根据事后储蓄事实上如何被事后投资所抵消，可以区分出三种系统运行模式。此处我们所考虑的对储蓄的抵消，是指实物私有资本的投资和政府的赤字。为了方便起见，我们称实物私有资本为内部资产，不断累积的政府赤字总额为外部资产。因此，一个经济体在一段时间内净价值的总变化，就等于内部资产价值的变化加上外部资产价值的变化。

在任何时候，经济系统内私有部门的净值总和都等于外部资产和内部资产的价值之和。假定外部资产的价值几乎独立于系统运行，那么在合并后的账户中，外部资产的价值与总资产的价值之比或与内部资产的价值之比就是量度金融结构的一个总指标。

任一时期的储蓄都由内部资产和外部资产抵消。在当期抵消的储蓄中，外部资产与内部资产的比率，与其初始值比率的对比，决定着当期收入的金融偏向。如果政府赤字在对当期储蓄的抵消中所占的比例大于其在初始财富结构中的比例，那么这一期是偏向外部资产的；如果这一比例变小了，那么这一期是偏向内部资产的；如果比例相同，那么这一期是中性的。

---

① 我已在各种不同的地方试图通过代理变量估计这些关系。对稳定性的经验研究，可以从对于这些支付关系更彻底的、也是最新的研究开始。我的文章详细讨论了本节提到的关系，参见 "Financial Crisis, Financial Systems, and the Performance of the Economy."

在长期扩张期，金融发展偏向内部资产。这一偏向由以下三个因素组成：第一，当期储蓄被分配至私人投资而非政府赤字；第二，资本收益提升了内部资产存量的市场价格；第三，利率的上升降低了外部收益性资产的名义价值。因此，当资产组合构成成分的市场价格下降时，资产组合的脆弱性增加了①。

从长期来看，经济中累积起来的初级资产之间的相对比重存在周期性变化，资产组合的平衡就依靠这些周期性变化来维持：从历史上看，资产组合的周期围绕着深度萧条的商业周期运动。然而，为了判断随着时间的推移经济系统(究竟)发生了什么变化，还有必要评估金融惯例变化的重要性。有效的存款保险制度的存在，使得银行体系拥有的内部资产至少具有了一点外部资产的性质。政府对私人债务的其他所有担保和背书所产生的影响也是如此。因此，随着政府及其机构或有负债的增长，即使债务增长在表面上是偏向私人债务发行的，但事实上也可能是偏向外部资产的。在估算一个经济体出现金融不稳定的可能性的时候，有必要尝试着用这些术语去列举，然后评估政府对各种资产和金融市场所做的各种背书和担保。

4. 二级市场

系统的稳定区间取决于以下两种资产之间的比率：那些其市场价值独立于系统运行的资产，以及那些其市场价值反映预期的系统运行的资产。特定资产的价值能够独立于系统运行，这或者是因为它的市场被钉住了，或者是因为将被支付给持有者的流量并不取决于系统的表现，并且其资本价值很大程度上独立于金融市场的条件。

二级市场要想成为决定系统稳定性的有效因素，那么它就必须在任何需要的时候都能将资产转变为可靠的现金来源。这意味着二级市场必须是一个交易商市场；换言之，在这些市场中，需要有一系列做头寸的单位，它们为其自有账户买入大量资产，也出售其自有的资产存量。这种做头寸的单位必须依靠融资。在正常运营的条件下，做头寸的单位也许可以通过向银行、金融中介和其他私人现金来源进行借贷以获得融资。然而，一个有冒险精神而又可靠的做头寸的单位，必须具有足够的备用或者应急的融资来源。之前关于头寸再融资的观点尤其适用于货币市场或金融市场上的任何一个交易商。

中央银行是唯一一个能够真正独立于金融市场上任何信心盛行或信心缺失情况的再融资来源。因此，如果要通过二级市场上的经济组织来扩大受保护的资产的范围，那么只有在这些二级市场上的交易商能够获得中央银行担保的情况下，金融系统的稳定性才会得到最大程度的提升。

---

① 当然，这是对事实的一种断言，这些断言的真实性是可以检验的。或许这样的表述对于一个政府部门占GNP 10%的经济而言，不如对于一个政府部门占GNP 1%的经济那么正确。

这样一种设想或许是非常可取的，即把交易商中介纳入经济系统的正常运行之中，使之可以直接在美联储的贴现窗口为其部分头寸融资。

如果在某类私人负债的市场上存在美联储的钉住制度，那么这些负债将成为具有价格保障的可靠的现金来源。这样的资产至少部分具有外部资产的性质，并且无论其他负债的结构如何，它们都将扩大系统的稳定区间。

二级市场向新型资产的拓展，以及贴现窗口向新金融中介的相应开放，这些都将至少在一定程度上弥补，或者甚至可能逆转金融结构在一个漫长的繁荣期内所发生的变化，这些变化是由私人投资在抵消储蓄的主导地位所导致的。

5. 单位和系统的不稳定

当金融系统对冲击的耐受性下降的时候，金融脆弱性便存在了，而这一耐受性的降低源于以下三种现象在长期繁荣期中的不断积累：第一，金融支付——资产负债表的支付和资产组合的支付——相对于收入支付的增长；第二，外部资产和有保证的资产在金融资产总价值中相对比重的下降；第三，反映了经济繁荣和癫狂预期的资产价格被纳入金融结构之中。某个特定单位的财务困境可能成为金融不稳定的触发器。在这种情况下，引发金融不稳定的单位在事后将被判为管理不当。然而，该单位或者甚至是很多单位的管理不当，可能并不是系统不稳定的根源。系统不稳定发生在这样的金融结构中：引发金融不稳定的单位对其他单位的影响会导致其他单位陷入财务困难，或者使其他单位的流动性变得严重短缺。

收入降低是推动危机发展的一个常见的系统性因素。较高的支付承诺-收入比例似乎是金融不稳定的必要条件；而国民收入的降低恰恰将提升这一比例，并且倾向于使单位陷于财务困难。收入缩水的单位试图通过出售资产来履行其承诺，这会对其他起初具有很强流动性或有偿付能力的组织产生不利影响，并且对金融市场也有去稳定化的影响。这样一来，一个涉及资产价格和收入流量降低的发散型过程就可能被启动起来。

银行和非银行金融中介的负债被其他单位视为：第一，其现金储备，以应对收入和金融进款可能出现的延迟；第二，其名义价值永远不会贬值的资产。银行和金融中介的破产会影响到很多单位——持有这些机构负债的单位比持有其他私人部门组织负债的单位更多。此外，这种破产还会让人质疑所有单位的资产结构的稳健性，从而对所有合意的资产组合都做出调整。在财务困难升级为系统不稳定和危机的过程中，一个关键因素就是在金融机构之间出现的财务困难。在金融系统出现扰乱之后，如果没有发生大范围的损失，合意的资产组合也没有发生变化，那么金融危机就很难发生。有效的中央银行职能的发展，使得由金融机构的破产所导致的损失不太可能传递到其他单位，这可能会降低影响广泛的金融不稳定发生的可能性，而这种金融不稳定曾经是历史的特征。

对不确定性的分析表明，即使中央银行采取有效行动，维持了那些原本会丧失偿付能力或缺乏流动性的组织，从而中止了全面的金融危机，但是，导致有必要采取这种中止行动的那种情况，也会导致私人负债的发行者、金融中介和资产的最终持有者现在希望保持更保守的资产负债结构。这种向更保守的资产负债表的运动将会导致一段相对停滞的时期。

从上述分析似乎可以得出以下命题：

(1) 金融系统的稳定区间是内生的，并且在长期繁荣期间是缩小的；

(2) 出现深度萧条的一个必要条件，是在之前先发生一场金融危机；

(3) 中央银行的确有中止金融危机的力量；

(4) 即使金融危机被中央银行的行动所中止，但在中止期间贯穿整个系统的震动仍然会导致衰退，这一衰退虽然比发生在金融稳定下的温和衰退更为严重，但可以预期它会比过去已经经历过的大萧条在程度上更加温和，在时间上也显著缩短[①]。

6.7   中央银行的职能

现代中央银行至少有两个方面的职能：第一，它是稳定经济并促进增长的政府机构的一个组成部分；第二，为整个或部分金融系统担当最后贷款人。这两个职能彼此之间可能存在冲突。

就美国而言，中央银行的职能分散在如下部门：美联储系统、各种存款保险和储蓄中介的监管机构及财政部。中央银行职能与责任的去中心化使"责任推诿"成为可能。这种去中心化，连同金融惯例和金融市场随时间不断演化的事实共同导致了以下这一问题长期存在：如何界定中央银行各部门的范围和职能？各机构在1966年中期的行为表明，它们之间这种特定的制度安排可以发挥事实上的中央银行的作用。然而，尽管中央银行的职能被分散在若干组织中，但美联储系统在其中占据首位这一事实不容忽视。如果要让其他机构有能力执行被分配的子程序任务，美联储可能不得不为这些机构的资产或负债建立市场。

在政府债券市场取消钉住制度之后，美联储承担了维持市场秩序的责任。维持关键资产市场的有序状况是最后贷款人职能的延伸，因为此时美联储是一个起预防作用的最后贷款人。"如果我们允许目前的无序状况持续下去，我们实际上将不得

[①]   上述内容写于1966年秋季。如果可以认为1966年的信贷紧缩是一次被中止的金融危机，那么1966—1967年的事件，就可以被解读为是对央行和财政政策一次特别恰当的运用，它首先中止了金融危机，然后抵消了随后的收入下降。从1966年以来的经历也可以明显看出，如果一场危机或严重的衰退被中止了，那么与通胀预期相伴而生的癫狂，可能很快再次占据上风。或许，要打破1969年显而易见的繁荣和通胀预期，再次发生严重衰退的可能性必须成为一种令人信服的威胁。考虑到20世纪60年代的经历，这样一种威胁只有在其导致严重的萧条时才会变得可信。

不成为最后贷款人"，这就是这种行动背后的起基础作用的合理化逻辑。维持某些市场的有序状况有助于保护这些市场上的头寸持有者，因为他们持有的金融工具就是在这些市场上交易的。对头寸持有者的这种保护可能是发展有效金融市场的必要组成部分。

这样一种努力维持市场有序状况的结果，是央行作为稳定器和作为最后贷款人这两种职能的最直接冲突。如果为稳定收入采取的限制性行动威胁了金融机构的清偿能力，那么中央银行将被迫放弃这种限制性政策。

如果发生了金融危机，中央银行必须放弃任何限制性政策。中央银行也许应该在资产的市场价值崩溃导致严重的萧条之前就进行干预。然而，如果它行动得太早而且太有效，那么整个扩张过程就不会有任何明显的停顿，而正是这种扩张才使得限制性政策成为必要。

我已经讨论过了货币紧缩会导致金融不稳定的一种方式，即被锁定在这样的资产上——其贷款条件诞生于货币更宽松的时期——的资产持有者被迫做出冒险的资产组合决策。此外，量度货币紧缩程度的利息率的上升本身就会引致资产组合上的替代，从而使金融不稳定更有可能发生。因此，在这样的时期，以最后贷款人和维持秩序的职责为理由进行干预的可能性就变得更大。

在经济繁荣发展的情况下，中央银行不得不决定，一旦财务困难出现，在市场的无序程度有多大时，最后贷款人职能才会接管并主导其行动。或许，处理癫狂的经济的最佳方式是允许危机不断发展——这样，在癫狂条件下可接受的资产组合就会被发现是危险的——但又在市场价值蒙受严重损失之前采取行动——这里的严重损失比如说，与危机的实际发生相关联的损失。如果货币条件被放松得过早，那么就不会导致资产负债表实质上的去分层化，货币行动的总体效果很可能会是增强了癫狂的扩张。如果在危机实际发生之后再放松货币条件——使得合意的资产组合被修正到可以提供更多的保护——但同时，最后贷款人职能的有效执行又阻止了资产价格太大幅度的下降，那么癫狂将被终止，而且就投资需求而言，在资本存量和合意的资本之间将会建立起一种更可持续的关系。

如果最后贷款人职能执行得太晚或者执行的幅度太小，资产价格的下降就将导致投资停滞和更深度、更长期的衰退。鉴于错误地过早采取宽松政策只会耽误抑制癫狂状态，因此货币政策的最佳选择实际上可能涉及阻止那些会导致严重萧条的更为严重的资产损失，而非阻止任何紊乱或"准危机"状况。如果资本主义对过去成功的回应是竭力走向发散型扩张，那么在不直接控制投资的情况下，稳定系统的唯一有效的方式也许就是允许小规模的金融危机不时发生。

请注意，上述分析并未考虑政策组合的情况。如果1965—1966年的货币紧缩更多的是因为货币需求的迅速上升，而非货币供给增长率的下降(这似乎是显而易见的)，那么更为宽松的货币政策和财政紧缩的组合就不会奏效。如果我们承认这一时期一个主要的扩张性因素是投资繁荣，而归因于越南的支出只是影响了发展的程度，而不是发展的类型，那么，融资的可获得性的增加就会导致投资和名义收入的增长。变化的政策组合本来会进一步证明一个新时期的到来。当然，财政紧缩本可能非常严重，足以导致私人收入的大幅下降，从而不能履行现有的支付承诺。太过严厉的财政紧缩或过度的货币限制都可能引致金融危机或类似的危机。

在美联储系统内部，从维护金融稳定或至少将不稳定对收入和就业的影响最小化的视角来看，可能要将导致贴现窗口衰减的趋势逆转过来(就中央银行向市场提供流动性的方式而言，美联储从早期的以贴现窗口的类行政方式为主，逐渐转化为主要采用公开市场的无差别方式，因而导致贴现窗口日趋衰减。明斯基在这里主张中央银行恢复贴现窗口职能，在危机期间实行有差别、论资质的救助方式——译者注)。如果二级市场要按以下特点发展：既能在系统正常运转时产生流动性，又能在系统陷入困境时提供保护，那么这些市场上的交易商就需要得到有保证的再融资机会。唯一真正可信的保证就是中央银行的保证。

然而，只有在中央银行已经在某个市场上运行的情况下，它进行干预以维持该市场有序状况的承诺才会是可信的。如果中央银行不在市场上运行，它就不会与市场参与者产生运营关系，也不会获得有关市场状况的第一手的和持续的信息；也不存在像现在政府债券市场那样的反馈市场信息的常规渠道。因此，美联储要想推动二级市场的发展，就要成为它的一个正常运行的资金供应者。

目前，在银行总的基本储备金中，只有一小部分是通过在美联储贴现得到的。贴现可以发挥三个职能——暂时抵消货币市场的压力、储备金的稳定来源及紧急稳定价格的渠道。为了给行使最后贷款人职能奠定基础，以在需要最后贷款人的危机事件中有效行使职能，一般说来，美联储应该在各种各样的资产市场上进行"交易"或"贴现"。要做到这一点，一种方式是鼓励各种资产的交易商二级市场的出现，并让美联储为交易商提供部分常规融资。在银行的现金资产中，通过贴现得到的份额可能应该比现在大得多，但这一贴现应该由市场组织而不是由银行来实现。

一旦汲取了凯恩斯主义的教训，货币和财政政策的限制可能还是不够的。这种货币-财政政策的指导思想，是在需要围绕着不确定性做决策的情况下，假想出一种机械式的确定性决策。经济系统的良好运行可能会对不确定性产生影响，从而使稳定经济的政策武器库内可能需要更多的数量配给因素。

让我们设想一下当前的政策武器军械库和政策目标。我们认为将被采用的政策目标意味着，1952—1960年表现出来的高水平停滞是不可接受的。在这种情况下，美联储的最后贷款人义务成为美联储政策的最重要的维度，这里的最后贷款人义务被重新定义如下：在维持总体资产价格不出现大幅下降的同时，允许发生区域性的或小型的金融危机。最后贷款人责任也变成了这样的舞台：在决定经济状况的实际结果方面，人为错误可能会发挥关键性的作用。

只有在货币收紧的、癫狂的和有潜在爆炸性增长趋势的经济中，中央银行才有很大的犯错空间。在这种情况下，人为错误的重要性源于系统的特征，即其发散型增长的趋势，而不是联邦储备委员会的失败。

第 7 章

中央银行与货币市场变革①

7.1 引言

中央银行实现其目标的能力取决于它的操作会对构成货币市场的各种要素施加何种影响。因此，货币政策的任何特定手段的有效性都取决于现存的金融制度和金融操作。如果金融制度没有发生显著变革，那么，一旦确认了中央银行各种操作的有效性，我们就可以在讨论货币政策时忽略掉金融制度。然而，如果金融市场的结构或运作模式发生了迅速的变化，那么中央银行行动的有效性就必须被重新检验。

金融制度的变革和货币市场操作的发展或者是立法的结果，或者是其自身演化的结果。立法变革通常由货币金融系统在实际运行中出现了失灵，或者人们预计它将出现失灵所致，因而这种变革通常伴随着对其影响的讨论。演化性变革通常源于金融机构对货币市场中存在的盈利机会做出的反应。由于演化性变革往往围绕货币市场运行的某一技术细节展开，而且在开始时往往规模不大，因此在发生之初，它们对于货币政策的重要性总是被人忽视。只有在晚些时候，当金融体系的某些失灵被归咎于这种演化了的货币市场制度时，人们才会对其进行讨论，而且这种讨论通常是"纠正性"立法的前奏。认识引发货币市场发生制度性变革的条件，以及了解这种制度性变革通常会产生的影响，可以使美联储或立法当局或者采取相应的预防措施，或者在"危机"发生时做好准备，以将其影响降到最低。

由于金融制度和金融操作的演化性变革是逐利活动的结果，因而可以预期，在利率高涨或上升的时期，这种金融变革将发生得最为频繁。这样的利率表明，融资需求相对于可获得供给十分旺盛。这是向货币市场中的专业人士发出信号：需要寻

---

① 作为本文第二部分基础的观察材料，是我在纽约市期间受到美国证券行业教育联合委员会资助做出的。感谢J. Margolis, R. Miiler和R. Roosa的评论和建议对我的帮助。

与出版商达成协议，转载自*Quarterly Journal of Economics*，Vol. LXXI，No. 2, May 1957.

求更有效的方法来利用现有的贷款能力①。

从本质上来说，货币当局的操作以一定的关系为基础，这些关系又以下面的假设为前提，即存在一系列既定的制度和操作方式。如果货币当局的操作产生了引发金融制度和金融操作变革的"副作用"，那么这些关系就会"转变"。因此，货币操作的效果可能与预期大不相同。如果制度性演化是由高利率或不断上升的利率引发的，那么当中央银行为遏制通货膨胀压力而收紧货币时，这一点就尤为重要②。

在过去一段时期(1954年至今)，美国的短期利率持续处于相对高位并不断上涨。在这一时期，美国的货币市场至少出现了两大变革：联邦基金市场的发展和扩张，以及非金融公司在为政府债券机构融资方面的重要性日益提高。7.2节描述并考察了这两种演化变革，7.3节将讨论这些特定变革对美联储政策的影响，7.4节探究了当人们预期货币市场制度将会发生变革时，这种预期会对货币政策产生怎样的影响。

7.2　近期的两个制度性变革

7.2.1　联邦基金市场

我们无法通过单一的交易中心观察到联邦基金市场的全貌。然而，纽约的一家经纪公司多年来一直在这一市场中发挥着重要作用③。因此，无论从哪个角度来

---

①　"金融机构的基本功能是调动经济中的金融资源以支持经济活动。我建议当信贷条件收紧，通过银行体系来创造新的货币受到限制时，国家的金融机制应自动开始运行，以更有效地调用现有的货币供应，从而使它能够完成本应由信贷条件更宽松的条件下新创造出的货币来完成的工作"(Warren L. Smith, "On the Effectiveness of Monetary Policy," *American Economic Review* XLVI [September 1956] : 601)。史密斯的如下观点是可以接受的，即更有效地利用给定的货币供应，至少可以部分削弱信用收紧状况。但我相信，断言金融机制会自动开始运行及它会发生在不变的制度框架内是错误的。

②　"此外，利率可能由限制性货币政策和不断积累的债务共同推高，这为非银行中介机构向债权人提供价格更有吸引力的方案创造了机会，这也使得非银行中介机构在与银行的竞争中表现得更加活跃"(John G. Gurley and E. S. Shaw, "Financial Aspects of Economic Development," *American Economic Review* XLv [September 1955]: 532)。格利和肖在增长的背景下看待金融机构的演化，因此他们把诱使制度变革发生的因素和制度变革的事实本身当作理所应当。

③　我要感谢加尔文-班特尔公司的乔治·加尔文和拉尔夫·迪保拉，感谢他们好心地向我这样的学者介绍其运作方式。下文中对他们客户特征的分析基于他们的工作记录表。我想强调的是，这里只描述了国内市场中依赖于这家公司的经纪机构的那一部分。我个人为后文的报道与解读负全部责任。

想要了解对联邦基金市场运作机制的优秀介绍，可阅读Nadler, Heller, and Shipman, *The Money Market and Its Institutions* (New York: The Ronald Press, 1955).

看，观察这家公司的运营都很可能是了解联邦基金市场状况的最佳方式。

在1956年6月底，加尔文-班特尔公司拥有的联邦基金交易客户共包括79家商业银行和14家其他金融机构。并非所有联邦基金的销售或贷放都通过这家公司的经纪机构进行清算。例如，大量的交易是通过银行间的代理关系网络进行的，有时以银行间直接贷款的形式进行。然而，对于没有通过加尔文-班特尔公司进行的交易，其费率通常被认为与通过这家公司所进行的报价和出价所规定的费率相同①。

银行在联邦储备银行的准备金是联邦基金市场交易的商品。该交易属于银行间的无担保隔夜贷款②。在纽约市的银行间，该交易是通过支票交换来实现的，贷款银行向借款银行提供一张由联邦储备银行开出的汇票，而借款银行则给贷款银行一张自己开出的支票。由于支票需要一天的时间才能结算，因此这笔交易增加了这家借款银行在美国联邦储备银行的隔夜余额③。对于非纽约市的银行来说，今天向一个方向的准备金余额电汇会在下一个工作日开始时，由相反方向的准备金余额电汇所抵消。这些准备金余额可以在不同的联邦储备区之间自由转移④。

显然，一笔联邦基金贷款会降低贷款银行的准备金余额，并增加借款银行的准备金余额。一家积极参与联邦基金市场的银行在其自由准备金⑤为负时的目标是，在平均化周期内，超额准备金数额不超过最小交易单位。同样，活跃于该市场的银行除非得不到联邦基金，否则它不太可能从它所在的联邦储备银行借款。贷款银行获得的好处是显而易见的：它可以从原本闲置的余额中赚取利息。借款银行则因不必向储备银行借款而获益。相比之下，对于一家不参与联邦基金市场的银行来说，准备金不足会导致其要么出售资产，要么向储备银行借款，而任何短期超额准备金都会保留在其账面上。

联邦基金利率永远不会高于贴现率。当大量的自由准备金为负时，联邦基金利率通常会等于贴现率。大多数银行通过下述方式在既定时期内平均配置其准备金：在平均化周期开始时建立超额准备金头寸，然后在该周期的后期容许准备金赤字逐渐增加。由于在联邦基金市场上，按周报告的成员银行占大多数，因此这种操作便产生出这样一种利率模式：当负的自由准备金规模很大时，联邦基金利率等于贴现率，而星期三可能是一个例外，在这一天，联邦基金利率常常低于贴现率。有证据

---

① 据报道，美联储的一个特殊委员会在1956年的某一时间对整个市场进行了更加全面的调查。直到撰写本篇文章时，这项研究一直处于保密状态。没有这项研究的结果，就很难对整个市场进行任何确定性概括。

② 有时，政府债券机构由于向联邦储备系统出售了债券，因此可以借出(出售)联邦基金。

③ 在计算准备金要求时，存款以营业日开始时的数额为准，而准备金则在营业日结束时根据当时的存款数额计算。

④ 当各个联邦储备区的贴现率不完全相同时，一些银行不会从贴现率低的地区贷出准备金到贴现率高的地区。一些纽约市的银行也不允许它们的联邦基金被贷放到纽约地区之外。

⑤ 自由准备金等于超额准备金减去银行从联邦储备银行的借款。

表明在1956年中期就已经有一些银行开始采用这种利率模式。

在积极参与联邦基金市场并通过加尔文-班特尔公司的机构(facilities)进行其全部或部分联邦基金交易的79家商业银行中，有24家属于中央储备城市银行，39家属于储备城市银行，16家属于乡村银行。当然，其中最大、最活跃的一批银行是25家位于纽约和芝加哥的银行①。大量储备城市银行和乡村银行的参与证明了联邦基金市场是全国性的。

决定一家银行是否能参与联邦基金市场的有效限制因素是银行的规模。参与市场着实需要一定花费：工作人员的时间，大量拨打电话，等等。对于在纽约以外的、没有通过经纪机构进行股票和债券交易的银行，经纪人会对"各方"抽取0.0625%的佣金。因为这一贷款属于隔夜贷款，所以利率为2.75%。所以每100万美元贷款一天的利息为76.389美元，经纪人的佣金为3.472美元。出于上述考虑，在1956年中期，最小交易单位为50万美元左右，每一家参与银行都需按最小交易单位的倍数进行交易。由于任何一家国家银行对任意借款人(联邦政府除外)的贷款额占该银行资本及盈余的最大比例为10%，所以只有资本账户大于500万美元的国家银行才能参与联邦基金市场。对银行资产负债表的研究表明情况确实如此②。

除资本限制以外，经纪人希望每一家银行以50万美元的若干倍有规律地要么借入，要么贷出。因此参与联邦基金市场的银行必须经常有100万~200万美元的超额或赤字准备金头寸。在加尔文-班特尔公司列出的79家银行中，只有4家银行的存款不足1亿美元，另有14家银行的存款为1亿~2亿美元。在这18家规模较小的银行中，有6家位于都市圈，4家位于芝加哥。

联邦基金市场的存在使得既定数量的准备金在支持存款方面更加有效。如果每家银行都只根据自身需求与联邦储备银行进行交易，那么一些银行拥有的超额准备金就不能用于支持那些准备金不足的银行的存款，这些准备金不足的银行就只能向联邦储备银行借款，或者出售手中的证券。如果存在一个完美运作的联邦基金市场，那么只要任何一家银行拥有超额准备金，就没有哪家银行会向联邦储备系统借款；而当一些银行仍有借款需求时，就没有哪家银行会拥有超额准备金。

联邦基金市场的发展导致银行系统中部分机构的运行方式出现了一个基本性的变革。对于参与这一市场的银行来说，决定它是否向联邦储备银行借款的不再是银行自有的准备金头寸，而如果有某家特定的银行向联邦储备银行借款，则意味着系统不再有超额准备金了。为了阐明这一观点，我们可以假设法定准备金率为20%，

---

① 由于独特的伊利诺伊州单位银行法(Illinois unit banking law)，参与联邦基金市场的一些规模最小的银行(按存款排名)都在芝加哥。

② 加尔文-班特尔公司工作记录表所列银行的信息来自*Moody's Bank and Financial Manual, 1956*，特别是表"The Three Hundred Largest Banks in the United States," pp. a 22–23.

所有针对某一家银行的数据均为1955年12月31日的数据。

且清算后银行A应支付银行B 1 000万美元，因此，银行A存在800万美元的准备金赤字，而银行B拥有800万美元的超额准备金。若两家银行均不参与联邦基金市场，那么银行A会从其所属的储备银行借款800万美元，银行B则会将800万美元用于贷款或投资：因此总的活期存款增加了。可是，如果银行A和银行B都参与了联邦基金市场，那么银行A会通过该市场向银行B借款800万美元。若市场紧张，一些残存的准备金赤字银行最终只能向美联储借款。但在这里，是市场的状况而不是特定银行的行为导致了借款[1]。

7.2.2 政府债券机构的融资：与非金融公司签订出售与回购协议

1956年中期，与非金融公司签订出售与回购协议是政府债券机构的一个重要的资金来源。尽管从表面上看，政府债券机构与非金融公司之间的合同是政府在出售捆绑有回购协议的债券工具，但这种交易实际上是非金融公司向政府债券机构提供的一种双向可赎回的抵押贷款。贷款公司不是从它"购买的"债务工具上获取利息收益，而是按合同约定的利率赚取收益。

除上述与非金融公司签订的出售与回购协议之外，政府债券机构还可以通过以下三种方式为它们的存货进行头寸融资：依靠自有资源、与联邦储备系统签订出售与回购协议(可能由公开市场委员会发起)和向商业银行借款。政府债券机构的自有资源只能为其存货的很小一部分提供融资，因此债券机构和政府债券市场的运行表现取决于这些不同的资金来源各自具有的特点。

由政府债务担保、向政府债券机构提供的通知贷款(call loan)，在很多方面来看都是比国库券更优质的资产。因此，人们可能会预期政府债券机构和非金融公司之间的出售与回购协议的利率将低于国库券的利率。但这一预期并不符合现实：政府债券机构向非金融公司借款的利率尽管低于政府债券机构从商业银行借款的利率，但仍高于国库券的利率[2]。显然，非金融公司收取的利率仍然是足够低的，因此政府债券机构在持有收益率高于国库券的证券时并不会蒙受损失。

政府债券机构和美联储之间的出售与回购协议的利率几乎总是等于贴现率[3]。

---

[1] 联邦基金市场——特别是加尔文-班特尔公司和格尼斯公司参与的部分——与经典的伦敦贴现市场有着明显的相似之处。参见W. T. C. King, *The History of the London Discount Market* (London, 1936).

[2] 我个人的解释是，出售与回购协议的溢价率既反映了这些协议的新特性，也反映了由于债券机构无法保证可以通过美联储来置换这类通知贷款而带来的风险。

[3] 1955年8月2日，公开市场委员会为政府债券机构和联邦储备系统之间的出售与回购协议做出授权，该授权规定："在任何情况下，(它们的)利率都不应低于以下利率中的最低值：联邦储备银行对符合条件的商业票据的贴现率，或最近发行的三月期国库券的平均发行利率……"但是，它与此同时还规定"要理解这一授权只有在以低于贴现率的利率签订回购协议时才能使用"。(*Forty-Second Annual Report of the Board of Governors of the Federal Reserve System*, pp. 102–103).

由于交易由美联储发起，所以这种优待(accommodations)是一种特许经营，而不是政府债券机构的常规权利[1]。因此，对政府债券机构来说，这种资金是不可靠的，而且它们也不会产生自己能够受到储备银行优待的预期，进而主动向美联储申请借款[2]。

政府债券机构通常拥有在大型商业银行开办的信贷额度：实际上这些银行是政府债券机构的"最后贷款人"。在1956年中期，这些商业银行为政府债券机构提供的贷款利率范围是3.25% ~ 3.5%。这是一种"惩罚性"的利率，因为它比国库券收益率大概高1%，比其他政府债券的收益率高0.5%左右。在这种情况下，政府债券机构若通过从银行借款来为自己的头寸融资，就会遭受损失。因此1956年中期，政府债券机构只有在没有其他资金可用时，才会被迫向商业银行借款来为头寸融资。与之相反，在从前的货币宽松时期，当时的利率结构使得政府债券机构可以获利，因此它们会向大型商业银行借款来为头寸融资。

1956年中期，对政府债券机构的运营来说十分重要的利率模式如下(按利率从低到高排序)：国库券、与非金融公司签订的出售与回购协议、贴现率、长期政府债务、银行对政府债券机构的贷款(其中最低的银行利率)。

由于国库券的收益率远低于政府债券机构向商业银行支付的利率，所以政府债券机构发掘替代性资金来源的压力相当大。

由于税收、股息和利息支付的间断性模式，巨型非金融公司存在对大量现金的周期性需求，它们通过从收益中积累"流动性"来满足这一需求。这些"流动性"可以采取以下形式：活期存款、国库券、与政府债券交易商签订的出售与回购协议、对销售金融公司的贷款(销售金融公司指从销售商手中购买分期信用合同的金融公司——译者注)。

由于商业银行不被允许为活期存款支付利息，所以这种资产的收益为零。考虑到从1935年到20世纪50年代初期十分宽松的货币条件，以及与之相关的处于低位的短期利率，因此持有活期存款并不意味着收入会遭受大量损失。20世纪50年代不断高涨的利率模式则意味着，非金融公司的大量现金余额越来越多地被投资于短期流动资产。由于非金融公司持有国库券的能力和意愿不断增强，商业银行持有的国库券规模从1952年的70亿美元下降到了1956年的22亿美元，如表7.1所示。

---

① 1955年7月，公开市场委员会驳回了一个关于"在联邦储备银行开放一个公开窗口，用于以最好高于、但是不能低于贴现率的利率为交易商提供资金"的提案。(*Forty-Second Annual Report of the Board of Governors of the Federal Reserve System*, pp. 100–101)

② 大约在1956年6月底，美联储宣布它愿意同政府债券机构签订出售与回购协议，以此"开放了窗口"。我对这一事件的解读是，由于税收需要，此时非金融公司的资金从政府债券机构撤离，同时因为6月30日是商业银行资产负债表的发布日期，所以大型商业银行不希望自己因为要为政府债券机构提供资金，而被迫向美联储借款。市场的这种潜在不稳定的状况迫使回购协议的发起者从美联储变为政府债券机构。

另一方面，其他投资者(包括非金融公司)持有的国库券规模从1952年的125亿美元增长到了1956年的171亿美元。一年内到期的有价债券所有权也体现出了相同趋势(见表7.2)。

表7.1　国库券所有权(1952—1956年)

单位：十亿美元

日期	总待清偿额	持有者	
		商业银行	其他投资者（包括非金融公司）
1952 年 12 月 31 日	21.7	7.0	12.5
1953 年 12 月 31 日	19.5	4.4	11.4
1954 年 12 月 31 日	19.5	4.4	12.1
1955 年 12 月 31 日	22.3	3.6	16.0
1956 年 6 月 30 日	20.8	2.2	17.1

资料来源：美联储公报，表头为"美国政府有价、可转换债券所有权"(多期公报)。

非金融公司也可以用与政府债券机构签订的出售与回购协议及销售金融公司票据的形式持有流动性。销售金融公司发行的票据收益较高，而且可以根据贷款人的需要定制，但对于非金融公司来说，这种票据与国库券相比，流动性和可接受性都不足。非金融公司和政府债券机构之间的出售与回购协议拥有很强的流动性，也可以定制。对非金融公司来说，这个协议看起来确实比直接购买国库券更好，当然也比直接购买长期债券好。如前所述，到1956年中期，我们可以认为这类企业资金是政府债券机构的主要融资来源。

表7.2　一年内到期的有价证券所有权(1952—1956年)

单位：十亿美元

日期	总待清偿额	持有者	
		商业银行	其他投资者（包括非金融公司）
1952 年 12 月 31 日	57.0	17.0	23.5
1953 年 12 月 31 日	73.2	25.1	29.0
1954 年 12 月 31 日	62.8	15.7	26.3
1955 年 12 月 31 日	60.6	7.7	30.8
1956 年 6 月 30 日	58.7	7.4	29.2

资料来源：美联储公报(多期公报)。

短期政府债务和政府债券机构融资都从商业银行转向了非金融公司，这一发展将银行资源释放出来，可以为其他活动提供资金。只要考虑到银行系统为经济扩张提供融资的能力，就会看到上述发展实际上等同于银行准备金的增加。

债券机构与非金融公司之间的出售与回购协议的规模看起来很可能会扩大。如果非金融公司在持有国库券和为债券机构提供贷款两者之间更热衷于后者，那么相对于其他利率而言，国库券的利率会上升，而出售与回购协议的利率会下降。出售与回购协议的利率略低于或者等于国库券利率时，"充分发展了的"市场就实现了均衡。贴现率仍会比国库券利率更高。在这种情况下，债券机构将会成为交易商。

上述市场结构会产生怎样的影响？任何企业资金的撤出都会迫使政府债券机构向商业银行借款。在现有的利率模式下，这一意外变故会使债券机构持有头寸的行为颇具风险。此外，如果企业资金从债券机构撤出的原因在于经济状况，那么这会与企业出售或减持国库券联系在一起。由于政府债券机构此时能确保获得的融资只有高利率的商业银行融资，所以在市场下行时，它们不愿意持有头寸。因此，除非美联储快速反应，为债券机构注资，或者买进国库券，否则利率将会快速上涨。由于非金融公司出售或减持国库券的行为表明它们渴望增加流动性(可能与此同时还会伴随投资曲线的下移)，所以上述因素导致的利率上升发生在了"错误"的时间。为了抵消这一影响，建立在非金融机构提供短期贷款基础之上的货币市场需要一种机制，可以在贷款人希望增加流动性时，自动将准备金注入系统。也就是说，需要一种能够自动增加货币数量以弥补货币流动速度下降的机制，反之亦然。

非金融公司为债券机构提供融资的行为还面临着其他重大风险。几乎所有的政府债券机构都会同时进行其他类型票据的交易。一旦非金融公司习惯于以政府债务为抵押发放"贷款"，那么利用非政府票据进行抵押贷款的可能性就会出现①。这一发展会加剧流动性危机中出现资本损失的可能性，这反过来又会降低非金融公司的稳定性。

非金融公司利用闲置资金为金融机构提供融资的行为带来了一些问题，一个看似简单的解决办法是，允许商业银行为活期存款支付利息。为了消除银行因争夺存款而带来的风险，活期存款利率可以钉住贴现率。可以令大额活期存款利率比再贴现率低大约1%(而且在活期存款利率和再贴现率之间还有一系列其他利率)，这种利率结构看起来比现行结构更有利于金融稳定。然而，这种利率结构需要国库券利率大幅提高，或者为政府债券机构提供除非金融公司的出售与回购协议之外的融资途径。由于债券机构所需的特定融资机制的发展可能需要制度的变革②，因此上述看似简单的解决办法会产生相当复杂的影响。

---

① 销售金融公司确实利用了企业的现金余额。现在(1956年底)最大的潜在资金来源就是这种公司现金余额，而且如果银根继续收紧，我相信利用这种现金余额的新型金融机构将会出现。

② 例如，大型商业银行的再贴现权力可能将被收回，而与此同时，政府债券机构会被赋予签订出售与回购协议的权力。这样一种英式制度可能会导致一种与商业银行为活期存款支付利息做法相兼容的利率结构。

7.3 变革对货币政策的影响

从上文所述的制度变革中，我们可以得出两点结论：

(1) 就给定数量的准备金而言，现在可以支持更多的存款；

(2) 就给定数量的活期存款而言，现在可以支持更多的银行对企业贷款。

在这些变化下，银行系统可以为企业活动提供更多的资金。这些变化并非来源于立法或者美联储的政策，而是人们对货币市场上的盈利机会做出反应的结果。

中央银行在通货膨胀时期会对商业银行的准备金进行约束，这是因为人们相信银行贷款的任何增长都会助长通货膨胀。由于在当前的利率水平下，贷款需求大于供给，因此中央银行对准备金的约束会导致利率进一步上升。更高的利率又会反过来引发货币市场的制度变革，从而增强提供贷款的能力。这样一来，中央银行对准备金施加约束引发的制度变革导致的融资能力的上升，既可能足够大，使之能够抵消准备金约束带来的融资能力的下降，结果就像中央银行没有对准备金施加约束；同时，准备金约束所引发的制度变革导致的融资能力的上升也可能不够大，从而使中央银行的准备金约束能够起到一定的作用。

在一个稳定的制度框架下，利率上升倾向于促使家庭和企业保留其现金余额。因为货币流通速度的上升会增加可贷资金，所以它至少可以部分地抵消货币政策收紧的影响；但是，除非经济正处于货币供应过剩的流动性陷阱状态，否则，货币流通速度的上升就不能完全抵消货币收紧政策带来的货币需求的下降。这一点可以表示为货币流通速度和利率之间的正斜率曲线，货币流通速度的上升代表了贷款能力的"永久性"提高。因此，如果制度框架保持稳定，那么紧缩性货币政策将会生效，而且利率将会持续上升到任何必要的程度，以将融资需求限制在与基本无弹性的融资供给相等的规模上。

但是，利率的上升会反作用于制度框架本身。随着利率的上升，寻找新的融资方式的动机和寻找新的现金资产替代品的动机都会增强。货币市场的竞争十分激烈，而且由于在大部分情况下，人们总能找到某种新的方法来利用利差获得高额回报，因此新的想法总是层出不穷。所以，这是最容易孕育制度创新的环境。因为在银根收紧时期出现的重要制度创新往往倾向于加快货币流通速度，所以这种创新会使货币流通速度-利率关系曲线右移。

由此形成的货币流通速度-利率关系是两个效应的总和：制度安排不变时利率变动产生的影响及制度方式变革时产生的影响。由于货币市场中的制度创新逐渐影响到经济的方方面面，所以其净效应使得货币流通速度-利率曲线看起来具有无限弹性。由此产生的货币流通速度-利率关系是一个阶梯函数，如图7.1所示。曲线 I 是初始的货币流通速度-利率关系，若利率从会触发流动性陷阱的利率r_0上升到r_1，这会促使制度创新 I′出现，在一段时间后，这一创新会使货币流通速度-利率关系曲线移动到 II 的位置。结果是，在利率保持不变时，与货币流通速度从 a 到 b 的上升相联系的额外贷款数额会随时间而变化，这是因为制度创新在经济中发挥作用需要花费一定时间。当然，在这一段时间内，如果短期融资需求的增长幅度大于制度框架变革带来的融资增长的幅度，那么利率可能会短暂上升到 r_1 以上[①]。

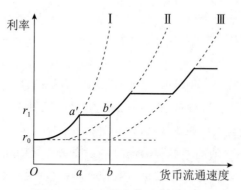

图7.1　制度变革和货币流通速度

每当货币市场的这种制度变革在经济中发挥作用时，限制性货币政策要想有效，就必须通过降低准备金的数量来抵消货币流通速度的上升。不允许货币数量增长的单纯消极限制不能有效防止通货膨胀。因此，除非中央银行强力削减货币供给，否则货币政策在控制通货膨胀压力方面的效果将十分有限。所谓的货币政策的不对称性(即货币政策在限制通货膨胀方面有效，而在遏制萧条方面无效)并不成立；实际上货币政策在限制通货膨胀和遏制萧条这两方面的效果都相当有限。

通过寻找为企业融资的新途径和发掘现金资产的新替代物这两种方式，制度创新加快了货币流通速度，但其负面效果是降低了经济中的流动性。也就是说，尽管货币数量没有发生改变，但是因为商业银行资产组合中的政府债务被私人债务取代，经济体中的流动性下降了。此外，当非金融公司用政府债券取代现金，随后用债券机构的债务取代政府债券时，流动性会进一步下降。这种流动资产的金字塔式结构意味着经济风险的增加，因为某个关键的非银行机构若无力偿还债务或者甚至

---

① 新制度的引入会改变货币流通速度-利率关系，利率下降到 r_1 以下事实上并不会导致这种新制度的结束；所以有效的货币流通速度-利率关系在利率下降方面并不是无限弹性的；货币流通速度从 a 到 b 的移动是不可逆的。此外，能够激发创新的利率可能比维持制度变革所需的利率更高，所以曲线 a′b′ 的斜率可能为负，而不是水平的。除了将会诱导投资的价格似乎将会诱导创新的价格更加稳定之外，货币流通速度曲线之间的关系类似于一个行业的短期供给曲线和长期供给曲线之间的关系。

格利和肖(出处见上)在讨论非银行融资来源时声称，"因为货币在全部金融资产中所占份额下降，所以货币流通速度作为利率的指数变得不太可靠"(第533页)。他们没能区分制度不变条件下的货币流通速度-利率关系和高利率诱导下货币市场创新的效果。

只是暂时性的流动性不足都会产生连锁反应，影响许多机构的偿债能力或流动性。

在长期繁荣期间，如果使用货币政策来限制通货膨胀，那么货币市场上将会出现大量这种增加货币流通速度并减少流动性的创新[1]。结果就是流动性的下降继续加剧。迟早，这些不断加剧的变化将导致内在不稳定的货币市场的出现，以致经济繁荣出现轻微逆转就可能引发金融危机。

7.4   制度变化预期的影响

上述讨论说明，货币市场制度的确在发生演化，特别是在银根收紧的情况下，而货币市场的这种发展往往会抵消紧缩的货币政策。其结果是，在强劲的繁荣期，因为融资供给事实上有很大弹性，所以利率并不会大幅上升。在货币市场为通货膨胀性经济扩张提供融资的能力增强的同时，家庭与公司持有的流动性下降。如果流动性最强的资产离开银行系统、进入其他金融机构的资产组合，或者近期才成立和发展起来的金融机构的债务进入银行的资产组合，那么银行系统的流动性就会下降。

银行、家庭和工商企业的流动性下降有两个特点：其一，债务-净资产比上升；其二，货币市场资产容易受害于价值的下跌。流动性下降的这两个特点会互相强化，以致于无力偿债和流动性不足发生的可能性同时增加。

制约任何资产价值下跌的一个主要因素是中央银行对该资产的货币化(monetized)所设定的条件和价格。不过，货币市场的演化性变革同时产生了新型资产和新型金融机构。就中央银行对货币市场所承担的责任而言，一种观点认为中央银行的职责仅限于维持银行系统的流动性和维持政府债券市场的有序状况。以这种观点看待中央银行对货币市场的职责，中央银行就不能通过购买或贴现来稳定新型资产的价值[2]。

货币市场的经营者和中央银行当局并不能先验地知晓新机构和新票据的局限性。而且，不幸的是，他们在繁荣期内并不会特别考虑爆发金融危机的可能性。因此，人们将会充分利用新发现的盈利机会，最终导致货币市场变得不稳定。在不稳定的市场里，稍稍偏离均衡就会产生广泛的影响。因此，一旦货币市场演化为不稳定的状况，就可以预期金融危机可能发生。一部分金融市场的崩溃就会导致净资

---

① "在20世纪20年代，非银行中介机构以极快的速度赶超银行。其资产与银行资产之比从1922年的0.77上升到了1929年的1.14" (Gurley and Shaw, *op. cit.*, p. 533, note 19)。

② 7.2节讨论的货币市场的两种变革涉及资产(政府债券)和机构(商业银行)，中央银行可以使它们稳定化。因此，这些变革不会真的产生金融不稳定。然而，其他的可能还是潜在的变革(例如，利用公司的"小额"现金余额为企业融资，或者利用公司资金为销售金融公司融资等技术的发展)并不受美联储保护。

产的损失，以及家庭、工商企业和其他金融机构的流动性短缺。就算金融危机没有普遍化，经济单位也会修正他们的观点，并渴望更多的流动性。使用储蓄来清偿债务，从而提高净资产-债务比的倾向会上升；这会对收入产生负面影响。因此金融部门的"冲击"可能导致严重萧条。通过增加货币流通速度来为经济扩张融资，往往导致金融危机和严重萧条都有可能出现。

在繁荣时期，中央银行的银行家们和货币市场上其他成员的态度可以被描述为一种马其诺防线心态。在之前的萧条中暴露出来的金融体制的缺陷已经得到了很好的弥补，货币市场现在也运转良好，所以完全没有必要担忧[1]。然而，货币市场的制度是不断变化的，作为这些制度创新的结果，下一次金融危机将永远不会和上一次一模一样。要抵消这种演化性发展的影响，人们需要认识到中央银行应当肩负更多职责，并明确认识到，尽管采取了纠正措施，但在繁荣时期，货币市场总是会将流动性拉伸至极点直至其崩溃。

迄今为止，联邦储备系统是身处困境的商业银行的最后贷款人，而不是货币市场的最后贷款人。与此相反，英格兰银行的传统职责是担任贴现公司这一金融中介机构的最后贷款人。就可获得的票据而言，贴现公司深深渗透到了英国货币市场的方方面面。对中央银行责任更为全面的看法是，中央银行的责任包括维持金融市场大部分机构的稳定，并担任它们的最后贷款人。因此，随着新的金融机构的发展，以及货币市场上新型票据的出现，这些机构和票据在危机时期可能也应当获得中央银行的援助。因此，中央银行将会防止市场上的局部危机造成的流动性短缺，进而防止因此导致的普遍损失[2]。

紧缩的货币政策仍会促使制度创新产生，这些制度创新会导致流动性短缺。然而，就算货币市场已经变得不稳定，中央银行也可以通过不良资产的货币化来避免产生广泛的不良后果。在市场稳定之后，中央银行如果认为货币市场的某个机构或操作会不可避免地导致市场不稳定，从而认为它们是不受欢迎的，就可以通过立法或行政措施将其取缔。

中央银行控制通货膨胀的努力助长了货币市场不稳定状况的发展，这似乎是一个令人沮丧的结论。实际上，指望一套不起作用的操作——比如被称为货币政策或

---

[1]　在这方面需要注意，因为人们将20世纪30年代的大萧条归咎于20世纪20年代的股市繁荣，并将20世纪20年代的股市繁荣归咎于普遍存在的保证金交易，所以今天的美联储对保证金交易进行了严格管制。另一方面，既然股票市场担保在金融结构中非常重要，那么维持其价值难道不应该是中央银行的责任吗？

[2]　格利和肖(同上，pp. 536–538)将金融管控看作货币调控的替代物(或附属物)。本质上，我们的观点是一致的，除了格利和肖似乎抱有希望，认为金融管控有助于实现稳定的增长；而我坚持认为，繁荣时期的金融不稳定是不可避免的，但一个设计合理、运作良好的中央银行可以改善它的影响。本质上，我们之间的区别是问题和直觉之间的差别。

财政政策的操作——总能在一个动态经济中成功地维持经济稳定，实为一种奢望。制度创新是动态经济的一个方面，货币市场创新是为了满足经济增长的需要而产生的。这些变革往往会损害稳定政策的效果，这是增长的副产品。

然而，认识到中央银行在预防通货膨胀和遏制通缩方面的无能并不会真的损害它所扮演的角色。繁荣时期的创新产生的不稳定会引发金融危机，而中央银行的职能是充当最后贷款人，从而限制金融危机带来的损失。中央银行迅速采取行动稳定金融市场，政府迅速采取财政政策来增加经济中的流动性，这两项措施的结合将尽可能地减少危机对消费支出和投资支出的不良影响。因此，严重萧条是可以避免的。于是，中央银行的职能与其说是稳定经济，倒不如说是充当最后贷款人。这也是他们确实能够做到的事情[①]。

---

① 本文对中央银行能力所持的这种观点与明茨和西蒙斯的观点不无相同之处，参见L. W. Mints, *Monetary Policy for a Competitive Society* (New York，1950) 和H. Simons, "Rules versus Authorities in Monetary Policy," *Journal of Political Economy* XLIV (1936): 1–30.

第8章

货币权力的新功用[①]

8.1 引言

在过去的几年中，美国金融市场经历了20世纪30年代大萧条以来最严重的压力和最危急的紧张状况。这一压力和紧张状况由国内和国际的事态发展共同导致。其结果是，市场的工具、机构和操作都发生了显著变化，而美联储和极其分权的美国中央银行的其他机构，都通过调整其运行方式做出了反应，即以新的方式使用货币权力。

本文将在以下两个标题下讨论货币权力的一些新功用[②]：引导金融市场的演化和操控不确定性。这些新功用的结果是，我们需要重新检视美联储的职责范围及美联储与其他管理机构之间的关系。

在金融市场中，中央银行一直是一个主要的决定因素，它决定什么是确定的，什么是可能的，什么是纯粹的猜测。中央银行的演化和发展不仅是对金融结构独立演化的应对，也是决定金融结构演化的因素之一。有经验的中央银行总是能比任何狭隘的立法或契约责任撒下"更大的网"。因此，可以认为这些新功用其实并不是真正的新。然而，它们所处的条件是全新的：货币政策操作的现有条件是，人们使用积极的货币政策和财政政策来"微调"经济，而且人们普遍相信这种调节是有效的。因此，货币政策的实施既没有限制金融头寸，也没有限制与"未来不会出现严重经济萧条"的预期可能相关的新的金融市场操作的实验。也就是说，人们对众所周知的收入和就业的"困难时期"的恐惧减弱了，而随着这种减弱，人们对那些防备不时之需的资产的重视程度也下降了[③]。

---

① 与出版商达成协议，重印自*Nebraska Journal of Economics and Business*, Vol. 8, No. 2, Spring 1969。本文是1968年4月9日中西部经济学会会议论文的修订版。

② 我并不认为这里讨论的发展囊括了近期所有发展，甚至连包含最重要的那些发展都不一定能够做到；就我有限的知识来说，我选择了那些看起来对于经济系统稳定性和中央银行表现最为重要的要素。

③ 可能会有人说，20世纪20年代的"新时期"的特点也是人们对经济政策"新"的复杂性充满信心——在那一时期，这种信心源于"复杂"的联邦储备系统的存在。

每当中央银行采取行动来维持金融市场秩序或者执行最后贷款人职责时，他们都是根据"信心"因而是根据不确定性来采取行动；他们试图防止特别不利的市场条件出现，以此来削弱这种不确定性。央行用其权力影响不确定性的这样一种新功用，是在将危险的金融政策推向极限。央行的行动使"可能的"市场条件范围扩大：特别是那些既会带来损失又会扰乱金融渠道的市场条件被允许发展起来。也就是说，央行不再扮演保障者的角色(用确定性来取代不确定性)，而是在某些方面扮演了赌徒的角色(用不确定性来取代确定性)[①]。

本文以1966年的信贷紧缩作为参考[②]。这场"信贷紧缩"是一场小规模的金融恐慌。美联储和其他金融当局采取的有效措施防止了紧缩升级为全面的货币市场恐慌。尽管如此，这场信贷紧缩中止了失控的投资热潮，并促使资产组合在一定程度上(可能只是暂时地)转向保守主义。现在回顾，正是1960—1966年经济扩张时期中货币政策的运转方式导致了这场信贷紧缩。需要思考的是，"信贷紧缩"是否应该在适当情况下，成为美联储"武器库"的一部分。

8.2 引导金融市场的演化

在20世纪60年代经济持续扩张期间，金融系统的演化可以从两个方面加以讨论。其一，考察大额存单在向存款储蓄中介机构(储蓄贷款协会和互助储蓄银行)施加压力，以及对联邦储备系统进行限制等方面起到的作用，特别是在1966年信贷紧缩之前的那段时期。其二，考察自1966年中期以来待清偿商业票据规模的迅速扩大，以及与之相联系的银行与客户之间关系的改变。这些变化对1966年用于缓解储蓄中介机构压力的"招数"构成威胁，有可能需要美联储调整其操作技巧。

接下来的主要观点是，美联储应该利用其货币权力来引导金融市场的演化，在长期中保障金融稳定性，而不是只在问题爆发时才充当临时的救火队员，却让作为问题根本的市场状况保持不变。

在1966年的信贷紧缩中，金融系统内部各要素之间的相互关系成了对政策的限制因素。大额存单利率的上升及零售存单的出现威胁到储蓄贷款协会和互助储蓄银行的生存。20世纪30年代的立法改革制定的抵押贷款标准，曾经有效地制约了用高利率限制投资融资的做法。

金融系统的内部联系十分复杂。一个市场对另一个市场的反作用相当之大。

---

① Milton Friedman and L. J. Savage. "The Utility Analysis of Choices Involving Risk," *Journal of Political Economy* LVI (1948).

② 我在两个地方讨论过这场信贷紧缩及其后果："The Crunch and Its Aftermath," *Bankers Magazine*, February-March 1968，以及 "The Crunch of 1966—Model for New Financial Crises," *Trans-action Magazine*, March 1968.

自大额存单市场在20世纪60年代初诞生以来，它就一直是诱使储户从储蓄机构逃离的潜在威胁。二级市场发展的不充分和对抵押贷款的价格缺乏支撑，意味着当储蓄贷款协会和互助储蓄银行普遍需要出售他们的部分头寸时，他们常常会陷入资产受损的危险境地。对这些机构唯一有效的保护措施是防止他们的存款负债流失，也就是说，他们应该进行再融资，而不是出售他们手中的头寸。然而，想要做到这一点，他们必须时时刻刻保证自身的市场竞争力；储户逃离——现在称为"歧视"——的风险时刻存在。因此，一个对美联储政策的有效限制因素是，美联储需要将家庭可获得安全资产的利率维持在储蓄贷款协会和互助储蓄银行能够承受的利率范围之内。

这些储蓄机构大量投资长期抵押贷款，而长期抵押贷款反映的是历史利率。尽管抵押贷款的预期还款时期会短于合同规定，但是储蓄机构比起商业银行来说，其资产反映的是经济系统在相对久远得多的过去的运行状态。因此，只要抵押贷款的标准是完全分期还款和固定利率，那么想要利用利率上升来限制投资需求，就会面临一个有效的制约因素，即当前利率需要与历史利率保持一致。

当然，我们不会在每次利率上升时都对(储蓄贷款协会、互助储蓄银行和保险公司的)资产进行重估，也不会按照市场价格而非票面价格为抵押贷款定价。尽管储蓄机构可能在技术上已经无力偿债，但它们可以通过按票面价格估值来维持拥有偿付能力的假象。如果一家储蓄机构的资产回报低于包括持有存款所造成的成本在内的营业成本，那么尽管该机构可以让自己看起来仍具有偿付能力，但是这些持续的损失会导致它的净资产不断缩水。考虑到储蓄机构的高负债，这种经营损失注定不可持续。因此美联储受到金融市场结构的制约，必须保证零售存款的利率不要上升过多。

如果想要在长期利率迅速且大幅增长的同时保证储蓄机构的正常经营，那么把完全分期还款长期抵押贷款的利率从当前的固定利率调整为浮动利率就势在必行。对于美联储来说，如果想要能够不受限制地采用那些会导致长期利率激增的政策，就必须推动抵押贷款向浮动利率的方向演进。这一目标可以通过下列手段实现：为浮动利率抵押贷款提供贴现；为进行此类贷款买卖的票据经销商提供贴现；或者只为此类贷款提供联邦保险。促使专门的政府机构采用这种抵押贷款的替代惯例的政治困难，是反对目前中央银行分权结构的一个理由[①]。

在1966年的小型危机中，当局的不同部门均未关注到由抵押贷款标准产生的金融系统缺陷。当商业银行争夺零售定期存款的竞争威胁到储蓄机构的流动性和偿付能力时，当局向国会寻求权限，来为全部受保护的存款机构所持有的不同规模的

---

① 人们还提出了多种与此不同的浮动利率抵押贷款的实现手段。对于"良好金融社会"的整个问题来说，亨利·西蒙斯的各种著作仍然具有重要意义。参见"A Positive Program for Laissez Faire" and "Rules versus Authorities in Monetary Policy"; 都再版于 H. Simons, *Economic Policy for a Free Society* (University of Chicago Press, Chicago, Illinois, 1948).

存款设定相应的利率上限，并获得国会批准。这一"招数"的结果是这样一种模式：零售定期存款利率被当局设定在能够保证储蓄机构正常运行的水平上，同时批发定期存款利率则要与公开市场利率(国库券和商业票据的利率)竞争。一旦市场利率上升，当局就必须在商业银行出现挤兑和提高批发大额存单利率上限之间做出选择。

批发大额存单或市场工具利率的每一次上升，都会提高在零售定期货币市场和批发定期货币市场之间进行套利的可能收益。在那些实行单一银行制(与分支银行制相对，即规定商业银行只有一个独立的银行机构，不设立分支机构的制度。这种制度下，商业银行的经营范围常受地域的限制——译者注)的州，1968年中期的批发大额存单对于进行零售定期存款业务的社区银行来说是一种有利可图的投资。那些可以绕过监管的新中介和新工具显然是市场对于这种套利空间所做出的反应。对于交易规模下限为100 000美元的批发交易来说，没有什么东西是神圣不可侵犯的。商业票据显然是进行上述套利的工具。若考虑到近期待清偿商业票据的价值快速上涨，那么利用新中介和新工具来获利的可能性就尤为吸引人。

在信贷紧缩时期，商业银行和美联储对清偿信用额度的总量最多只有一个模糊的概念，其原因部分在于信用额度本身常常就是不够明确的，而且潜在借贷者获得信用额度的最常见方式是保证一定的存款余额。"大"储户认为自己购买了信用额度，而在1966年的这场小型危机中，银行家和储户都发现这种非正式的存款余额惯例是十分令人尴尬的。

信贷紧缩让许多公司意识到，商业银行并非永远都是融资的可靠来源。在其后的两年中，待清偿商业票据的价值出现了爆发式增长，这可能是上述观念转变的结果。从1966年中期到1968年初，待清偿商业票据的增长率达到了年均40%以上，而总量也从1966年1月的100亿美元上涨到了1968年春的190亿美元。

现在的商业票据市场是一个批发市场——专门从事商业票据交易的经销商是华尔街上数量最多的几种机构之一——而且典型工具的规模十分庞大，以至于出价和要价之间的差距很小。公开市场利率和零售定期货币的可获得利率之间的巨大差距又一次招致大量套利行为，这会导致储蓄中介机构的"挤兑"。然而在这种风险以外，商业票据市场的增长还与银行和他们的一些大型客户之间的新型关系的发展有关。

在过去两年中，依据商定的费用(比如总额度的0.25%或0.5%)，而不是依据存款来支付的合约信用额度出现了快速增长。对于那些通过商业票据市场将这种合约信用额度与短期融资联系起来运作的企业而言，商业银行系统现在成了他们的最后贷款人，而不再是最初的信用提供者。(这些公司现在主要依靠商业票据市场进行短期融资，然后在市场不能顺利运行时才使用商业银行的信用额度履行相关义务，使得商业银行在事实上承担了它们最后贷款人的角色。商业银行的职责和运作方式也由此发生变化，存款不再是制约融资借款的因素，银行不再是融资的主渠道。银行被票据市场所取代——译者注)

因此，从事商业票据交易的金融中介经销商在融资业务中的重要性不断提高。由此出现了一些美联储必须正视的、与金融制度的演化相关的关键问题，即这类经销商如何为他们的头寸融资，是否存在(或者是否应该鼓励创立)商业票据的二级市场，以及这些经销商是否应该被保有再融资的权利等。美联储要选择如何引导市场发展：是致力于促进其增长，还是除非被逼无奈，否则不采取任何措施，抑或是尝试阻止其更进一步的发展。

通过允许贴现窗口接受经销商的商业票据，美联储可以加快商业票据市场的发展。它也可以要求商业银行为合约信用额度中未使用的部分提供准备金，以使银行系统用作"剩余"贷款人部分的资金成本更高，从而为这种发展制造障碍。

对于金融市场的演化，当局要做出决策，或支持，或反对，抑或无动于衷，这些决策需要基于如下观点之上：金融市场怎样才能最好地提高经济效率，加快经济增长，强化经济稳定。从1966年的经验我们显然可以看到，当某种稳定性危机即将爆发时，当局采取的政策有可能成功解决短期问题，但这种政策并未触及市场环境，而这种市场环境会酝酿更进一步的困局。尽管隔离市场也许是防止储蓄中介机构挤兑的一种有效方法，但只要基础的抵押贷款保持不变，而机构直接提高利率的能力或导致利率快速上涨的政策受到限制，那么储蓄中介机构在面对利率上升时就仍然十分脆弱。

同样，无论美联储在何时试图采取紧缩的货币政策，更大规模的商业票据市场和更多数量的合约贷款承诺的结合，都会导致信用额度提款的大量增加。在这种条件下，银行将要么选择持有更多受美联储保护的短期资产，要么倾向于比近些年更自由地使用贴现窗口。在任何一种情况下，美联储的紧缩政策都不能有效地限制银行准备金的增长，而只能改变准备金的来源和价格。如果货币市场是以这种方式演化的，那么所有的金融机构和金融市场的演化就势在必行，以在利率波动幅度更大的情况下保证其稳定性。再一次地，标准抵押贷款的性质成了一种约束。看起来货币市场和金融市场新近的变革正在削弱货币政策在限制过度扩张方面的有效性。

8.3　操控不确定性

教科书中的标准模型说明了如何能够权衡货币政策和财政政策，以产生一个意愿的收入水平，但该模型不允许存在任何像不确定性这样的脆弱性因素。与之不同，我们将在这里使用不确定性这一术语，并在金融机构的特定操作方式和金融市场的特定运行机制之下研究不确定性①。

金融机构通过发行金融债务来持有金融资产。它们持有及发行的合同规定了：在特定日期(有些情况下是在某一自然状态或社会事件发生时)根据需要应该支付一定数量的现金。因此，对于每个资产组合来说，在各时间段内都会有流入和流出的现金流，这些现金流都由合同明确规定。但是，每个时间范围内实际现金流的大小取决于追索条款(允许贷款人以任何理由要求借款人全额偿还余额的条款——译者注)和意外条款(规定借款人因意外情形而不能履行合同而无须承担责任的条款——译者注)的实际执行情况，因而取决于外部经济状况和金融市场状况影响金融机构的方式。对于每一份合同来说，合同规定的条款都有一定的(主观的)可能性不被履行。因此，该机构的净现金流的取值有一定范围，既可能为正，也可能为负，范围内的每个值对应一定的概率。

合同条款可以产生现金流，除此之外，现金流还可以通过在市场上购买或出售合同(包括销售新签订的合同)创造出来。销售资产而获得现金或者购买资产而失去现金的行为，如果出于短期考虑则称为"建立头寸"，如果出于更长期的考虑则称为"投资"。由于现金流的原因，每当出现亏损或盈余，就会有单位通过购买或销售来建立头寸。当市场运转良好时，建立头寸不会导致大的资本风险。而当某个单位想要通过出售特定资产来建立头寸，且相关市场运行异常时，就可能产生导致严重损失的资本风险。

因此，除一个单位的预期现金流亏空和富余的频率分布这一不确定性以外，金融市场上还存在另外一种不确定性。这种不确定性与这个单位想在某个日期通过在各种货币市场操作建立头寸时，这些市场当时的状况相关。

请注意，市场状况不佳并不仅仅意味着，想要在市场上进行出售的单位不得不在价格上做出较大让步。每当一个单位出售资产时，就会有另一个单位将该资产建为自己的头寸。这一交易的完成意味着购买方接受了一定的资本风险。如果潜在购买者的资本已经陷入困境——正如在市场下跌时发生的那样——而且如果他相信市场混乱带来损失的风险已经足够大，他就不会买入头寸。在利率快速上升的时期，国库券和其他短期证券的报价总是能反映交易价格，但长期证券的报价并不反映任何重大的交易量。此外，长期证券的交易常常带有条件。所报的价格也许会低估在这些市场上建立头寸的实际成本。

鲁萨(Robert Roosa，原文误写作Rosa，现依据相关文献予以修订——译者注)在他关于信用可得性理论的奠基性文章中，讨论了"二战"结束时放弃"钉住利率"

---

① 接下来要讨论的不确定性概念看起来和凯恩斯在他对维纳等人的批驳中所提出的观点是一致的。J. M. Keynes, "The General Theory of Employment," *Quarterly Journal of Economics* (February 1937).

在金融系统中引入的不确定性①。这一讨论聚焦在政府证券市场，主要是国库券市场。即使在废除"钉住利率"制度以后，美联储仍然承诺保护这些市场，以防市场陷入混乱。因此，小损失固然令人不如意，但是让大损失迫使所有的单位都重新审查其意愿投资组合(即通过买卖资产进行优化调整，比如止损抛售——译者注)，作为一种政策工具而言却是不可取的。

一旦联邦基金、大额存单乃至于市政证券取代了政府证券而成为建立头寸的工具，银行和其他货币市场组织就都要依赖于那些不受美联储保护的市场的表现。在这种条件下，当需要市场平稳运转时，市场可能难以保持平稳。因此20世纪60年代的不确定性和鲁萨所说的完全不同。

因为可以把全部单位都看作金融单位，所以也可以通过对合同规定的支付承诺和经营所获得的现金流进行对比，来对流入流出收入生产单位的现金流加以分析。问题始终在于，在一个单位现金流预期变动给定的情况下，该单位可以拿其预期现金流中的多少，为其发售特定类型的债券作抵押或质押。

在持续的繁荣时期，经济前景一片大好，工商业企业和金融机构会倾向于提高他们的短期支付承诺，例如，提高短期支付承诺与经营获得的预期现金流之比。由此会产生如下过程：企业或金融机构会用一种资产来代替另一种资产，或者在流出的现金流大于流入的现金流时，通过负债来为头寸融资。经济繁荣期的特点之一，就是公司和金融机构的流动性状况同时拉紧②。

如果这种资产组合的调整是金融系统信贷扩张的主要来源，那么美联储就难以通过通常的货币数量控制来为信用扩张降温。尽管从长期来看，无论是好是坏，拥有的储备都可能是货币供给和信用的一个良好的近似决定因素，但在短期中这种关系完全不准确也是事实。

在导致货币流通速度加快的资产组合变动成为投资融资的主要来源时，货币数量控制的缺陷会因为信用额度网络的存在而得到显性和隐性的强化。这使得任何一天发放的贷款都是在此之前和持续进行的业务关系的结果。在投资繁荣驱动的经济扩张时期，美联储和主要的货币市场银行看起来失去了对贷款规模的控制。

普通企业可以接受的负债结构和金融机构可以接受的资产负债结构，既反映了对收入生产所带来的现金流的可能变动的看法，也反映了这样一种信念：如有必要，通过出售资产或增加负债来建立头寸不会带来重大损失。对于金融市场正常运转和经济系统持续带来高收入的能力的信心会导致经济扩张，这种扩张与货币数量

---

① 　Robert Roosa, "Interest Rates and the Central Bank" in *Money，Trade and Economic Growth* (Essays in Honor of John H. Williams) (New York，1951), pp. 270–295.

② 　对资产组合在持续繁荣期的系统性变化和正式的现金流模型的讨论，参见Minsky, H. P.，"Financial Crisis, Financial Systems and the Performance of the Economy" in Commission on Money and Credit, *Private Capital Markets* (Englewood Cliffs, N. J., 1964).

的增加关系并不密切。冒险意愿的不断增强是这一经济扩张的基础，资产组合的变动则是这一经济扩张的主要融资来源。

在这种环境之下，美联储有一个限制经济扩张的办法。这就是通过重新引入不确定性来使最优负债结构和资产结构变得更加保守。想要做到这点，一个途径是让收入和就业出现波动，也就是说，允许萧条和衰退产生。这一途径大概并不会得到采用。另一种产生不确定性的途径是，当机构想要在金融市场上融资时，让它们担心金融市场未来是否还能正常运转。因此干扰金融市场可能会是货币政策的一种必要工具。

在信贷紧缩爆发之前的这段时期，联邦基金利率等头寸建立利率和贴现率之间的差距越拉越大。显然，对贴现窗口的严格管理成了向联邦储备银行借款的障碍。不为牟利而借款的原则，变为不借贷的原则，除非能得到贴现窗口经理的默许。传统的中央银行理论认为，以惩罚性利率贴现符合条件的票据能实现无限弹性的准备金供给，这在美国从未完全适用，因为符合条件的票据的利率通常都高于贴现率。不过，贴现率是一种惩罚性利率，因为就建立头寸而言，它比使用货币市场工具更昂贵。与以贴现率借入的款项的盈利能力相关的利率，不是传统商业贷款中的抵押票据利率，而是国库券利率、联邦基金市场利率或者其他可用于建立头寸的货币市场上的利率。

在一个严格管理的贴现市场上，票据是否具有贴现资格成为要审慎考虑的事。当美联储突然引发货币市场收紧时，这种审慎的贴现窗口不会自动扮演安全阀的角色。因此，当美联储在1966年最终降低准备金的增长速度时，随着大额存单的到期，公开市场利率的上涨超出大额存单利率的上限，便导致了商业银行的"挤兑"。由于有担保存款(若存款数额超过联邦存款保险公司的限额，即10万美元，银行则需要用自有的政府证券等为超额部分提供担保——译者注)的增长和政府证券持有量的普遍下降，银行无法通过交易国债来建立头寸。7月和8月，银行开始通过减持市政证券来建立头寸，而市政证券价格的下跌导致了巨额损失。

贴现窗口的严格管理，准备金增长率的急剧下跌，由先前对商业组织的贷款承诺所带来的贷款需求上升，以及商业银行通过出售市政证券来建立头寸的尝试，这些共同导致了用于建立头寸的金融市场的混乱状况。尽管商业银行为了获取流动性而在价格上做出让步，但是美联储仍然维持了严格管理贴现窗口的政策。伴随着正常的头寸建立活动的崩溃，市场上出现了接近于所谓的恐慌的状况。每个人都相信美联储会采取措施来挽救局势，但问题是采取措施的时间，以及需要付出的代价。美联储最终于9月1日介入，为经营状况"良好"的银行开放了贴现窗口。特别地，为市政证券的抵押开放了贴现窗口。这一措施具有双重作用，既稳定了价格急剧下跌的市场，也通过将贴现资格扩展到一种新型的票据增加了流动性。

8.4　总结：联邦储备系统的职责范围

1966年的事件可以解读为利用政策工具制造的一场近乎危机的事件，其目标是通过让"流动性"再次变得有价值来打破投资热潮。"幸运"的是，由于越南战争的规模持续扩大，投资和收入没有出现积累性下跌。由于联邦政府相对于整个经济来说规模巨大，因此除非在出现金融危机的同时联邦部门的规模剧烈萎缩，否则可能会导致大萧条的积累性衰退将难以发生。

在联邦政府规模巨大，不再有巨幅的收入下降对资产组合形成制约因素的情况下，经济貌似平安无事，但实际上却是危机重重——避开了刀刃，却坐在火山口上。危险在于投资的爆发式增长可以通过资产组合的变动来融资。美联储想要对这种发展加以限制，就必须进行增强流动性价值的操作；可以通过时不时地主动制造信贷紧缩，或者放任信贷紧缩爆发来达成这一目的。

大额存单的利率存在上限，这意味着美联储总是可以诱使商业银行出现挤兑风潮。具体做法是，当竞争性市场工具的利率上涨时，不随之上调大额存单的利率上限，从而降低大额存单的吸引力。此外，其他金融机构和其他市场的存在意味着主要受利率上升模式影响的可能不是商业银行；1966年，是储蓄中介机构承受了巨大压力。

20世纪60年代发生的事件的结果是，我们现在可以比以往更加清楚地看到，联邦储备系统的职责范围已经超出了成员银行系列。尽管存在专门的存款保险和监管机构，但是美联储仍然是最终的保有流动性的机构，其他机构如果想要履行自身的职能，也需要美联储的合作。最终，美联储要对整个金融系统的正常运作负责。

如果人为地制造信贷紧缩被美联储接受为一种运用其权威的一种方法，那么这种扩展了的职责范围就具有更大的意义。我们的金融系统十分复杂且内部相互依赖，在这种系统中，我们无法判断，在采取严厉的金融管制之后，常规金融活动的断裂会在哪里发生。信贷紧缩技术首先会在整个经济中造成损失，进而带来对更大损失的恐惧，随后，美联储通过迅速采取措施，防止任何积累性通货紧缩压力的出现。为了让美联储能够以这种方式操作，需要它能够明确其最后贷款人职能，这也许可以通过为合适的资产开放贴现窗口来实现。因此，接下来可能需要重组中央银行的结构，让美联储能够和更大范围内的市场和机构产生联系，这可能可以通过开放贴现窗口并使之常态化来实现[①]。

商业银行和公司的财务技术在发展——它们导致了更接近现金管理的运作方

---

① 联邦储备委员会在 *Reappraisal of the Federal Reserve Discount Mechanism: Report of a System Committee* (July 1968)中，看起来也持相似观点。

式，商业贷款市场也在增长，还有合约信用额度更大幅的上涨，所有这些因素可能意味着，无论何时紧缩政策导致待清偿商业票据数量下降时，商业银行都将需要贴现窗口愿意为其提供贷款。但是，通过公开贴现窗口配给资金是根据价格进行的；因此，货币政策可能需要在利率方面有更快速和更大幅度的波动。

考虑到市场已被不断细分，因此如果利率快速上升，那么金融系统维持正常运转的能力是有限的，这是因为在不同市场间的套利行为和储蓄机构的脆弱性都为金融系统增添了风险。结果是，用来限制经济快速扩张的货币政策在使用上会受到诸多严格的限制。投资的不稳定增强和金融系统脆弱性的不断积累可能意味着，在不久的将来，我们会比迄今为止更加依赖灵活的财政政策。其原因并不在于货币政策本身是无力的，而在于目前存在的一套特殊的制度安排。

美联储：左右为难[①]

联邦储备委员会投入越强的力量来对抗通胀，通胀就变得越严重。美联储在去年10月高调推出了改头换面的新政策，旨在使其能够限制"货币供给"的增长，而不管"这货币"可能是个什么东西[②]。这一行动的理论基础大体上是货币主义理论，根据这一理论，对于"这货币"供给增长的限制在数年后将会使通胀告一段落。这一理论认为，通胀可以在不出现严重困难时期的情况下逐渐得以消除。

现在我们已经可以看到新政策头六个月的成效。结果并不令人满意。不仅通胀没有消除，价格增速反而加快了。此外，债券价格在1980年的头几个月大幅跳水，如果这种现象影响到持有债券和抵押贷款的金融机构的账目，那么这就无疑会使许多主要机构"行将破产"：它们按市场价格计算的净值为负。行将破产的企业可以以竞争性利率发行或出售债务工具，这使得它们能够偿还到期债务，由此公开破产得以避免。但是，这种机构所持有资产的利率仍然是昨日的低利率，而所负债务却要按现在高得多的利率来偿还。这种资产/负债状况造成的损失意味着在1980年，行将破产的企业正在因为失血而趋于死亡。

但是，经济状况也并非一无是处。当我们列举那些惨淡的经济指标——超过16%的通胀率，超过20%的利率，6%的失业率，缓慢的增长速度，持续遭受国际压力的美元，以及不断增加的贸易赤字——时我们必须认识到，"二战"后的经济具有一个极其重要的优点：一直没有发生严重且长期的萧条。此外，尽管在1966年、

---

① 转载自 *Challenge*, May/June 1980, pages 30–36. ©1980 by M. E. Sharpe, Inc.

② 货币主义提出控制货币供给量的政策建议。但无论是经济理论还是政策当局，都对于"什么是货币"不甚了了，说不清楚M0、M1、M2、M3哪个变量会对就业、产出产生确定性的影响，因此美联储不得不于1980年和1982年两次重新定义各种货币所包括的项目，并于2006年3月16日彻底废止了在美联储网站发布M3的数值。明斯基在这里为"这货币"加引号既表达出也讥讽了在当时乃至目前依然存在的美联储对货币概念及其数量量度上的困难和混乱。对此，诺贝尔经济学奖获得者托宾也对弗里德曼的单一货币规则做出如下嘲讽："弗里德曼和他的追随者们似乎会说，我们并不知道什么是货币，但不管它是什么，它的存量应该稳定地以每年百分之三至百分之四的速度增长。"James Tobin: "The Monetary Interpretation of History", The American Economic Review , Vol. 55, No. 3(Jun., 1965), p465.——译者注

1969—1970年和1974—1975年出现了信贷紧缩、流动性紧张和银行崩溃，但是金融系统并未经历"交互作用"的债务紧缩过程，而那种过程在"二战"前会周期性地出现。

当今美国经济结构中的一些特点使得经济不会像历史上早些时候那样，爆发经济危机和深度萧条。同时，这一结构的某些特点也会使得经济容易产生不断加速的通货膨胀。两者相互联系：不爆发金融危机和深度萧条是硬币的一面，容易产生不断加速的通货膨胀和诸如滞胀等异乎寻常的问题是硬币的另一面。如果想在20世纪80年代做得比70年代更好，我们需要理解这一联系，这意味着我们必须超越货币主义对我们的经济如何运转的解读。

9.1 美联储的双重职能

货币主义理论认为，货币收入增长率由货币增长率决定，而且美联储可以通过控制货币供给来实现无通货膨胀的经济增长。货币主义理论将一个存在于单向时间中的复杂的、不断演进的经济系统的运转，简化为简单的公式，其信仰者乃至于新近的皈依者都能背诵出来。

在货币主义理论中，美联储的职能是把"这货币"供应量的增长控制在某个比率上，而这一比率来源于基于产能增速的假设而得到的"公式"。事实上，美联储之所以诞生，并不是想通过控制货币的供给以实现对货币收入增长速度的控制；它之所以在20世纪初得以诞生，是因为银行和金融系统当时遭遇了周期性的金融危机。当时的人们觉得，为了防范或限制这种危机的危害，需要一个执行最后贷款人职能的机构。美联储的目的是通过防止债务紧缩(如1929—1933年出现的那样)，而不是通过控制货币供给来稳定经济。

因此，美联储既是最后贷款人，也是经济调控者。作为最后贷款人，其任务是防范会导致金融机构大规模倒闭的金融不稳定；作为经济调控者，其任务是在刺激经济走向充分就业和物价稳定的增长路径方面提供帮助。

尽管我们现在面临着诸多困境，但是自"二战"以来的这些年是美国经济史上独一无二的成功时期，在这一时期债务紧缩及由此产生的深度萧条都得以避免。这段长达三十五年的成功时期分为两个阶段。第一阶段从"二战"后持续了大约二十年，经济快速增长的同时物价整体上稳定。在这一时期，美联储没有必要为了维持金融系统而作为最后贷款人进行干预。

在这二十年中，由于私人债务快速积累，金融市场上的新机构、新工具如雨后春笋般出现，因此在20世纪60年代中期，平稳的经济过程被越来越强的金融和经济的动荡所取代。从1966年开始，美联储一共执行了三次最后贷款人职能——1966年、

1969—1970年和1974—1975年。通货膨胀在1966年以前都还是一个温和的统计学概念，但在20世纪70年代却成为夺人眼球、显而易见的现象。

美联储每次执行最后贷款人职能，都会使一些金融机构或金融市场免于崩溃。在它这样做的时候，它会向经济中引入额外的美联储负债，并为一些金融实践提供美联储担保。因此，它在1966年保护了使用大额存单的银行，在1969—1970年保护了商业票据市场，在1974—1975年则将那些美国银行海外分支机构负债的持有者纳入担保范围。美联储在1966年、1969—1970年和1974—1975年，通过隐性背书使金融市场行为合法化，为随后通货膨胀的爆发提供融资奠定基础。

如果美联储没有在1974年保护富兰克林国民银行伦敦分行的储户，或者在保护了这些储户之后，对美国银行的离岸存款增长设定审慎和有约束力的标准，那么1973年以来油价的各种上涨就无法持续。在亚瑟·伯恩斯的领导下，美联储要么是忽略了，要么是无视经济学的这样一条基本准则：只有得到资金支持，事情才有可能发生。如果美国银行海外分支机构的存款不被允许无限制地扩张，如果这些存款是处于风险之中的资产，而不是受到美联储隐性担保的资产，那么1974年春天之后不久，OPEC的石油价格卡特尔就会被打破。

9.2　1929 年和 1979 年

在五十多年前的大萧条时期，美国经济完全崩溃，如今的美国经济与那时相比有了很大不同。表9.1列出了从1929年开始的每一个十年末，经济各项指标的价值额及其与国民生产总值的比率。这些年来，"比率"保持相对不变的基本上只有投资占国民生产总值的比重(1929年为15.7%，1959年为16.0%，1969年为15.6%，1979年为16.3%)。有一种误解认为，经济的问题在于投资不足。事实上，我们投资相对于GNP的比率在1979年与早些年经济繁荣时期的比率大致相同。

1929年以后需求和产出构成的主要改变是：消费占GNP的比重下降，政府支出占GNP的比重上升——无论用什么方式测算——及出口占GNP的比重在近期的上升。如果我们把1929年不同种类的比率和1979年相比，就会明显地发现需求的构成已经出现了剧烈的变动。没有道理指望诸如1929年占统治地位的那种小政府的经济体(联邦政府支出占GNP的2.5%)的表现同大政府的经济体(联邦政府支出占GNP的21.4%)一模一样。

政府规模如何影响我们经济的运行？我们的经济是资本主义的，这意味着生产由利润驱动。进一步来说，在我们的经济中，企业通过负债来为资本资产所有权融资。企业的现金流大约是企业支付的利息与税后总利润的总和，或者换句话说，是税后总资本收入。这一收入是企业可用于履行债务支付承诺的资金的主要来源。

对于经济的每一种负债结构来说，都有一个最低总利润水平，这一水平与企业能够成功履行支付承诺的水平相一致。企业债务的规模和条款决定了一定门槛，在这一门槛之下，税后总利润的任何下降都会导致无力按合同规定偿还债务的企业数量增加。想要维持或增加收入，就总是需要进行新的债务融资。企业无力履行支付承诺的情况出现任何显著增加，都会导致企业可获得融资规模的减少。融资的减少则意味着投资的减少，这也意味着收入和就业的下降。

表 9.1　1929—1979 年部分年份的国民生产总值及其组成

年份	国民生产总值	消费	投资	政府购买			对个人的转移支付	出口	联邦政府支出
				总量	联邦政府	州政府和地方政府			
十亿美元									
1929	103.4	77.3	16.2	8.8	1.4	7.4	0.9	7.0	2.6
1939	90.8	67.0	9.3	13.5	5.2	8.3	2.5	4.4	8.9
1949	258.0	178.1	35.3	38.4	20.4	18.0	11.7	15.9	41.3
1959	486.5	310.8	77.6	97.6	53.9	43.7	25.2	23.7	91.0
1969	935.5	579.7	146.2	207.9	97.5	110.4	62.7	54.7	188.4
1979	2 368.5	1 509.8	386.2	476.1	166.3	309.8	241.9	257.4	508.0
占 GNP 百分比 (%)									
1929	100.0	74.8	15.7	8.5	1.4	7.2	0.9	6.8	2.5
1939	100.0	73.8	10.2	14.9	5.8	9.1	2.8	4.8	9.8
1949	100.0	69.0	13.7	14.9	7.9	7.0	4.5	6.2	16.0
1959	100.0	63.9	16.0	20.1	11.1	9.0	5.2	4.9	18.7
1969	100.0	62.0	15.6	22.2	10.4	11.8	6.7	5.8	20.1
1979	100.0	63.7	16.3	20.1	7.0	13.1	10.2	10.9	21.4

资料来源：Economic Report of the President, January 1980，Table B1, page 203, except Government Transfer Payments to Persons, Table B18, page 223, and Foreign Government Expenditures, Table B72, page 288.

　　因此，宽泛定义下的利润是一个有着私人企业债务的经济体赖以正常运转的轴心。有必要理解是什么决定了利润。在来源于卡莱茨基的一种大胆的抽象表述中，总利润等于投资。如果把可能存在赤字的政府和贸易差额所反映的世界其他国家都考虑在内，那么税后总利润就等于投资与政府赤字之和再减去贸易逆差。

　　1929 年，投资规模为 162 亿美元，而联邦政府支出为 26 亿美元。1930 年，投资下降了 36.4%，降至 103 亿美元，联邦政府预算从 10 亿美元的盈余摇摆到 3 亿美元的赤字。政府赤字的改变无法抵消 59 亿美元的投资下降，所以工商业总留存收益从 1929 年的 115 亿美元下降到了 1930 年的 88 亿美元。按照这一标准，可用于履行债务支付承诺的现金减少了 23.5%。随着国家陷入衰退，债务负担加重。

　　1979 年，投资为 3 862 亿美元，联邦政府总支出为 5 080 亿美元。投资大规模减少对于利润的影响可以被政府支出的提高和税收的下降所抵消，而这正是1975年出现的情况。1975年，投资是1 909亿美元，比1974年减少了大约237亿美元。而1975年的政府赤字为706亿美元，比1974年增加了约599亿美元。因此，1975年的工商业总留存收益为1 762亿美元，比1974年高了大约383亿。在这个战后最严重的衰退期，企业扣除税收、利息和分红后的现金流上升了28%。

1929—1930年与1974—1975年的对比是令人震惊的。1974—1975年，大政府的赤字维持了企业利润，使得企业能够履行对银行和其他金融机构的支付承诺。1930年，企业必须偿还1929年及更早时期因现金流萎缩而签订的债务。事实上，企业的现金流在1931年、1932年和1933年初一直在收缩。1929—1933年，从过去继承下来的债务负担加重了。1975年，即使经济处于"二战"后最严重的衰退时期，企业继承下来的债务负担也是下降的。

在1929年那种结构的经济体中，有可能会出现利润不足，从而使企业难以或不可能履行其债务支付承诺。在1979年的需求结构下，就不可能出现这样的利润短缺。在1979年的结构下，投资下降对收益的影响将被政府赤字的上升所抵消：在抵消作用的最低限度上来说，利润波动的幅度将减小，而在"最大限度"上，波动可能会消失，甚至变成"反周期"的情况。

1974—1975年自动的和相机抉择的财政反应，并不是防止深度萧条的唯一的政府干预措施。1974年5月，富兰克林国民银行的货币市场负债发生了挤兑。纽约联邦储备银行向富兰克林国民银行开放了贴现窗口，使其能够偿还到期债务。1974年10月，富兰克林国民银行倒闭。在1973—1975两年多的时间里，四家十亿美元级别的银行需要美联储的特别援助，其中两家倒闭。此外，在同一时期，相当数量的小银行倒闭，房地产投资信托公司公开和隐蔽地普遍倒闭。这一连串的破产之所以没有导致交互作用的崩溃，是因为美联储和其他政府机构作为最后贷款人，干预阻止了每次破产引发其他几次破产的过程。

9.3　最后贷款人

美联储身兼二职。一是货币政策的制定实施者。当美联储承担这一职责时，其目标是实现非通胀型增长。二是最后贷款人。当美联储承担这一职责时，它积极地为那些按商业条款筹集资金的能力受到损害的单位提供债务再融资和提供资金。最后贷款人的行动为银行系统注入准备金，并为受美联储保护的债务持有人的违约风险设定上限。向私人金融系统中注入准备金和扩大美联储担保的范围，都会提高银行和其他金融机构从事融资活动的能力和意愿。如果最后贷款人的互动影响没有伴随着限制金融市场行为的监管和改革，那么一旦商人和银行家的"动物精神"从最初迫使美联储采取最后贷款人行动的危机所带来的短暂冲击中恢复过来,这种干预就会为推动通胀型扩张的融资提供条件。

因此,美联储陷入了两难困境。它所面对的是一个非常精致和盘根错节的金融体系,在这个体系中,可获得的融资会对需求产生响应。这个复杂系统的存在意味着金融机构之间必须进行大量的支付,并且存在一套金融关系,这种金融关系取决于银行融资作为"备用"资金来源的可获得性。只有当美联储将利率提高到足够高,使需要再融资的单位由于预期利润或现金流的不足,而在市场上丧失了融资资格,才能停止通货膨胀的过程。美联储只有先创造出"行将破产者",然后把它们转变为公开的破产者,才能打破通胀进程。当行将破产者被剥夺了银行融资或其他正常融资,而试图通过出售资产来履行偿债义务时,资产价值就会崩溃。当这种情况发生时,破产的流行病就会爆发。自20世纪60年代中期以来,美联储只有在将经济推向金融危机边缘时,才有能力迫使经济收缩。1966年,美联储迫使银行大额存单出现虚拟挤兑,并导致市政债券市场陷入混乱。1969—1970年,它迫使商业票据市场出现混乱,从而打破了通胀型扩张。1974—1975年,它任凭货币市场状态发展,使得大量银行倒闭(富兰克林国民银行不是唯一的倒闭银行)和房地产投资信托金融行业价值200亿美元的实际清算,从而控制了通货膨胀。

金融市场混乱无序的状况和普遍的公开或隐蔽的破产,引发了最后贷款人的干预。美联储进行了干预,来阻止它在过去亲自引发的问题。美联储干预和政府赤字为随后的通胀型扩张奠定了基础。1979—1980年卡特政府时期通货膨胀的种子在1975年和1976年的福特政府期间就已经种下,那时政府赤字达到700亿美元,而美联储在进行最后贷款人干预后,并没有在后续对美国银行的海外业务施加有效限制。

9.4   对结构性改革的需求

这样就形成了一个令人沮丧的循环:用来遏制通货膨胀的措施会导致债务紧缩,而用来终止债务紧缩和深度萧条的举措又会导致随后的通货膨胀。有没有其他选择呢?以上的讨论清楚地表明,控制货币是不够的。如果我们想要打破这一令人沮丧的循环,就需要进行深远的结构性改革。

20世纪60年代中期以来,美国经济的不稳定表现得十分明显,伴随这一不稳定的是经济的普遍恶化,我们可以利用经济增长率、实际工资发展路径、失业率、美元汇率变化趋势和美元作为国际货币的地位等指标来展现出这种恶化。这些多维度的功能失调显示出,我们需要进行全面的改革;没有什么"灵丹妙药"可以治愈目前困扰经济的问题。

我们当前的经济结构很大程度上是在罗斯福的第一个任期内奠定的。在那一段富有创造性的岁月里，设立制度的目标是防止1929—1933年出现的工资和价格的灾难性暴跌在未来再次出现。许多改革是有意识地为了提高价格而设计的。在1933年，人们迫切需要一场通货膨胀来把物价至少部分地拉回到1929年的水平；这一"通货再膨胀"可以降低从过去继承来的债务负担。

罗斯福改革是在一种知识真空中进行的，当时的标准经济理论破产，因而当时的主要经济学家无法理解美国的资本主义，也无法制定有效的计划来控制和扭转经济大收缩。凯恩斯的《通论》解释了资本主义经济为什么会出现大萧条，并提出了治愈和预防这类灾难的方案，但当时该书尚未问世。

"二战"以来，一种粗鄙的凯恩斯主义需求管理政策被用于经济体，而这个经济体的结构在很大程度上反映的却是在凯恩斯主义出现以前的时期，为了防止价格和工资下跌而采用的结构设计。自从经验表明如果政府规模足够大，就可以利用赤字的变动来补偿投资变动对总需求和利润的影响，诸如20世纪30年代前为了防止工资和价格下跌而设立的那种经济结构就变得适得其反。在那种结构下，货币与财政政策在维持和增加需求方面的效果很大程度上被价格上涨所吸收。在加速通胀之后出现的滞胀正是在一种资本主义经济中需求管理政策的结果，这种资本主义经济具有如下特征：它大规模地向企业、金融机构和劳动者给予市场权力，同时伴之以低效率的转移支付计划，将其所认为的"受益者"挤出劳动力供给。

上述分析使我们能够看清所需改革的轮廓。为了防止投资不足引发交互影响的债务紧缩过程，大政府仍然是必要的，但它的规模可以比当前的政府小得多，而且可以有所不同。改革转移支付系统是必要的，不是针对穷人、老年人和弱者的惩罚措施，而是引入灵活性并消除工作障碍。儿童津贴应该被视为法定权利，取代对儿童的所得税扣除和对有抚养子女家庭的援助。这样，该福利的成人"受益者"就可以成为劳动力。与此同时，应当取消《社会保障法》中对从工作中获得收入设置障碍的那些条款。

从《国家复兴法案》开始，罗斯福政府采取了温和的反垄断政策；这种温和性质在1937—1938年短暂地中断了一段时间。为了抑制收入维持措施被通货膨胀所吸收，必须"打破"巨头公司的私人市场力量。强调竞争性市场的控制功能的产业政策结构，是旨在消除20世纪70年代惨淡周期的任何一揽子改革的基本要素。这样的改革不仅会限制私人权力中心所控制的资源，还将导致税法的改变，取消现行的企业所得税和雇主对社会保障的"贡献"，这两者都会导致资本对劳动力的替代。

1980年春季金融市场的危机清楚地表明，私营企业无法为铁路和核电等资本密集型行业提供融资，这些行业的社会效益和成本并未反映在市场价格和成本之中。在这些行业中，必须实行公有制和公共经营；或许会显得矛盾的是，私有制的资本主义并不适合于那些资本密集度极高的行业。

从"二战"后头二十年的平静和发展到过去十五年间的动荡和停滞，这一转变显然与脆弱的金融结构的出现有关，正是这种脆弱的金融结构导致金融市场出现信贷紧缩、流动性紧张和银行崩溃。应该对金融系统的结构进行基本性的重建，以促使较小和较简单的机构在直接融资中占据比现在更大的比重。

当然，上述改革建议并不能解决目前的通货膨胀危机和金融混乱。美国经济正在走上一条通往类似1974—1975年危机的道路，而且这条道路指向的危机比起1974—1975年的时间更长，程度更深。在我们能做得更好之前，我们必须了解我们的经济。不幸的是，政策制定者和政策顾问们都是一种经济理论的奴隶，这种理论忽视了经济的不稳定，从而歪曲了我们经济的本质。这或许是我们危机的一个真正衡量标准："肉食者"无人了解美国的资本主义。

对凯恩斯投资理论的阐释

10.1 引言性评论

标准IS-LM宏观经济学模型的一个基本构成部分是投资和利率之间的负相关关系。Haavelmo对这一投资函数的正确性表示质疑。Lerner、Clower和Witte的推导已经表明，仅仅通过性状良好的生产函数并不足以推导出这一标准的投资函数。Foley和Sidrauski最近提出了一个复杂版本的IS-LM模型，这一版本不那么明显地依赖于投资函数斜率为负的假设。Jorgenson在其很多著作中认为，投资是一个耗时的过程的结果，经济单位通过这一过程，从初始资本存量变为意愿资本存量；意愿存量与利率呈反向相关关系。

这些对投资理论的不同公式化构建并不足以代表凯恩斯的思想，也不能作为对它的批判。它们从未认真对待凯恩斯的观点，即现代资本主义经济中私人资产的持有和投资都具有金融和投机的基本特征。从这个视角来看，人们之所以持有资产是因为他们预期这些资产会产生现金流。这些现金流或者采取年金的形式，即标注日期的现金收入，或者采取对资产所有权进行支付的形式。金融资产的年金在合同中规定，而实际资产的年金取决于资产用于生产所产生的结果。

标准的、与生产函数相关的实物资产与投资模型仅考虑了资产或投资用于生产中所产生的现金。这忽视了出售或抵押资产产生现金的方式。尽管银行家可能会考虑其资产的流动性，但标准理论假定进行实物资本投资的普通企业并非如此。用一种标语口号式的方法来理解凯恩斯的理论就是断言，所有经济单位都像银行一样，即银行必须在存款被提取的时候准备好支付现金；普通企业或家庭必须为其债务准备好支付现金，尽管其可获得的现金收入会因为需求和成本的变化而变化。

凯恩斯理论的这种银行家视角意味着该理论仅仅与资本主义经济有关，并且这一关联度取决于金融的成熟度和经济的复杂性。它不同于新古典经济学，后者是抽象经济的经济学。凯恩斯的模型构建体现的是制度的特征与演化。

尽管源于业务的现金流及源于合同履约的现金流是重复出现的现象，因而我们可以从观测结果中推导出其频率分布,但对很多资产而言,尤其是耐用的实物资本——通过销售和抵押来获得现金流通常是发生在特殊情况下的"罕见的、不寻常的"现象。正因如此,有关其概率的观点是模糊的、不精确的,并且可能出现急剧的变化。对货币的投机性需求——对实物资产定价的投机性影响——与通过销售来获得现金的这种资产使用方式有关。

当有人像凯恩斯那样提出了一个新理论时,他的脑海中肯定有一些东西是无法用现有理论或标准理论得出令人满意的解释的。从标准理论的视角来看,这些解释不清的观测结果是一种异常现象,但从不同于标准理论的替代性理论来看,这些结果却恰恰是可以预见到的。标准经济理论认为20世纪30年代的大萧条及其非常显著的金融特性是一种异常现象(费雪)。凯恩斯构建了商业周期的投资理论和投资的金融理论。虽然当希克斯转向讨论商业周期理论时,发现有必要重新引入金融的特征——尽管是以一种不自然的方式,但在希克斯的引领下,对凯恩斯(理论)的标准化表述削弱了它的金融与周期性特征(Ackley)。Duesenberry、Turvcy、Lcijonhufvud和Brainard-Tobin都表现出复兴凯恩斯理论的金融方面的努力。

值得注意的是,总的来说,计量预测模型抽象掉了对金融的分析。即使是在最"货币化"的计量模型——F.R.B.-M.I.T模型——中都没有出现债务结构及对流动性赋予的可变的价值。我们的研究目标(本阐述也作为其中的一部分)是提出一个更为丰富的、可以更好地综合美国资本主义的金融与实际方面的宏观经济模型[①]。

引用凯恩斯在《通论》中对利率最初的表述并不能让人充分理解更基本的现象:是什么在特定情况下决定了实物资产和金融资产的相对价格,以及这些价格如何与投资流量联系起来?在凯恩斯反驳维纳的著名评述时,他阐明了对投资过程的观点。这一反驳成为其之后投资观点的基础[②]。

10.2 基本组成部分

图10.1展示的是凯恩斯投资模型的基本组成部分。凯恩斯的模型假定两组市场在决定投资的规模时相互作用。第一组市场决定了固定资本和金融资产的存量的单位价格,表示为图10.1(a)中的函数 P_k。在第二组市场中,融资条件和供给条件共同

---

① 这里并没有精确地引用F.R.B.-M.I.T.模型。然而,Bischoff已经对F.R.B.-M.I.T.投资模型给予了清楚明晰的阐释,它基本上是一个灵活的加速数模型,即加速数随着要素投入的相对价格的变化而变化。

② 琼·罗宾逊教授在前言中认为凯恩斯的分析"……赋予作为经济调节器的利率以太大的重要性"(第12页)。我认为,凯恩斯1937年在驳斥维纳对其观点的重新表述,可以使之免于罗宾逊的这一批判。

决定了投资速度，表示为图10.1(b)中的函数I和N_c。

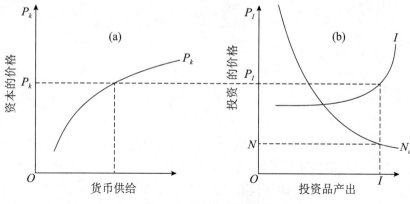

图10.1　凯恩斯投资模型

在图10.1(b)中，函数I表示实物投资品的供给价格是产出率的函数。函数N_c表示单位投资的内部融资是投资速度的函数(如果企业内部资金流独立于投资，那么N_c为直角双曲线)。对任一给定的投资速度，两条曲线N_c和P_I之间的垂直差异表示单位投资的内部资金的盈余或缺口。

货币和资本市场决定了这些缺口在什么条件下能通过融资加以弥补，以及这些盈余在什么条件下能得以利用。因此，在更深的层次上，凯恩斯的投资理论必须包含货币和资本市场的行为及演化模型。由当期投资的融资决定的融资流量正是通过货币和资本市场才反作用于决定资本存量价格的市场。当投资是通过融资进行时，融资条件的任何变化都会影响资本品存量和金融资产的头寸融资的条件。这反过来会影响资本资产存量的单位价格：金融市场(与投资及资本资产)的联系将存量和流量价格整合(进了同一个分析框架)。

这些联系不一定是同时发生的，反应的顺序及引发的不均衡也并非总是相同的[①]。尤其是金融部门的演化和不稳定性都会影响投资融资的条件，从而影响投资速度，也都会影响资本品存量的价格。

这里概述的理论将抽象掉投资过程耗时较长的特点。假定资本价格能够覆盖核电厂的价格。一个核电厂的孕育期(指资本品从投产到建成运营之间的建造过程需要的时间比较长，就如一个婴儿要经过怀胎十月才能出生一样——译者注)至少是五年。就这一模型的经验实践而言，投资流量关系到每一期的投资(比如每一季度)。如果有一个为该核电厂支付P_k的购买决策，那么，在接下来的20个季度中需

---

① L. Ederington在其博士论文的研究中表明，收益率和交易商差价是系统决定的变量。投资融资需求造成的市场压力会造成资本资产价格的变化，这是通过改变资本存量头寸融资的方式实现的。

要支出的投资流量 I 将满足下式(忽略贴现)：

$$\sum_{t=1}^{20} I_t = P_k$$

其中每一个 I_t 取决于生产核电厂的技术条件。

当这一理论被应用至计量模型时，学者很有可能将投资过程划分为两个阶段：资本品的定购和投资流量的持续进行。考虑到这种两分法之后，这里所概括的第一阶段的理论更接近于一种投资定购理论而非投资流量持续进行的理论。而第二阶段则强调融资及其产生的反响，反映的是投资流量的进行过程和成功获取融资时所发生的情况——这些情况可能发生在最初的投资决策做出很久之后(例如，对于需要五年建成的核电厂而言，最后的组装可能发生在投资决策后的第四年。建设时间越长的项目，最后的融资和投资的进行时间距离投资决策就越久远——译者注)。

Bischoff在一项总结性研究中将同一组数据量重复运用于很多不同的投资计量模型，他在研究中评价道，基于加速数的模型——无论是简单的还是灵活的(灵活性取决于投入的相对价格)——都优于其他的现金流或资产价格模型。Bischoff所检验的现金流和资产价格模型并不能充分表现这里的凯恩斯投资理论。我们可以认为Bischoff的检验遗漏了凯恩斯模型的要点。

然而，我们必须面对这样一个事实，即在我们自己的模型建构中也没有明确考虑加速数。在很久以前(参见下一篇文章)，我详细考察了加速数效应和货币(金融)行为之间的相互影响。在我的建构中，加速数模型给出了事前投资。事后投资取决于货币(金融)因素和加速数之间的相互影响。这一建构忽视了投资品产出的供给函数及资本品存量的定价过程，对现在的阐述而言，这些都是至关重要的。

投资活动是劳动生产率和投机性因素共同作用的结果。资本服务的生产率和稀缺性决定了资本所有者的当前现金流和预期的未来现金流。就其本质而言，加速数主张，要想生产出比当期产出更多的产出，在特定规模的资本存量基础上的增量，需要得到令人满意的或足够的现金流。就价格理论的概念而言，这意味着在长期平均可变成本曲线给定的情况下，会存在一个最小的平均计划总成本曲线，这里的长期平均可变成本曲线可以从"生产函数"中推导出来。这一曲线定义了为了实现这种足够的现金流而预计需要的产品价格与产出的组合。由此一来，这种来源于实物资产运行的现金流，正如本文接下来所用的那样，就体现了投资的生产率。

我们假定工资是固定的，由此得到投资品的最低供给价格为 $P_I(0)$ 。如果 $P_k > P_I(0)$ ，那么，在像教科书那样考虑融资贴现的情况下，投资需以一定速率进行以使 $P_I = P_k$ 。任何在 $P_k = P_I > P_I(0)$ 条件下购买投资品的企业家，都预期能在足够长的时间内"赚得"额外的准租金，以至于当 $P_I = P_I(0)$ 时，额外的成本就已经被勾销了(written off)。因此关于未来现金流的预期是内嵌于 P_k 的。在 $P_I(0)$ 给定的情况下，P_k 越高，溢价准租金越大，预期获得这一准租金持续的时间也越长。由于资本存量是因为投资而增加，因此 P_k 越高，我们便认为使准租金处于其正常或足够水平所需的资本存量水平就越高。这样，P_k 超过投资产出(investment output)的最低正常供给价格的部分，可以作为测算现有资本存量与目标资本存量之间差异的指标。

因此，加速数观点可以被认为隐含于资本资产的定价中。然而，凯恩斯强烈主张，在经历周期和存在资本主义组织的经济中，在决定投资价格时投机性因素超过了对生产率的考虑。投资决策的投机性一面是关注的重点，它聚焦于预期现金流以外的其他因素如何在我们这个不确定的世界中影响实物资产的价格。

总结：在以非常稳定的经济增长变量——这些变量可以被解释为体现了加速数概念——为特征的时期内，估算得到的市场上的投资关系能够被证明具有很大的解释比重。在我们当前的建构中，生产率概念表现为资本资产从业务中赚得的现金流，尤其是在做投资决策时预测的现金流。然而，投机性因素是通过"出售"(资产)获取或有现金流的方式来影响资产定价的。有时，(影响)资产定价的两种缘由的比重会发生变化，从而投机性的一面占据了主导地位。即使就长期而言，投资、产出和源于业务的现金流如此地有规律性，以至于使观测值中可以被解读为反映了加速数关系的一面似乎在所发生的事情中占据了主导地位，情况也依然如此。

在 Bischoff的研究中，现金流模型确实很好地解释了数据期内的投资，然而，就本文的视角来看，他的模型设定是不充分的。它不能很好地解释1969年和1970年的投资。然而，正如我已经强调的，20世纪60年代享有的一系列成功引发了情绪高涨的投资繁荣。在这段繁荣期，债务融资支撑的投资迅速扩张，即投资-税后总利润的关系将变化。在1969—1970年的事实展示出狭隘建构的现金流模型的缺陷的同时，却证明了投资的融资理论——考虑了实际的和意愿的债务结构的融资理论——是非常合理的。

10.3　资本存量的定价

图10.1(a)表明给定资本存量，单位资本的价格是货币供给的函数。这一论断建立在如下的观点之上，即面对不确定性，以及从存在复杂的金融结构这一视角来看，资产是如何被估值的。

图10.1(a)潜在的观点是所有的资产——实物的和金融的——在预期产生现金流

这一点上是等价的。这些现金流可以分为两类。第一类现金流是资产在发挥其职能时所产生的——如果是实物资产就用于生产过程，如果是金融资产就满足合同条件。第一类可以称为实物资产源于业务的现金流和金融资产源于合同履行的现金流。第二类现金流是资产被销售或抵押的时候所产生的现金流。

非凯恩斯的资产估值理论仅仅着眼于第一类现金流。在这种观点中，在一个企业中所归集的一套实物资产，将会在未来产生源于业务的现金流，它由总收入减去自付成本而得到(自付成本是"成本曲线分析"中的可变成本减去凯恩斯的使用者成本)。很显然，企业源于业务的现金流取决于经济状态、产品和要素市场，以及对企业的管理。

现在流行的做法是，对具有不同概率分布的资产而言，不应该根据其预期价值而是应该根据其预期效用来估值——其中从收入到效用的转变反映了不同单位对风险的态度(阿罗)。

尽管凯恩斯怀疑边沁主义计算应用于收入时的有效性，但如果满足以下两个条件，预期效用假设可以成为解释凯恩斯观点的有用工具：第一，不同替代选择的概率是主观的，因此如果有合适的触发性事件发生，那么这些概率会发生急剧的变化；第二，收入或现金流与效用之间曲率的转变——不同行为者的风险厌恶或风险吸引——本身是内生决定的关系，而且将会根据发生的事情经历或缓慢或剧烈的变化。

预期效用假设为每一个预期收入的分布提供一个预期效用。也会存在一个确定的收入，它产生的效用与(某个)预期效用相等。我们将这一收入称为确定性等价收入。就资产价格形成而言，结论是资产将会在与它们的确定性等价收入(交易)相同的比率上交易。在确定的1美元产生1单位效用的情况下，这一资产估值的确定性等价路径可以得到不同资产的绝对价格。

请注意，这一观点既适用于实物资产，也适用于金融资产。对债务而言，现金流是由合同字面给定的，必须对合同不能履行的可能性及发生这种情况时可以得到的现金流做出概率判断。

上述估值理论必须在考虑资产产生现金的第二种方式后——通过出售或抵押产生现的方式——加以修正。资产在被出售或抵押的难易程度上差别很大。在传统的货币市场分析中，资产的可交易性有时暗指市场的宽度、深度和可恢复性。同样的因素适用于实物资产，只不过实物资产不得不被出售或抵押的情况较少，因而这种情况获得的权重很小，而且一般情况下，它们的销售市场是窄的、浅的和难以恢复的。

通过销售或抵押资产筹集现金的可能性取决于经济单位的现金头寸和现金支付承诺。这些现金支付承诺体现在企业的债务结构上。在任何时间上，企业的债务结构取决于市场条件，当企业为获得资产而融资、为了资产的头寸而再融资时，这些市场条件将起到支配作用。

现金支付承诺既包含偿还本金，也包含对利息的支付[①]。如果对资产的控制是由比其生命期限更短的债务来进行融资，那么债务合同在其生命期限内所要求的现金可能会超过资产在这一期限内所产生的现金。在这种环境下，债务所需要的现金必须通过发行新债务得以满足。这种通过销售负债的方式来对头寸进行再融资的方式是典型的银行行为：商业银行、券商和金融企业通常会参与这种再融资。在宾夕法尼亚-中央铁路公司破产的时候，它持有的短期债务需要清偿，为了保持自己的"流动性"，铁路公司不得不让这些债务"周转起来"(要想如期归还待清偿债务，铁路公司必须获得现金流，当作者用带有双引号的"周转"指代获取现金流的方式时，指的是公司只能用借新债换旧债的方式使债务展期，客观上达到使债务"周转"的目的。因此，这里的"周转"实为"展期"——译者注)。当债务展期变得不可能的时候，铁路公司就破产了。

图10.2描绘了企业的短期成本条件。在工资率给定的条件下，给定企业的边际可变成本与平均可变成本(减去了凯恩斯的使用者成本)曲线如图所示。其他三条带L的平均成本曲线反映了体现在债务合同条款中的支付承诺；这些曲线概括了三种可供选择的资产负债表。在预期价格P给定的情况下，如果产出价格降低至低于ACL_1和ACL_2的水平，将导致源于业务的现金流小于给定债务结构所需的现金流。

第三条平均成本曲线ACL_3反映了一种情况，即源于业务的现金流不足以满足债务的现金需求。这种情况经常但并不总是发生在一些债务的本金到期的时候。如果业务产生的预期现金流$Q(P-AVC)$足够大，且金融市场状况是有序的，那么债务延展通常是可行的。如果预期现金流相对于支付承诺"太小"或如果市场状况是无序的，那么再融资即使不是不可能(获得)也可能是昂贵的。

如果支付承诺相对于业务产生的现金流较大，那么再融资的另一种选择就是资产的销售或抵押。不同的实物资产和金融资产只有在这一意义上才被视为是可以出售的，即它们可以便宜地转移给容易定位的买者，并且这些买者预期它们可以产生合意的现金流。如果一种资产在生产过程中具有特定的用途，那么通过将其售卖来产生现金的能力是有限的。

---

① 标准的资产负债表忽视了企业更长期的租赁合同，从而低估了支付承诺。有必要对支出和收入这些金融数据进行重构。

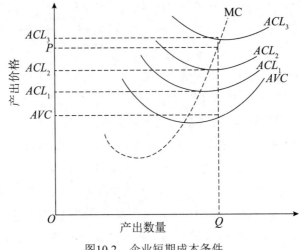

图10.2　企业短期成本条件

因此，资本主义经济中的资产估值可以建构为一个两阶段的过程。一个阶段是当资产所有者在当前和预期的经济中运营这项资产的时候，对该资产产生的现金进行估值；第二个阶段是当任何时候处于压力的情况下，对通过"售卖"资产产生的现金进行估值。市场价值是对这两类价值的某个加权平均值。

如果不同的资产从使用或合同中所预期产生的现金流是等价的，那么那些在较差的二级市场上出售的资产与在较好的二级市场上出售的资产相比要打折销售。

必须通过出售资产来筹集现金的可能性的权重会迅速变化，从而影响到受制于二级市场的实物资本资产与容易售卖的金融资产之间的相对价格。因此，对实物资产和金融资产而言，市场价格既反映了劳动生产率和合同观念的一面——它们内嵌于源于业务的预期现金流和履行合同所需的现金流，也反映了投机性的一面——它反映了人们关于这种资产在多大的可能性上有必要被强制出售的看法。

10.4　货币的作用

凯恩斯观点的独到之处，不是指出了资产之所以有价值，是因为它能够在未来通过使用、合同履行或出售获得现金，而是指出了除少数例外情况以外，实物资产和非货币金融资产的价格是货币供给的非减函数[1]，即 $dP_k/dM > 0$，也假定 $d^2P_k/dM^2 < 0$。

---

[1]　资产间的替代链条是可能的，从而在货币供给是 M_0 的情况下，金融资产 L_1 可以被用作货币，但在货币供给是 $M_1 > M_0$ 的情况下，就不再能以这种方式使用了。对这样的"劣等的"货币替代品，有可能使 $P_{Li}(M_1) < P_{Li}(M_0)$。

特殊的流动性陷阱假设在大多数情况下，被设定为这种情况，即 $\lim_{M\to\infty} P_k < P_k^*$（$P_k^*$ 被设定为最高资本价格——译者注）。一旦这一假设与下面这个命题联系起来——如果 $P_I > P_I^*$（P_I^* 被设定为最低供给价格，作者原文有笔误——译者注），最大值 $P_I = P_k^*$，且 $P_k^* < P_I^*$，则 $I = 0$，这样货币供给的增加不会增加投资。如果这一假设与下面的命题结合起来，即货币仅仅通过投资而影响到收入，那么将货币的改变作为政策工具就是不可行的。

我们可以提出很多理由支撑这一观点，即实物资本的价格是货币数量的增函数。

(1) 货币是一种清偿合同债务的价值固定的资产。所有的货币和所有的实物资产——以及现有金融资产——都是构成某种资产组合的要素。给定其他资产不变，货币数量的增加会导致其他资产的货币价格的上升，因为货币的货币价格是不变的。

(2) 另外，"货币物"刻画的是那些合同约定的现金支付几乎是确定的、具有良好的二级市场的资产；政府债务就是这样一种资产。只要每一美元风险资产预期获得的现金流高于安全资产预期获得的现金流，那么资产组合中这种安全资产的比例越大，风险资产的价格就越高[①]。

(3) 此外，在典型的资产组合中，货币数量越大，收入的降低迫使代表性单位销售资产以获得现金的可能性越低。如果销售率越高，由销售得到的价格倾向于被压低，那么资产组合中货币数量越大，不得不通过出售资产以获得现金的可能性越小，因而其市场价格会越高。

(4) 即使持有实物资本、背负资产负债表支付承诺的部门不持有货币储备，在现存货币数量越大的情况下，这些单位也更容易通过售卖资产和发行额外负债来筹集货币。例如，如果因为银行拥有大量政府国债而使货币供给很大，那么企业的贷款需求即使是因为源于业务的现金出现了暂时下降而增加，这种贷款需求也比货币供给较小时更容易得到满足。基本上，货币供给越大，越容易对资产组合进行调整以使其适应对现金的需要。

(5) 请注意，货币供给增长率的下降对负债单位是一个直接信号，即在某个未

---

① 有必要区分政府债务"存量"和"流量"的影响——这里的"政府债务"不仅包括法定债务，而且包括由政府背书来有效保证不违约的所有潜在的或明确的付息债务。

在货币存量、私人债务、实物资本，以及对经济行为的一系列预期给定的情况下，政府债务的存量越大，实物资本和私人债务存量的价格越高。另一方面，在货币存量、政府债务、私人债务、实物资本、(外生)货币供给的增长率及给定收入水平给定的情况下，政府债务的增加率越高，新发售私人债务和新投资品产出的价格就越低(在通常情况下，用来测度价格水平的指标利率越高)。这是因为作为存量的政府债务是对实际资本和私人债务的补充，而作为流量的政府债务是对实际资本和私人债务的替代。在这一关系上的含混不清导致了金融市场分析中的很多困惑。

来时期，"后备""覆盖"和"应急"融资都会更加难以安排、更加昂贵。

同样的理由表明，如果我们忽略货币供给的过度增加在确保未来通货膨胀方面的作用(如果有这种作用的话)，则有

$$dP_k / dM > 0, d^2 P_k / dM^2 < 0$$

如果我们假定 $P_k = P_k(M)$ 是一个有用的建构，那么就有必要确定是什么现象导致这一函数的移动及其形状的改变。

这一函数的基础是现有的实物资本存量及现有的一系列金融制度。积累会使 P_k 函数向下移动。我们可以假定在货币供给、金融分层、源于金融资产和实物资本的现金流、劳动力和产出上，存在一种平衡的增长，这使得当积累发生的时候，代表性单位的资本价格保持不变。

金融分层以两种方式影响实物资本的价格。在货币和实物资本存量给定的情况下，金融分层越多，融资的灵活性和可获得性就越大：金融的分层及其精致复杂不仅创造了专用的货币的替代品，还创造了一般性货币的替代品。金融中介使最终单位和中间单位的资产组合都能够获得安全资产。这使得资产组合可以根据个体对不确定性的态度及机构的限制进行更大程度的量体裁衣。此外，金融分层越多，为实物资产的最终头寸进行融资所能够获得的替代性来源的数量越大。这些原因表明，金融分层越多，资产价格越高。

然而，金融分层越多，必须对本金和收入账户支付的货币量就越大：每一层都设定了对金融机构的支付量和源于金融机构的支付量。在货币数量给定的情况下，这表明分层程度越高，货币周转的速度(交易速度)就必须越快、也会有越多的资产组合需要"货币缓冲(money buffer)"。此外，金融中介通常是通过发售负债或销售其他资产来为某一套资产建立头寸的机构。随着分层的增加，再融资市场出现市场混乱的危险也在增加。这表明金融分层越多，货币的"潜在"收益越大——这会降低实物资产的价格。

更根本的是，函数 $P_k = P_k(M)$ 体现了人们的偏好体系和对源于业务的预期现金流的看法。

如果我们采用弗里德曼-萨维奇对偏好体系的观点，那么可以认为代表性单位在某个收入范围内是风险厌恶者，而在另一个可能的收入范围内是风险寻求者，风险寻求体现了发财机会的诱惑。一种包含收入可能出现巨大增加的期权，比不包含这样一种可能的期权出售的费用更高，即使两者可能具有同样的预期收入。就大发快财而言，"持有时期"和资产生命存在期之间的差异很重要。巨额财富来源于资本收益，而非国民收入账户定义的来自收入的储蓄。

资产被预期可能产生一定的现金流，当"市场"修正其有关预期的看法时，

资产的价格会迅速上升或下降。如果一种"冒险"的创新开始产生巨额且看起来安全的准租金，这个创新企业所拥有的基础资产的重新估值将会急剧上升。当人们对财产估值时是基于这样一种共识，即商业周期"必然"发生，一个新的时代宣告来临，而且大家对此深信不疑，那么实物资产的价值就将会上升。与此对称，如果商业周期在正式宣告其终结之后再次出现，那么实物资产的价值将会下降。

在偏好体系不变的情况下，如果出现了数量众多的"大发快财"，且商业周期现在已经"过时"的看法占据了主导地位，那么代表性单位的实物资本的价格就会上升：$P_k = P_k(M)$ 函数向上移动。简而言之，经济的成功运行会倾向于提升单位资本存量的价格。

偏好体系是社会的建构物，而非基因特征的产物。一个群体对风险有代表性的厌恶或者喜欢是这一群体的历史产物。如果人群中充满了取得成功的风险寻求者，如果那些采取求稳策略的人失败，那么即使预期报酬没有变化，偏好体系也将变化，从而"风险"资产的价格相对于"安全"资产上升。在资产组合结构给定的情况下，影响实物资本价格的一个主要因素，就是对以下两件事情的看法：一是需要用资产筹集现金的可能性，二是这一可能性得以实现时估算的成本。如果对非流动性的恐惧降低，那么实物资产的价格会上升。

相反，融资困难和金融资产市场无序的经历——像1966年信贷紧缩和1970年流动性紧缺这样的温和事件——就可能导致实物资产价值的急剧下降。

对企业而言，如果我们考虑到正是债务结构产生了现金的支付，是实物资产产出了支付这些款项的现金，那么，在繁荣时期的金融发展就会倾向于使现金支付相对于现金收入上升。经济中的大获成功产生了这样的偏好体系和观点，即未来的经济降低了在不利条件下必须销售或抵押资产的突发事件的权重，恰恰在这样的时候，客观条件也在发生变化，从而使业务不足以产生足够的现金来偿还债务，而必须求助于资产销售或借贷才能满足现金需要的可能性增加。

因此，资本的价格作为货币供给的函数会发生移动。这些移动不是随机的：经济的成功使其向上移动，失败会使其向下移动。尤其是，成功会导致投资繁荣，金融危机或货币紧缩会导致投资和收入的停滞。

如果 $P_k = P_k(M)$ 被描述为流动性偏好函数，那么凯恩斯投资理论的基本命题便是流动性偏好函数会移动。

10.5　股票市场

有一种观点反对将实物资本写为 $P_k = P_k(M)$，因为很多种类的"二手"资本品没有明确的市场价格。其中一个反对的理由是交易成本是如此之大——寻找购买者、拆卸、运输和装配这些组件的成本——以至于个别地交易这些物品是不可行的。

在当前(1971年)紧张的金融环境中，面临融资压力或利润存在问题的企业在事实上剥离了它们的运营部门和单位。这些剥离是一种出售实物资本以筹集现金来偿还紧迫的债务的方法。这些交易的特殊性质在于，尽管通过单独出售实物资本来筹集现金的方法通常并不可行，但是当可运营资本品被集合起来"打包"出售的时候，它就常常是可行的了。

通常，剥离发生的过程会涉及全资或控股子公司"股票"的销售。就我们的目的而言，运营单位通常被组织为独立的公司这样一种组织的性质并不重要。

公司会在股票市场上被定期估值。虽然在通常情况下资本品可能不会频繁地交易，但普通股票(股份)会频繁交易。从股票的市场价值和公司的资产负债表来看，可以将企业的实物资本、企业的特殊市场与管理特点相结合来进行估值。因此股票市场为经济中公司所拥有的资本品的价值提供了一种指数(尽管有很大的噪声)：资本的潜在价格是普通股票的公开价格的函数，后者由之前提到过的因素加以修正(Turvey)。

从根本上讲，股票市场的估值确实会作为资本成本的一个要素进入各种不同的投资函数中，其中的资本成本被定义为融资条件。普通股票的高价格被认为是降低了资本的成本。在生产函数中，这会增加任何产出下的意愿资本数量(工资等保持不变)。这被认为倾向于增加投资。在这一建构中，由股票市场估值带来的较低的资本成本可能会被其他融资条件所导致的更高的成本所抵消。在将股票市场估值作为决定资本成本的一种影响因素的模型中，并没有精确的方法可以将资本品的估值与债务条款分离开来，正是这些债务条款决定了为了控制已有资本存量及投资而能得到的融资。

最终，股票市场信息是作为经济中实际资本存量的潜在价格的测度更好，还是作为融资条件的一个决定因素更好，这一检测取决于以这些不同建构为基础的理论哪一个能够更好地解释现实(Brainard-Tobin，Turvey，Bischoff)。

10.6 投资的供给

投资品是产出品的一部分。投资品的生产者决定投资品的生产数量。在专门用于生产投资品的资本存量给定的情况下，存在这样一个投资品的生产率，当达到这一水平之后，如果继续增加的话，就会导致单位成本上升。因此，在投资品的供给曲线上会存在一个上升的部分。如果我们假定投资品行业是足够竞争性的，那么这一上升的供给曲线是边际成本曲线的总和。

此外，在投资品供给曲线上，还存在一个水平的或几乎水平的部分。这个"水平"部分对每个生产单位而言，是其平均成本曲线的最低点。平均成本曲线包含可变成本和使用者成本。从根本上说，凯恩斯的使用者成本是未来准租金的现值，如果(投资品的生产者)将资本品用于当前生产，那么它就无法得到这些租金。凯恩斯的使用者成本融合了使用存货和耐用资本设备的成本。存货或耐用资本品只有在现有收益至少等于其预先决定的预期未来收益现值的时候才会得以使用。存量的收益本质上是租金，除非技术条件会引致保留价格。

在图10.3中，正如文中所讨论的，投资品的供给曲线被表示为I曲线。标注为I'的虚线是忽略掉使用者成本的供给曲线。我们可以借助图10.3来考察工资下降的影响。

工资是导致I和I'曲线移动的参数。工资的暂时下降会使两条曲线向下移动同样的量。只要预期租金不变，使用者成本将不会下降。在这些情况下，在工资比之前下降之后，供给价格对劳动成本的加成率将比以前更大。投资品相对于工资的更高价格，可以被认为在生产技术的选择中引致了劳动对资本的替代。

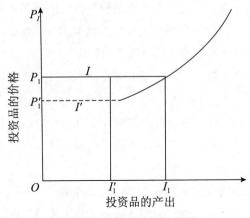

图10.3　投资品的供给曲线

另一方面，工资下降也可能被视为这样一种信号，即人们预期价格不会回到之前的水平——或者最多是它将会发生在未来如此遥远的某个时期，以至于可以被忽略掉。在这些情况下，决定当期使用者成本的准租金或者变得更小，或者存在于更遥远的未来(以至于可以被忽略)。这意味着使用者成本将会下降。结果就是投资的供给价格下降的比例可能会比工资下降的比例更大。

因此，投资品的供给曲线下降的比例，可能小于、大于或者等于工资下降的比例，(这些不同的结果)取决于对货币工资下降的不同理解。这意味着，只要考虑了替代效应，那么工资下降对引致投资产生的影响就可能是不利的、有利的或中性的。

在图10.3中，如果生产出来的投资品为 I_1，我们假定当期的准租金足够大，从而使用者成本的保留效应影响很小。当期准租金为 $(P_1 - P_1')I_1$，假定这些准租金可以充分满足生产投资品的代表性企业的内部资金要求。

如果产出品为 I_1'，则会赚得 $(P_1 - P_1')I_1'$ 的准租金。如果这些现金流可以充分满足迫切的现金需求，或者如果企业在赚得这么少的现金流的情况下依然能够获得充足的融资来维持保留租金，那么价格 P_1 将会被维持下来。如果足够多的企业发现 $(P_1 - P_1')I_1'$ 不足以满足现金承诺，那么企业将打破使用者成本的约束，通过扩大产量以实现更大的现金流(请注意，破产会缓解到期债务的现金承诺，因此它使使用者成本充当了保留价格。破产恢复了寡头垄断者钟爱的有序条件)。

如果对现金的需要迫使价格下降至 P_1'，那么代表性企业不会产生正的准租金：不能内在地产生足够的资金来满足债务结构包含的支付承诺。在这些情况下，流动性不足将会很普遍。

使用者成本解释了为什么即使在高度竞争性的行业中，过剩产能依然与流向资本所有者的正现金流并存。它们也有助于解释为何经济可以在繁荣与企业总利润为零之间的水平上运行。如果没有资本品服务的保留价格，那么源于业务的现金流的不可靠性，会是为耐用资本品进行债务融资的障碍。

当然，与使用者成本有关的观点具有普遍的有效性：消费品的供给曲线看起来与投资品非常相似[1]。

因此，对投资品(消费品)的供给函数而言，有两个导致其移动的参数。其中一个导致其移动的参数是工资率。工资率下降会增加、降低或者不影响投资的速度，这取决于使用者成本的变化。

另一个导致其移动的参数是使用者成本。使用者成本的下降会降低供给曲线，而增加会提升供给曲线。请注意，使用者成本是未来收益的现值，那么利率的上升会降低使用者成本，下降会提升使用者成本。之前讨论过的当期现金需求支配预先决定的未来租金这种情况，可以解释为受到影响的单位对有效利率变得很高的一种反应。

整体而言，可以认为，投资品的供给曲线比函数 $P_k(M)$ 更"稳定"，后者决定资本品的价格。曲线移动的参数，即工资变化及支配正常使用者成本的对现金的紧迫需求

---

① 凯恩斯的使用者成本并不是资本的计划成本概念——计划获得的准租金大于包含了保留价格的使用者成本。例如，如果现在生产，企业要牺牲未来某个时间的准租金100，当期的使用者成本就是未来预期准租金的现值，这可能小于用于决定要素比例的"计划"率。这一观点与Jorgenson的不同，有点像Tobin的观点。

是之前的系统运行的结果。通常情况下，投资品供给函数的移动是被诱发出来的。我们可以用图10.1(a)中 $P_k(M)$ 函数相对于稳定的 I 函数的移动来近似表达系统的行为。

请注意，如果对现金的需求导致了投资品的供给曲线从 I 下降至 I_1'，那么，对现金的需求也将倾向于增加在实物资产估值中的强制出售价格的权重。流动性重要性的这样一种增加将会降低函数 P_k。

10.7　事前和事后投资：内部资金流

我们假定公司内部资金流为 N_c ——资金流量账户税后总利润是对这一概念的近似估计——不随着投资速度的变化而变化。那么在任何时期内，我们都有

$$N_c = \hat{N}_c$$

N_c 是一个常数。这意味着内部资金将支付总投资费用 $P_I I$ 中的 $\hat{N}_c$，按每单位计算，内部资金对投资融资的贡献可认定为是直角双曲线

$$P_I I = \hat{N}_c$$

我们假定图10.4中的 P_{I_1} 是投资品的事前需求价格。这意味着在资本存量的所有者的融资结构给定的情况下，单位实物资本的价格为 $P_k = P_{I_1}$。如果不存在投资融资的限制，这意味着将产生投资 I_1。

总投资费用将是 $P_{I_1} I_1$，其中 N_c 为内部资金。需要融资的外部资金的数量将是 $(P_{I_1} - N_c / I_1)I_1$。我们进一步假定，如果投资 I_1' 获得了融资，那么，在单位投资的内部资金为 N_c / I_1' 的情况下，为投资流量而融资所产生的各种不同的资产负债表关系，将会与"存量"被融资的方式相一致。超出 I_1' 的(原书存在笔误，如图所示，内部资金应该是 I_1' ——译者注)投资意味着投资的增量部分对债务的依赖，比资本存量对债务的依赖更大。斜向下的函数 P_I' 表明随着融资条件的约束性逐渐变得更强，对投资品的需求价格如何随之下降。

在图10.4中，均衡是在实现的投资 I_2、投资品的供给价格 P_{I_2} 上得到的，单位投资的内部融资为 N_c / I_2。作为融资受到限制的结果，事后的投资小于事前的投资。

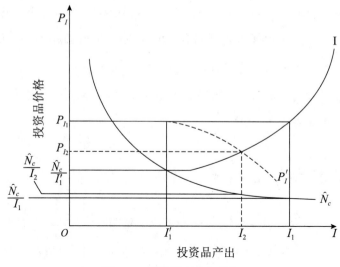

图10.4   投资品产出与价格

10.8   为投资融资与资本资产价格的相互关系

图10.4的均衡即使对投资模型而言也是局部均衡。投资的外部融资条件是这样一些价格，即投资单位可以以这样的价格出售有着特定现金流属性的各种不同的负债。这些融资条件使实物资本资产的新增量像资本资产存量一样被估值。这意味着在图10.4中会有投资 I_1 发生。或者，融资条件也可能高于某个利率水平，在这个利率水平上对资本增量的估值小于存量资本的价值。如果这是正确的，那么对投资品的需求的斜率将为负。图10.4中的 P'_I 曲线反映了这样一种有效的融资限制。

在任何时候，私人实物资本的存量都是由某些单位所拥有的。这些资产头寸是通过债务融资获得的。对同样的合同条款而言，比如说到期时间和抵押条款都相同的合同条款，融资单位为其资本存量所有权融资所背负的债务，与为购买投资品产出的流量融资所背负的债务，必须以同样的价格出售[①]。因此，融资条件的有限变化，正如曲线 P'_I 所表明的那样，将反馈回来并要么影响资本存量的价格，要么影响处于审查状态的企业的待清偿债务存量的价格。

随着时间的流逝，由于为资本存量所有权融资的债务必须符合金融工具市场上的占支配地位的融资条件，因此这会对资本品价格 P_k 施加影响。然而，损失最初可

---

① 因为存在收益率价差，新发行债券相比于待偿付债券必须以折扣的价格来出售，然而，如果它们是被正确地定价的，那么，新发行债券的价格会立刻上升。可观察到的到期(成熟)债券(seasoned issues)的市场收益率并不是销售新债券的单位的资金成本，两者(市场收益和借款人成本)之间的差异也不是长期不变的(Ederington)。

能会主要落在现有私人债务存量的所有者身上。

就我们讨论的目的而言，持有实物资本存量的单位的负债结构可以分为三个部分：股权、银行债务和其他债务。就现存资本存量而言，资产净值的价值为资本品价值减去银行债务和其他债务。股票市场估值是量度企业股权投资的唯一方式。

为投资融资的方法是内部资金——税后总利润减去分红——和外部资金。外部资金分为银行融资和其他外部融资。其他外部融资包含发行新股票和净其他债务融资。在增加新的股权融资和内部资金之后，将公司的投资融资分解为股权融资、银行债务融资和其他债务融资是可能的。

其他债务的类别包含有许多不同种类的债务。然而，将所有的债务都视为建立现金流承诺的方法，应该能够使我们处理这一异质类别。

对每一种投资速度而言，都存在至少一种为投资融资的方式，从而使持有实物资本存量的(单位)融资条件不会发生任何变化。推测而言，如果投资流量和持有的存量以相同的方式进行融资，那么，对流量进行融资的需求并不会引致存量融资条件的任何变化。如果我们假定货币存量与资本存量头寸中的银行融资有关，并且如果内部资金是股权融资的唯一方式，那么我们可以得到

$$\frac{I}{K} = \frac{\Delta M}{M} = \frac{N_c}{E} = \frac{\Delta other\ debt}{other\ debt}$$

如果 K、M、E 和其他债务以同样的速度增长，那么作为投资过程的结果，资产存量头寸的融资条件将不会变化。

请注意，如果 $I/K \neq \Delta Y/Y$，那么货币供给相对于收入的中性增长率 $\Delta M/M = \Delta Y/Y$，不等于货币供给相对于为投资融资的中性增长率 $\Delta M/M = I/K$。

此外，如果资产负债表还有第三个组成部分，即外部政府债务，那么，融资中性将要求 $\Delta G/G = \Delta M/M = I/K$，即政府赤字的水平必须使政府债务与资本增速相同。

随着相关的经验观察领域的扩大，货币中性的概念变得难以定性、模糊不清。例如，融资结构的演化包含了资产组合中其他金融资产对货币和对直接负债的替代。一旦这样的观察结果被认可，就需要某种演化中性的概念。

推测而言，就像债务存量所需的现金流承诺等于资本存量带来的现金流预期一样，如果增量债务导致的现金流承诺，等于增量资本带来的现金流预期，那么债务相对于实际资本的价格就不会发生变化。投资需求函数斜向下部分所反映的，是为了借到资金以获取资本品而将预期现金流的增加部分抵押出去的一种需要。

如果金融增长不平衡——例如 $\Delta M/M < N_c/$股权 $< I/K$ ——那么投资的融资条件对资本存量的融资条件将会有反馈影响。这反过来将改变资本存量的价格。

例如，如果投资的融资条件导致 $P_I < P_k$，则为投资的融资会对资本价格做出反馈，以减小它们之间的差距；如果最初 $P_k - P_I < 0$(原文作者有笔误——译者注)，金融反馈将引致 $P_k^* < 0$。

资本品存量中各项生产设备价格的基础是对未来不确定性的评估，这种不确定性关系到业务预期产生的现金流、资产头寸可以被出售或再融资的条件，以及主观上对待风险的态度。经济的一系列成功既会改变关于可能发生的事情的看法，也会改变偏好体系中对风险的相对厌恶或喜爱。这些现象将导致图10.1(a)中 $P_k(M)$ 函数向上移动。这样一种移动意味着普通股市场估值的上升。由这种未实现资本收益所导致的资本价值的增长被反映为(潜在的)为头寸融资的股权的增加，也即股权与资本价值比率的增加。这样一来，对那些拥有基础资本存量的、同时也是投资者的所有者而言，就有了用资本存量作抵押为投资融资的可能性。

就图10.4而言，P_k 的上升意味着 P_I 的上升和事前投资速度的增加。随着所有者权益在现有资本存量中的增加，单位通过债务融资投资的能力得到提高。在与持有资本存量条件相同的融资条件下，$P_k(M)$ 函数向上移动所产生的资本收益倾向于使投资融资能力富有弹性。投资需求曲线的斜向下的部分——它源于融资限制——倾向于消失。被重新估值的存量有着更大的股权融资能力，它是一种"增加了的"保护，将引致贷款者维持优惠的投资融资条件。

后一种现象——在投资繁荣期，融资的供给与需求相一致——通常是金融体系演化与变革的结果。很明显，金融体系在诸如20世纪60年代时期迅速变革，倾向于促进投资融资，发明新的或者修改旧的存量头寸融资方式。就传统理论的LM线图而言，在货币供给给定的情况下，历史上的流动性偏好函数是一个有着无限弹性部分的阶梯函数。这些部分代表了那样一些时期，非金融公司使用的诸如大额存单、商业票据等的金融创新通过市场发挥它们的作用。

用传统的货币数量论语言来说，如图10.5所示的LM曲线，表明流通速度与商业周期的吻合，但这却是金融中介增加的结果。分层过程意味着：与关联着付款收据的基础收入相比，金融账户的总支付承诺增加了。这意味着与经济的其他组成部分相比，通过资产的交易建立头寸的金融组织增加了。尽管金融创新和与其相关的流通速度的增加，都是繁荣时期融资方式的组成部分，但正是金融中介的发展，增加了出现这样一种发生金融反馈的可能性，即它通过增加实物资产价值的权重降低了 $P_k(M)$ 函数，这里实物资产通过销售或抵押可以成为获得现金的来源。

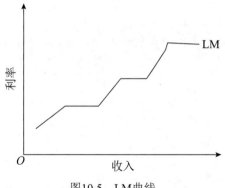

图10.5　LM曲线

　　在繁荣期中，普通股价格的上升意味着债务/实物资本的市场价值的比率的下降。这意味着投资中较高的债务/内部资金比率是银行家和投资者可接受的，尽管它倾向于抵消资本收益效应。有证据表明，在繁荣时期用债务为投资融资的意愿是上升的，因为那些从事债务-融资投资项目的企业的分红增加了——不仅是绝对意义上的分红增加，还包括分红-税后总利润比率的增加。之所以会如此，是因为股票市场的繁荣降低了企业的债务/市场价值比率。如果企业设定了某个可接受的债务比，那么这样的提升意味着资本的增加可以在更大程度上通过债务来融资①。

　　持续很久的或长期的繁荣时期也会改变关于来自业务的预期现金流的看法。认为这种现金流比迄今为止预期到的更大、更稳定的信念，会使其愿意将预期现金流的更大份额抵押出去。

　　因此，就投资单位愿意做的、融资单位愿意接受的和融资承诺的分层而言，导致投资繁荣的长期繁荣期将产生这样一种融资结构——通过销售资产或创造额外债务来"建立头寸"变得日益普遍。在这一日益活跃的金融环境中，一种导致在稀薄脆弱的市场上出售资产的触发性事件，会使如下观点急剧增加，即可能不得不通过出售或抵押实物资产以筹集现金。

　　这种主观概率的变化导致了 $P_k(M)$ 函数的急剧下降。图10.6展现了资产价格函数在重新估值中的向下移动所产生的影响。如果 P_k^* 和 I 曲线的形状如图所示，那么货币供给的任何增加都不会增加投资。这样的图形构造阐明了流动性陷阱的发生。

---

　　①　如果现有管理者不愿意增加债务为投资融资，那么为了"重新部署"金融资产，通过债务融资进行的兼并、收购行动等就将会发生。

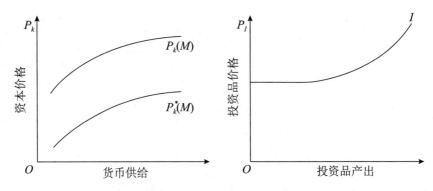

图10.6　资产价格函数在重新估值中的向下移动所产生的影响

　　金融危机的问题是它们在事实上发生了：无论是1929—1933年巨大的债务紧缩性过程，还是1966年的小规模困境，还是1970年的流动性紧缩。就历史而言，在"二战"之前，金融危机是历史上大萧条的标志性现象。这些大萧条与企业和投资的发展停滞有关。债务-通缩过程一旦被触发，是很容易描述的，欧文·费雪对此做得极好。但费雪和凯恩斯基本上都没有解释债务-通缩的原因。

　　这里概述的模型把直到触发性事件发生之前的债务-通缩过程看成一种内生现象。这里说的内生现象不是在决定论意义上而言的，而是说它创造了一种环境，使债务-通缩发生的可能性日益增加。

　　随着当代中央银行和大规模中央政府的出现，由触发性事件启动的过程可以而且的确不同于累积性的债务-通缩过程。经济没有陷入大萧条，而是退出了繁荣期。尽管如此，在触发性事件之后，对许多部门而言，意愿债务结构所允许的债务小于实际的债务结构。即使累积性过程没有出现，还是存在这样一种可能性，即在长时间的繁荣期和金融创伤之后，现有的金融结构将持续构成对投资的限制。

　　在过去，商业周期的经历可能以繁荣和萧条为特征，但现在，它可能以繁荣和高水平的停滞为特征。

10.9　总结性评论

　　这里概述的模型使债务-通缩从触发性事件成为一种内生现象。正是繁荣时期不断增加的金融分层使得通过销售资产来筹集现金的需要更有可能发生。一旦这种情况发生，资产市场在拓展、深化和迅速恢复方面的失败将导致对资产价格的重新估值。在这一重新估值中，流动性的属性会较之以前被赋予更大的权重。正是通过去中心化的资本主义经济的金融性质，我们才能将投资理论发展为适用于商业周期的投资理论。

　　在美国，有两个流行的相互竞争的模型——货币主义与收入-支出模型，两者一直在争夺新近名家们的青睐，并且已被用来作为预测模型的理论基础。在近年来，这些预测模型显然是错误的。在预测努力失败的基础上，我们可以质疑构成预测基础的理论模型的正确性。

货币主义与收入-支出模型在这一点上是相似的，即它们都倾向于忽略经济中复杂的、金融的相互关系。在这里，我构建了一个与理论建构相一致的投资的经验模型。该模型强调负债结构及其所需要的见票即付的、标注日期的和偶然产生的现金流。对这样一个模型而言，所存在的第一个近似的数据库，是部门资金流量账户的资产负债表。为了对现金流承诺有一个更准确的估计，而不是仅仅详细地列举待清偿债务，就需要把这一数据与利率数据和债务到期数据整合到一起。

通过销售资产来筹集现金的偶然需要具有极其重要的意义。这意味着必须把注意力放在公司部门金融资产的结构上。如果有着良好的、平滑运行的二级市场的资产在资产组合中变得相对稀少，那么就越可能尝试在稀薄脆弱的市场上销售或抵押资产，来满足筹集现金的需要。可能的后果就是价格急剧下降，甚至市场无法正常运行。因此，这样的一个比率，即在"良好的"或"被保护的市场上"的资产与由债务引起的当前现金流要求之间的比率，变成了资产价格下降可能性的一个关键的指示器。关于经济的这一属性的数据可以通过现金流账户来获得。

因此，对可用于清偿债务的源于业务的现金流的度量值将会展示金融图景的一个方面。金融图景的另一个方面来自内部资金(在债务清偿之后源于业务的现金流)与预期的或已实现的投资的联系。为投资融资的方法，不管投资与内部资金的比率是高还是低，都是投资稳定性的关键指标。从根本上来说，我们认为，一个高的、持续增加的债务融资/投资比是不能持续的。

内部资金与投资的同等增长率似乎不可能永远维持下去。如果持续一段时间，对资产负债表进行试验的诱惑就会增加，这将导致投资的增长率快于内部资金的增长率。

强大的股票市场意味着投资中债务融资与内部资金的比率更高。然而，由于投资交付滞后于投资启动，股票市场的繁荣可能导致投资积压。结果就是股票市场下跌与投资下跌之间可能存在一个长期的滞后。也就是说，如果我们将股票市场的数据用作为资产的潜在价格的代理指标，那么，在股票市场变化和投资变化之间就可能存在长期且易变的滞后，它取决于相关投资的孕育期的滞后。

就其根本而言，在凯恩斯的投资模型中，投机因素与生产函数在决定投资速度上一样关键。$P_k = P_k(M)$ 函数体现了投资过程的投机性因素。现行的基于总投资理论的新古典理论忽视了投机现象。结果就是，占据支配地位的投资的学术理论与诸如20世纪70年代的美国经济几乎没有什么关系。

第11章

货币体系和加速数模型①

　　最近关于增长和商业周期理论的文献，有很大一部分是基于消费(储蓄)关系和引致的投资关系之间相互影响的某种形式。建构这些加速数-乘数模型的学者(即便有的话)几乎不太关注到货币层面的前提条件及假定的过程带来的影响②。显然，加速数-乘数过程发生在某种货币体系的背景下。本文将研究的是生成的时间序列取决于加速数-乘数过程和货币体系之间相互影响的方式：主要的重点在于上拐点和生成稳态增长的可能性。除了注意到各种货币体系如何作为负投资(指总投资小于折旧的情况——译者注)的制动器，以及如何通过改变流动性为复苏奠定了基础，本文没有对较低的拐点做出解释。

　　研究过程考察了将线性加速数-乘数模型与多种不同的货币体系结合起来的结果。融资投资的条件(利率)和方式(应偿债务类型)受到货币体系运行方式的影响。反过来，货币市场条件和企业的资产负债表结构都会影响企业对收入变化的反应。这可以理解为将加速数系数视为与货币体系相关的内生变量。因此，本文中的材料可以被形式化为一系列非线性加速数-乘数模型③。

　　在本文中，11.1节简要回顾了线性和非线性加速数-乘数模型的属性；11.2节分析了在货币数量保持不变的条件下，加速数模型的运行特征；11.3节考察了在货币数量以多种不同的方式变化的条件下，这一体系是如何运行的。

---

　　① 作者希望感谢Julius Margolis、Roger Miller和Merton P. Stoltz的有益评论及建议。与出版商达成协议，转载自 *The American Economic Review*, Vol. XIVII, No. 6, December 1957。

　　② J. R. Hicks, *A Contribution to the Theory of the Trade Cycle* (Oxford，1950) and S. C. Tsiang, "Accelerator，Theory of the Firm，and the Business Cycle，" *Quarterly Journal of Economics*, August 1951, LXV, 325–341, briefly consider monetary factors.

　　③ 显然，利率和消费者债务也会影响消费支出；因此，消费系数也取决于货币体系的运行方式。"庇古效应"可以理解为消费系数与货币体系之间的一种特殊关系。本文忽略了这些影响。

11.1　加速数 – 乘数模型的形式属性

基本的线性加速数-乘数模型可以写为[①]

$$Y_t = C_t + I_t \tag{11.1}$$

$$C_t = \alpha Y_{t-1} \tag{11.2}$$

$$I_t = \beta(Y_{t-1} - Y_{t-2}) \tag{11.3}$$

其中 Y 为收入，C 为消费，I 为投资，α 为边际(平均)消费倾向，β 为加速数系数，t 为时间("日"的数量)。经过迭代之后，式(11.1) ~式(11.3)得到

$$Y_t = (\alpha + \beta)Y_{t-1} - \beta Y_{t-2} \tag{11.4}$$

式(11.4)是二阶差分方程；它的解通常是这种形式：

$$Y_t = A_1 \mu_1^t + A_2 \mu_2^t \tag{11.5}$$

其中 A_1 和 A_2 取决于初始条件，μ_1 和 μ_2 取决于 α 和 β 的值。

　　除了初始条件的影响，二阶差分方程生成的时间序列可以为以下情况的任何一种：第一种，单调平衡序列；第二种，周期性平衡序列；第三种，振幅不变的周期性序列；第四种，周期性发散序列；第五种，单调发散序列[②]。这五种时间序列的任何一种就其自身而言，都不符合商业周期分析的要求。第一种和第五种都是非周期的。如果使用了它们，那么就必须从外部假定收入的上限或者下限或者推力(系统性的或随机的)。第二种时间序列最终会导致周期的消失，从而需要某种系统的或者随机的推力以维持周期。第四种时间序列最终会产生大于任何先赋值的波动。因此必须设定上限和下限以限制波动。第三种时间序列是自我维持的周期，但它的存在取决于特定的 β 值，而且它生成的时间序列"太"有规律。

　　解决这一困难的一种方法是让 α 和 β 系数随着周期而变化，这样生成的时间序列就是不同类型的时间序列的组合。Hicks和Goodwin的做法是假定 β 值是如此大，以至于如果不设限的话，就会生成发散性时间序列，而(对发散性时间序列)形成限制的条件是最大折旧率和充分就业(或资本品生产行业的产能)。这些限制条件促使实现的投资与引致的投资不同，从形式上而言，这可以理解为改变了 β 值。假定当

---

　　① 这个极简的模型展现了线性加速数-乘数模型的特征，这对本文讨论的问题很重要。收入应该理解为是从给定 $Y_0 = \lambda/(1-\alpha)$ 的"零"收入水平中推导出来的，其中 λ 可以等同于自主投资或者"零收入"消费。W. J. Baumol, *Economic Dynamics, An Introduction* (New York, 1951)，第10、11章，简单讨论了二阶差分方程的解。

　　② 生成的时间序列类型取决于 μ_1 和 μ_2 的值，μ_1 和 μ_2 转而取决于 α 和 β 的值。对第一种序列而言，μ_1 和 μ_2 都小于1，对第2、3、4种而言，μ_1 和 μ_2 是共轭复数；对第5种而言，μ_1 和 μ_2 都大于1。

收入非常高(低)或者增加(降低)非常快时，β值将下降(上升)，这样就会生成可接受的、非规律的周期性时间序列。显然，通过将发散性运动、周期性运动和阻尼运动联系起来，可以生成任何一种合意的时间序列。

通过假设β值(即加速数系数)取决于货币市场的条件和企业的资产负债表，可以生成一系列与Hicks和Goodwin的模型相似的形式化非线性模型。这些因素反过来取决于收入变化的水平和变化率与货币体系运行之间的关系。然而，本文加速数过程的数学模型将表示为简单的线性形式。希望通过这种方式，使得在数学表达的清晰性上所丧失的东西，能够通过经济学的可识别性(identifiability这个词在统计学中有特定的含义，参数输入和输出的对应关系，在这里可以理解为不同的参数设置导致不同的时间序列，反映出经济模式和货币运行方式的可识别性——译者注)得到弥补。

截至目前，我们还没有着手分析初始条件的影响。初始条件对于决定第五种(单调发散)时间序列中在t值较小时所生成的收入而言尤为重要。为了生成第五种序列，μ_1和μ_2在关系式$Y_t = A_1\mu_1^t + A_2\mu_2^t$中必须大于1。为了引发不断重复的过程，需要两个收入水平Y_0和Y_1(初始条件)，这决定了A_1和A_2的值。如果Y_1大于Y_0，Y_1与Y_0的比率小于较小的根μ_2，那么较大的根(也称为主导根)μ_1的系数A_1将为负数。因为较大的根最终将占据主导地位，因此负的A_1最终将导致负的Y_t。所以，如果给定初始条件的收入增长率小于较小的根，那么即使α和β值可以生成单调发散的时间序列，时间序列也会存在拐点[①]。

这产生了另一种解释Goodwin-Hicks类型的非线性加速数模型的方法。当上限和下限变得有效时，事实上为时间序列施加了一组新的初始条件。如果这些新的"初始条件"导致主导根的系数的正负发生变化，那么收入运动的方向最终也将改变。货币限制的影响也可以用这种方式来理解。

遵循Goodwin和Hicks的方法，我们假定β值是如此之大，以至于如果不设限，那么加速数-乘数过程将生成发散性时间序列。加速数-乘数模型的解为

---

① 如果两个根相等，那么差分方程的解为$Y_t = A_1\mu_1^t + A_2t\mu_1^t$(参见 Baumol，同上，第10、11章)($Y_t = A_1\mu_1^t + A_2t\mu_1^t$ 在本书被误印为$Y_t = A_1\mu_1^t + A_2\mu_1^t$，依据原文"*The American Economic Review*, Vol. XLVII, Dec. 1957, No. 6, pp859—883, The Journal of the American Economic Association"予以修订——译者注)。如果$Y_1/Y_0 = \mu_1$，那么$A_2 = 0$，生成了一个增长率不变的序列。如果$Y_1/Y_0 < \mu_1$，那么$A_2 < 0$，并且最终$Y_t < Y_{t-1}$;如果$Y_1/Y_0 > \mu_1$，那么$A_2 > 0$，至少在早期，收入的增长率显著大于μ_1。就二阶差分方程而言，收入的稳态增长率以刀刃为特征：它不仅要求α和β值满足$\mu_1 = \mu_2 > 1$，而且要求$Y_1/Y_0 = \mu_1$(参见S. S. Alexander, "The Accelerator as a Generator of Steady Growth," *Quarterly Journal of Economics*, May 1949, LXIII, 174–197)。

$Y_t = A_1 \mu_1^t + A_2 \mu_2^t$，其中 $\mu_1 > \mu_2 > 1$，且初始条件满足 $Y_1 / Y_0 > \mu_2$ 从而使 A_1 和 A_2 都为正数。对一系列处于合理范围的 Y_1 / Y_0，A_2 将远大于 A_1。这意味着在发展的早期(t很小时)，μ_2 的权重很高，而在后期 μ_1 处于主导地位。我们正在考察的这种发散过程所生成的收入增长率将随着时间而增加，直至逼近作为极限的 μ_1[①]。

由这样一种发散的加速数过程所生成的不断提升的收入增长率，最终将超过合意的、可能的产能增长率。为了能够维持加速数过程的持续性，我们假定所有的关系都是货币项，并且加速数过程会造成价格水平的变化。我们将会在很多方面关注价格水平变化的一些具体影响。

11.2　货币数量保持不变的加速数模型

在本节和下一节，我们将从加速数-乘数过程和各种货币体系之间的相互影响中，推导出几种时间序列。我们基于其中可以发生的货币变化来对将要考察的货币体系进行分类。货币变化指流通速度或货币数量的变化。因此，我们将考虑以下可供选择的货币体系：第一种，速度和数量都不变；第二种，仅仅速度变化；第三种，仅仅数量变化；第四种，速度和数量都变化[②]。本节将考察前两种货币体系，后两种将在下一节考察。

除了第一种货币体系，我们假定存在部分准备金体系。货币供给会变化：或者是通过用于交换企业债务的存款创造，或者是通过企业偿还银行债务而导致的存款消失。即银行体系是商业银行体系，而非政府或其他证券机构运营的体系[③]。在接下来的所有内容中，央行与商业银行的关系都被整合进"货币体系"中。例如，无限弹性的货币供给可以由央行向商业银行借贷，或者由央行购买公开市场票据来实现。在货币体系中，我们也包括专业化的金融中介。

---

① 11.2节和11.3节将展现很多表格，以阐明将发散的加速数-乘数过程与多种不同的货币体系结合起来的结果。在每种情况中都假定 $\alpha = 0.8, \beta = 4, Y_0 = 100, Y_1 = 110$。就这些值而言，$\mu_1 = 3.73$，$\mu_2 = 1.07$，$A_1 = 1.1$，$A_2 = 98.9$，从而 $Y_t = 1.1(3.73)^t + 98.9(1.07)^t$。最终，$Y_{t+1} / Y_t$ 将逼近3.73。

② 货币数量不变的情况A和B，可以视为100%货币的世界。如果在"初始点"存在过度流动性，以至于流通速度会增加，就是情况B，否则就是情况A。情况C(1)，货币供给具有无限弹性，这是一个忽视价格水平考虑的纸币当局的世界(也许是一个央行遵循"企业需要"规则的世界)。情况C(2)，货币数量有一个外生决定的增长率，是一个金的生产是自主的、并决定货币供给增长率的金本位世界。当然，情况D与现行的货币体系相似。

③ 古典货币数量论与凯恩斯流动性偏好货币理论之间的一些差异，可以归于银行体系被假定运行的方式。货币数量论的方法与银行向企业贷款(商业银行)相一致，而流动性偏好理论遵循的是银行在公开市场上购买证券。在商业银行业务中，货币数量的增加使企业能够做出购买商品和服务的决策。另一方面，公开市场操作是用货币替换公众资产组合中的另一种资产，是否会出现购买商品和服务的结果，取决于公众对这一流动性变化的反应。

货币的收入速度与流动性偏好之间的关系以两者互为镜像为特征[①]。当货币的收入速度上升时，经济中的流动性下降，反之亦然。一个有用的建构是，假定对每一个货币收入水平 Y 而言，都存在一个为了维持与 Y 相关的支付量而必需的最小货币数量 M_T。如果现有的总货币数量为 M_T，那么没有货币可用于资产组合的用途：对每一 Y，我们都有最大的货币收入速度 V_m，以使 $M_T V_m = Y$。如果 M 大于 M_T，那么实际速度 V 会小于 V_m。M 和 M_T 之间的差异为 M_L，这一货币量是作为流动性资产而被持有的。如果货币数量保持不变，那么当 V 上升时，资产组合货币 M_L 必然下降。

如果 $V < V_m$，那么 $M_L > 0$。抽象掉货币数量的变化，在 $M_L > 0$ 的情况下，利率取决于以下三个因素：投资的需求曲线、事前储蓄和流动性持有者愿意用盈利资产替换货币的条件。同样，如果 $M_L = 0$，那么利率取决于投资需求、储蓄供给和个人愿意将现金作为资产持有的条件。给定一个大于 M_T 的货币供给，存在一个利率使家庭和企业作为整体不愿意增加或者减少其持有的货币量。任何其他的市场利率或者意味着现金余额的增加，从而使储蓄被用于增加流动性，或者意味着现金余额的降低，从而使投资可以通过购买力蓄水池得到融资。本文假定市场利率的变化会影响由给定收入变化所引致的投资量。

假定所有投资都是由企业进行的。在所有企业的合并资产负债表上，投资以厂房、设备和半成品的增加为代表，它将由负债的增加(股权或债务)或者其他资产(现金或流动资产)的降低来抵消。企业投资可以通过股权来融资：作为家庭和企业的事前储蓄或家庭的现金余额降低的结果。企业投资可以通过债务来融资：作为家庭的事前储蓄、家庭的现金余额降低或企业的银行债务增加的结果。如果投资融资是通过企业现金余额的降低来进行，这既不会影响企业的债务，也不会影响其股权负债：它只是降低了企业的流动性。

尽管事前储蓄和家庭的流动性的降低可以被用于投资的债务融资或者股权融资，但货币数量的增加仅能被用于投资的债务融资。家庭、企业和银行容易受到企业资产负债结构的影响；尤其是企业资产负债表中，债务-股权比率的上升或者现金-其他资产比率的下降，会使企业更不愿意借款，使家庭和银行更不愿意贷款。因此，如果投资以增加企业的债务/总负债比率或以降低其流动性的方式进行融资，那么由给定收入变化所引致的投资会下降。因此，加速数系数取决于两个变量：市场利率和企业的资产负债结构。这些变量的变化会削弱原本将出现的收入的发散运动。

---

① A. C. Pigou, *Keynes's General Theory* (London, 1951); H. S. Ellis, "Some Fundamentals in the Theory of Velocity," *Quarterly Journal of Economics*, May 1938, LII, 431–472.

11.2.1　速度和数量都不变

运用瑞典学派的概念[1]，我们定义 $Y_{t-1} - C_t = (1-\alpha)Y_{t-1}$ 为事前储蓄。假定，正如纯粹的加速数-乘数模型所做的那样，所有投资都是引致的，那么 $I_t = \beta(Y_{t-1} - Y_{t-2})$ 被确定为事前投资。式(11.1)~式(11.3)可得，为使 $Y_t \geqslant Y_{t-1}$，需要使 $I_t = \beta(Y_{t-1} - Y_{t-2}) \geqslant (1-\alpha)Y_{t-1}$，为使 $Y_t < Y_{t-1}$，需要使 $I_t = \beta(Y_{t-1} - Y_{t-2}) < (1-\alpha)Y_{t-1}$。

在一个货币流通速度和数量都不变的货币体系中，如果事前投资大于事前储蓄，那么事前储蓄必须在投资者之间定量配给，进行这种定量配给的市场就是货币市场。需求超过供给会导致利率上升，这将持续下去直至实现的投资与事前储蓄相等。在图11.1中，事前投资基于利率 R_1，从而使 $\beta(Y_{t-1} - Y_{t-2}) = I_t'$。超过投资 $I_t = (S_t)$ 的部分不能融资，这导致利率上升至 R_2。这样一种货币体系没有为加速数-乘数周期留下空间。加速数过程在扩张中运行的必要条件是，存在一个除事前储蓄以外的投资融资来源[2]。

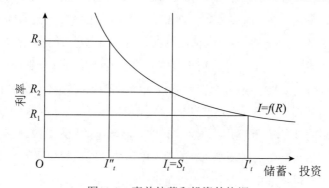

图11.1　事前储蓄和投资的协调

对称地，如果事前储蓄大于事前投资，那么投资会被迫增加，以使所有可用的融资都被实际投资所吸收。如果储蓄除投资以外没有其他的利用方式，那么企业进行融资投资的条件必须变化，以使实现的投资大于事前投资。事前储蓄和实际投资的相等，稳定了收入，因而也停止了"引致负投资"。

[1]　B. Ohlin, "Some Notes on the Stockholm Theory of Savings and Investment," *Economic Journal*, March and June 1937, XLVII, 53–69 and 221–240. Reprinted in American Economic Association, *Readings in Business Cycle Theory* (Philadelphia, 1951), pp. 87–130.

[2]　投资品价格水平的下降可能会导致货币储蓄，使之足以为实际投资提供融资。相反，投资品价格的上升可能会降低需要通过给定货币储蓄来进行融资的实际投资量。在图11.1中，储蓄曲线可以被视为某一固定利率下对投资品(关于价格)的供给曲线，投资曲线被视为某一固定利率下对投资品(关于价格)的需求曲线。这样将 R_2 和 R_1 理解为价格水平，加速数现象就决定了投资品的价格水平。对图11.1的这种解释肯定是在模型中使用了投资品生产上限的作者的想法(例如，Goodwin，同上)。在对图11.1的原初解释中，即使投资 I_t' 获得了融资，投资品的供给条件(关于价格)也可能使得在投资品上的支出 I_t' 导致投资品价格的上升；正如之前所指出的，加速数过程会导致价格水平上升。

11.2.2　只有速度变化

给定货币供给不变，只有货币的流通速度(在图表及下文中，速度即为货币的流通速度——译者注)变化，实现的投资才能不同于事前储蓄。我们首先着手分析流通速度上限和下限的存在纯基于模型本身的逻辑所产生的影响。然后我们来考察不存在流动性过剩和存在流动性过剩的情况下(凯恩斯流动性陷阱)，流通速度的变化对加速数系数值的影响。在这一意义上，即固定的货币供给和速度上限为收入的货币价值设置了上限，长期增长需要价格水平下降，这对加速数过程有影响。

我们已经假定利率和企业的资产负债结构(流动性和债务-股权比)影响加速数系数的值。通过吸收闲置的现金余额对投资进行融资不必然改变企业的债务-股权比率，因为我们可以假定当事前储蓄和当现金余额被用于融资投资时，家庭的债务-股权偏好不会显著不同[①]。因此，如果经济扩张是通过货币流通速度的增加得以融资，那么投资企业的资产负债表不会恶化。当然，家庭和企业的流动性偏好降低了，但是除非流动性陷阱起了作用，否则这会反映在利率上。因此，在这一节，影响加速数系数的只有利率，以及在流动性陷阱情况中，利率不变条件下流动性的变化。

假定我们的分析始于收入的累积性上升。这增加了交易目的所需要的货币数量，因此，随着这一过程的持续，用于持有资产的货币量——能够用于对超过事前储蓄的投资进行融资的货币——将逐步变小。可实现的最高的货币收入水平，是所有可得的货币供给都需要用于交易(参见表11.1)。在那一收入上，实现的投资不能超过事前储蓄。实现的投资等于储蓄会导致收入不变，在给定的加速数假设之下，这将引致零投资。忽略利率和资产负债表伴随着流通速度增加的变化对加速数系数的影响，给定货币量不变的货币体系将为货币收入设定上限。这一上限既不取决于完全就业，也不取决于投资品行业的产能，它取决于流通速度的变化为投资提供融资的有限能力。

对称地，如果存在一个最小流通速度，那么就会存在一个货币收入的下限。然而，这个下限与上限并不完全对称，本文基本不对这一较低拐点做出解释。

让我们考察一下在正如表11.1所详述的过程中，货币市场会发生什么。忽略流动性陷阱，随着收入上升，用于交易的货币增加，这意味着在货币供给不变的情况下，用于资产组合的货币会变得更稀缺。随着资产货币被用来为超过储蓄的投资进行融资，利率会上升，在这个上升了的利率水平上，现金会从资产组合中撤出并进入收入流。在货币数量不变、收入上升的情况下，家庭和企业的资产负债表表现出一个更低的资产现金与其他资产的比率，以及流动性的降低。流动性的降低和利率

[①]　J. G. Gurley and E. S. Shaw, "Financial Aspects of Economic Development, " *American Economic Review*, September 1955, XLV, 515-538，讨论了可获得的资产对储蓄行为的影响。这也许是事实：家庭在为企业提供融资时，其使用现金余额时的资产偏好与使用事前储蓄的偏好不同。在这一联系下，对金融中介的资产组合的法律限制和传统限制，无疑倾向于影响企业投资。

的上升都倾向于降低加速数系数。

另一种情况是，在下行期，事前投资小于事前储蓄。在货币供给不变的情况下，过剩的储蓄被流通速度的减小所吸收。随着货币从收入流中退出，可用于资产目的的货币增加。利率下降、社会的流动性上升，从而使负投资的数量——由需求向下的某个给定的移动所引致——降低。在上行和下行的过程中，除非收入的下降幅度是如此之大，以至于从交易目的中释放的货币使利率降低到流动性陷阱的利率下限，否则，完全基于流通速度变化的货币体系，就会充当实现了的引致投资的稳定器。在这种利率下限的水平上，融资条件的下降对总负投资的稳定作用将停止，尽管增加的流动性依然可以充当稳定器①。

表 11.1 只有速度变化（货币供给不变——无利率影响）

时间	加速数过程 α=0.8，β=4.0，Y_0=100，Y_1=110					货币体系 货币供给 = 100 最大速度 = 2	
	Y	C	事前储蓄	投资		由 Δv^* 提供融资的投资	实现的速度
				事前	实现的		
0	100	—	—	—	—	—	1.00
1	110	80	20	—	30	10	1.10
2	128	88	22	40	40	18	1.28
3	174	102	26	72	72	46	1.74
4	200	139	35	184	61	26	2.00
5	200	160	40	104	40	0	2.00
6	160	160	40	0	0	-40	1.60

*超过事前储蓄的投资。显然，通过 Δv 进行的融资投资如果为负，意味着事前储蓄大于投资。

图11.2展示了用现金余额为投资提供融资，并因此抵消事前储蓄(不足)的情形。在利率 R_1、收入 Y_0 上，货币的流通速度保持不变，在图中用 L_1 曲线与现金余额零变化的竖直线相交形成利率 R_1 来说明。在更高的利率水平上，现金资产将被释放出来为投资提供资金；在更低的利率水平上，储蓄则将被现金余额吸收掉。在任何利率水平上，能够获得融资的投资量，都等于事前储蓄与现金余额变化之和。假定收入上升了，以至于当利率为 R_1 时，引发出 I_2' 的投资。I_2 曲线图示了加速数的值如何被利率的变化所改变。大于供给的超额融资需求导致利率上升至 R_2。因为 I_2''（I_2'' 在本书2016版中被误印为 I_2，在这里依据最早刊发的原文予以修订，见"The American Economic Review, Vol. XLVII, Dec. 1957, No. 6, pp859-883, The Journal of the American Economic Association"——译者注)大于事前储蓄，因此收入会上升，

---

① 流动性增加提升消费系数这一点当然是"庇古效应"。

现金的交易需求也将增加。依据现金余额变化与利率之间的关系，这会将L曲线提升至L_2，使通过流动性的下降获得融资的投资负担更高的利率。

如果收入下降将投资需求曲线移动至I_3，事前投资为I_3'。在货币供给不变的情况下，事前储蓄超过引致投资将降低利率，实现的投资将为$I_3'' > I_3'$，现金余额增加至OM_3。因为$S > I_3''$，收入将会下降，这会使流动性曲线向下移动，从而使现金余额能够在利率低于R_1的水平上被用来为投资融资。

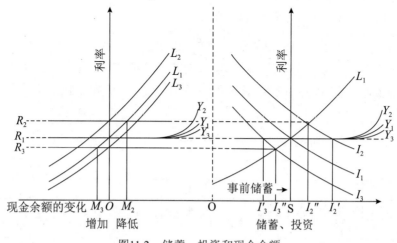

图11.2　储蓄、投资和现金余额

如果现金余额-利率的关系如系列曲线Y_3、Y_2、Y_1所示，那么就存在流动性过剩；这是凯恩斯的流动性陷阱情况。对投资曲线I_2而言，$I_2' - S$的投资将由现金余额的降低来融资；如果投资曲线为I_3，那么$S - I_3'$将增加到现金余额上。在这两种情况下，利率都不会发生变化。在凯恩斯的流动性陷阱情况下，货币市场既不能抑制"繁荣"，也不能抑制"萧条"。在繁荣期，流动性陷阱会一直存在，直至对现金的交易需求吸收掉足够大的货币供给，使得凯恩斯流动性陷阱走向终结。在下行期，除了提升的流动性对企业资产负债表产生的影响以外，不存在对流动性陷阱的内生限制因素。因此，凯恩斯的流动性陷阱情况对发散性加速数系数赋予了充分的范围。在上行期，发散性加速数过程将引致货币需求的增加超过产能的增长，从而强大的加速数和过剩的流动性的结合将使得价格出现很大的上升。

无论是速度的上限，还是利率的上升、流动性的降低等对加速数系数的影响，都将打破累积的经济扩张。货币收入会下降，用来交易的货币数量会下降，没有在投资中实现的货币储蓄将导致货币在资产组合中(比例)的增加。如果价格水平在萧条期间不下降，那么实际收入的上限保持不变，而如果价格水平下降，即使货币收入的上限保持不变，实际收入的上限也会上升。

净投资意味着产能的增加。在货币供给不变，以及事实上流通速度存在上限的情况下，更大的实际收入只有在价格水平下降的时候才会实现。强劲的扩张需要大量加速数引致的投资，而这一引致投资的加速数只有在收入与产能大致相等时才会很大，因此只有在价格水平永久下降时才会出现强劲的扩张。

价格水平长期下降预期的影响是延长投资的预期回收期。这对企业投资的影响，与价格不变时利率上升的情况等同，因而下降的价格倾向于降低加速数系数的值。因此，与宽松的货币体系相比，这种货币体系下商业周期的特点是繁荣程度较低。这样一种货币体系与长期相对稳定的收入这一趋势相联系，因为除非流动性在下行期大大增加，否则实现的投资超过事前储蓄这种情况不会在长期中发生。

11.3　货币数量可变的加速数模型

本节，我们将考察两种货币体系，一种是只有货币数量可以变化，另一种是货币数量和货币速度都可以变化。

我们假定商业银行通过给企业贷款来创造货币。能够实现的货币供给的最大增长等于事前投资和事前储蓄之间的差异：

$$\Delta M=事前投资 I-事前储蓄 S=\Delta Y$$

假定 $V=\dfrac{Y}{M}=\dfrac{\Delta Y}{\Delta M}=1$。家庭手中货币供给的增加，是使净资产变化等于事前投资的资产[①]。因为收入速度为1，因此个人持有作为资产的货币数量不会有净变化。这等同于假定银行给企业贷款的利率等于家庭资产组合中货币与盈利性资产相互替代的利率[②]。在这些模型中，唯一有意义的货币变化在于货币数量(的变化)。

[①]　假定事前投资 I >事前储蓄 S，实现的投资 I =事前投资 I；(事前投资 I-事前储蓄 S)由银行债务的增加得以融资。家庭、企业和银行的统一资产负债表的变化将为：

家庭			
企业的债务和股权	+ 事前储蓄	净资产	+ 事前投资
活期存款	+(事前投资 - 事前储蓄)		

企业			
生产性资产	+ 事前投资	对家庭的债务和股权	+ 事前储蓄
活期存款	没有变化	对银行的债务	+(事前投资 - 事前储蓄)

银行			
企业的债务	+(事前投资 - 事前储蓄)	活期存款	+(事前投资 - 事前储蓄)

[②]　或者，如果是流动性陷阱情况下的利率占主导地位，即使 V >1，货币数量超过交易需求部分的上升也将被家庭的资产组合所吸收，而不会降低利率。然而，在这种情况下，利率的任何(实质性)上升都意味着家庭资产组合中盈利性资产对货币的替代。于是，这就变成了融资投资来源于现金余额的情况。如果 V >1，货币供给和企业对银行的负债增长都不会像收入增长一样快。

当货币供给以独立给定的速度增加时，货币供给的自主增加不必然与事前投资与事前储蓄之间的差异相等。如果货币供给的增加大于事前投资与事前储蓄之间的差异，我们假定这一差异在银行体系内(作为超额准备金)积累起来，并且可以用于对未来投资的融资。如果货币供给的增加小于事前投资与事前储蓄之间的差异，那么实现的投资将小于事前投资，收入的增加将等于货币供给的增加。

对每一种货币体系而言，我们首先假定加速数系数不变，考察这些关系纯基于模型本身的逻辑的性质，然后研究相关的货币市场和融资的发展对加速数系数值可能的影响。

11.3.1　数量变化但速度不变

我们将着手分析其中只有货币数量可以变化的两种货币体系。第一种是假定货币供给具有无限弹性，第二种是假定货币供给按照固定的算数增长率或几何增长率增加。

1. 无限弹性的货币供给

如果货币数量可以无限增长，那么无论事前投资和事前储蓄之间的差异是多少，这一差异都可以得到融资。我们也假定银行贷款的条件不变。这样一种货币体系与发散性加速数过程相一致，因为它可以使货币收入实现累积上升。在这样一种货币体系的运行中，存在任何内在的削弱加速数过程的因素吗？(我们将忽略货币供给增长率大于产能增长率的完全就业的情况下，价格累积上升的间接政治影响。)

在扩张期间，随着投资企业在其负债上增加银行债务，货币供给便增加了(参见表11.2)。假定事前储蓄在企业的债务和股权上的比例分配保持不变，基于货币创造的累积发散扩张将(其他条件保持不变)导致企业资产负债表股权-债务比例的下降[1]。即使企业的借款条件不会因其资产负债表的恶化而改变，借款者的风险也将上升[2]。这会降低给定的收入上升所引致的投资量。因此，即使货币体系可以使所有的事前投

---

[1]　总引致投资为 $\beta(Y_t - Y_{t-1})$，事前储蓄等于 $(1-\alpha)Y_t$。假定事前储蓄的不变比例用于股权融资，后者为 $\lambda(1-\alpha)Y_t$。因此，股权变化与总投资的比率为 $\dfrac{\lambda(1-\alpha)Y_t}{\beta(Y_t - Y_{t-1})} = \dfrac{\lambda(1-\alpha)}{\beta\left(1 - \dfrac{Y_{t-1}}{Y_t}\right)}$。

二阶发散性加速数过程的一般解的形式为 $Y_t = A_1\mu_1^t + A_2\mu_2^t$，其中 $\mu_1 > \mu_2 > 1$。因此，我们可得

$$\frac{Y_{t-1}}{Y_t} = \frac{A_1\mu_1^{t-1} + A_2\mu_2^{t-1}}{A_1\mu_1^t + A_2\mu_2^t} = \frac{1 + \dfrac{A_2}{A_1}\left(\dfrac{\mu_2}{\mu_1}\right)^{t-1}}{\mu_1 + \left(\dfrac{A_2}{A_1}\right)\left(\dfrac{\mu_2}{\mu_1}\right)^{t-1}\mu_2}, \quad \left(\frac{\mu_2}{\mu_1}\right)^t_{t\to\infty} = 0，因此\left(\frac{Y_{t-1}}{Y_t}\right)_{t\to\infty} 的极限为 \frac{1}{\mu_1}，因此$$

$\dfrac{\lambda(1-\alpha)}{\beta\left(1 - \dfrac{Y_{t-1}}{Y_t}\right)}$ 逼近于极限 $\dfrac{\lambda(1-\alpha)}{\beta\left(1 - \dfrac{1}{\mu_1}\right)}$。

[2]　M. Kalecki, "The Principle of Increasing Risk," *Economica*, N.S., November 1937, IV, 440–447.

资都实现，由银行债务提供的投资融资也将导致加速数系数的下降，这反过来会降低收入的增长率。这会持续下去，直至加速数系数下降得足够大，使得发散性序列被周期性时间序列所取代，在这一过程中，收入下降最终将会出现。在收入下降的情况下，事前储蓄超过引致投资的部分将被用于减少银行债务。而且，一些严重依赖债务融资的企业的破产，将导致资产负债表中的债务被股权取代。作为一种稳定器，下行期中的这两个变化都会提高企业资产负债表中的股权债务比[①]。在对货币供给没有限制的条件下，发散性加速数过程的内生限制是企业资产负债表的恶化，这起因于上行期对投资进行的债务融资，以及在下行期因为清算过程而造成的反向的情况(反向的情况指的是破产清算过程的强制还债会提高资产负债表中的股权债务比——译者注)。

表 11.2　无限弹性的货币供给 (速度不变——无利率影响)

时间	加速数过程 $\alpha=0.8$，$\beta=4$，$Y_0=100$					货币体系 所有事前储蓄用于股权融资 所有货币增加用于债务融资	
	Y	C	事前储蓄	投资		货币供给增量	股权融资增量 / 总投资增量
				事前 $\beta(Y_{t-1}-Y_{t-2})$	实现的		
0	100	—	—	—	—	—	—
2	110	80	20	—	30	10	0.67
3	128	88	22	40	40	18	0.55
4	174	102	26	72	72	46	0.36
5	323	139	35	184	184	149	0.19

在发散性扩张期中，存在两个可能会抵消不断增加的债务-股权比的因素，事

---

① 在下行期(事前储蓄>事前投资)，三部门的资债负债变化如下：

银行			
企业的债务	-(事前储蓄 - 事前投资) = -ΔM	活期存款	-(事前储蓄 - 事前投资) = -ΔM

企业			
资本设备	+ 事前投资	对家庭的债务和股权	+ 事前储蓄
		对银行的债务	-(事前储蓄 - 事前投资) = -ΔM

家庭			
活期存款	-(事前储蓄 - 事前投资) = -ΔM	净资产	+ 事前投资
企业资产	+ 事前储蓄		

如果家庭账户中标记为"企业资产"(的企业)破产，权益将取代债务(家庭剩下80的资本设备权益，作为银行欠债的活期存款消失了——译者注)，对企业账户中标记的"对家庭的债务和股权"而言，也是权益取代债务(企业剩下80的所有者权益，对银行的欠债也消失了——译者注)。而且，当企业破产的时候，银行也会获得那些被认为不适合银行资产组合的所有权和债务。将这些资产出售给公众的结果是，公众资产组合中的"企业资产"替换"活期存款"，以及"活期存款"的净减少。这些变化显然不会影响家庭的"净资产"和"资本设备"账户。然而，因为产能的价值在下行期可能下降，所以企业账户中"资本设备"的价值和家庭账户的"净资产"可能也会下降；企业的股权负债和家庭的股权资产都会部分或者全部地失去价值。这反过来会影响家庭和企业的"主观"偏好，从而流动性偏好上升。

前储蓄流向股权的比例增加,以及伴随着资本品价格的上升导致的资本收益的增加。在发散性的经济扩张期间,随着事前储蓄为总投资提供融资的比例不断下降,事前储蓄流向股权的比例可能增加,但这并不能长期阻止企业资产负债表的恶化。然而,如果累积性的价格水平通货膨胀在政治上可以接受,那么企业资产负债表的恶化不会必然发生。企业是借款者,债务的实际负担随着价格水平的上升而减少。如果企业的资产是以其现行重置成本估值,那么不断上升的价格水平会提升其股权账户。这样的资本收益会改善企业的资产负债表,这通常发生在通货膨胀的情况中。价格水平上升,加上事前储蓄流向股权投资,可能足以使债务-股权比率保持不变,从而防止企业资产负债表的任何恶化。然而,这需要资本品价格水平的变化率不断增长[①]。但是,如果发散性通货膨胀在政治上是可以忍受的,那么就不存在任何内生的原因,使具有无限弹性的货币供给的加速数过程停止下来。

因此,至少存在两种货币情况允许发散性加速数过程在充分的范围运行:凯恩斯流动性陷阱和无限弹性的货币供给。或许这一点并非偶然,即强调"实际"上限和下限作为加速数系数非线性的原因恰恰发生在这种情况下——大量未清偿的政府债券和央行对其的支持使货币供给事实上具有无限弹性。另外,在一个货币紧缩的时代,人们自然会考察对加速数现象的运行方式所设定的货币层面的前提条件。

2. 货币供给以固定速度增长

如果事前投资和事前储蓄之间的差异不超过每期货币供给的增长,那么一种货币供给的增长率外生给定的货币体系,例如建立在金本位基础上的部分准备金银行体系,便等同于无限弹性的货币供给。在这种情况下,对扩张的唯一的内生的限制来源于企业恶化的资产负债表和流动性,正如无限弹性的货币供给下那样。当引致投资和

---

① 在表11.2所示的算术例子中,在第3期,只有总投资的36%是由储蓄进行融资。如果,在第3期资本品价格上升,以至于现存资本品价值上升了20(原文为2.0,根据下表数据予以更正——译者注),那么股权增加值与资产增加值的比率为0.5。在第4期,更大的总投资中只有19%由储蓄融资。为了使股权增加值与资产增加值之间的比率为0.5,现有资本的价值必须上升114(原文为11.4,根据下表数据予以更正——译者注)。因为第4期的总资产可能只比第3期略高一些,这意味着如果要维持不变的股权/总资产比率,资本品的价格水平就必须上升。例如:

项目	时期	
	3	4
事前储蓄	26.0	35.0
实现的投资	72.0	184.0
货币增量	46.0	149.0
现有资本需要新增的价值	20.0	114.0
股权增加值 = 储蓄 + 价值增加值	46.0	149.0
资产增加值 = 实现的投资 + 价值增加值	92.0	298.0
股权增加值与资产增加值比率	0.5	0.5

事前储蓄之间的差异大于银行贷款能力的增长率时，会存在有趣的另一种选择。

贯穿本节始终，我们将假定在初始期，银行体系不拥有过剩的流动性。因此可获得的融资等于事前储蓄加上货币供给的可能增长。如果引致的投资等于或大于这一值，实现的投资将受限于可获得的融资。在这种情况下，收入的增长速度将与货币供给相同[①]。

(1) 货币供给的算术增长率。如果货币供给在每一期增长固定的数量(不变的算数增长率)，收入将会以这一速率增长，直至事前储蓄增加得足以使每一时期的引致投资变得小于可得融资。当这种情况发生的时候，收入在每一期的增长将低于这种情况没发生的时候，因此引致投资将降低。当事前储蓄赶上扩张过程，以至于由收入的不变的算数增长率所引致的所有投资，都可以在不使用所有新获得信贷的情况下实现，那么向下的转折点就出现了[②](表11.3阐明了这一情况)。

表 11.3　算数增长的货币供给（速度不变——无利率影响）

时间	加速数过程 $\alpha=0.8$，$\beta=4$					货币体系每期 +10
	Y	C	事前储蓄	投资		由货币供给增加而融资的投资
				导致事前 $\beta(Y_{t-1}-Y_{t-2})$	实现	
0	100.0	—	—	—	—	
1	110.0	80.0	20.0	—	30	+10.0
2	120.0	88.0	22.0	40	32	+10.0
3	130.0	96.0	24.0	40	34	+10.0
4	140.0	104.0	26.0	40	36	+10.0
5	150.0	112.0	28.0	40	38	+10.0
6	160.0	120.0	30.0	40	40	+10.0
7	168.0	128.0	32.0	40	40	+8.0
8	166.4	134.4	33.6	32	32	-1.6[a]

a 在第7期，事前储蓄+货币供给增量 > 事前投资；因此 $Y_7-Y_6<\Delta M$。结果是，在第8期，加速数扩张被打断了。

在扩张期中，对融资的需求总是大于可获得的供给；货币市场限制了投资。当

---

① $\beta(Y_t-Y_{t-1})>(1-\alpha)Y_t+\Delta M$ 且 $Y_t=M_t$，从而 $Y_{t+1}=\alpha Y_t+(1-\alpha)Y_t+\Delta M$；$Y_{t+1}=Y_t+\Delta M$。

② 在加速数-乘数模型中，$Y_t>Y_{t-1}$ 的必要条件为 $\beta(Y_{t-1}-Y_{t-2})>(1-\alpha)Y_{t-1}$，我们设定每期货币供给的增长为 ΔM，以使可获得的融资为 $(1-\alpha)Y_{t-1}+\Delta M$：因此如果 $\beta(Y_{t-1}-Y_{t-2})>(1-\alpha)Y_{t-1}+\Delta M$，那么实现的投资为 $(1-\alpha)Y_{t-1}+\Delta M$。因此 $Y_t=Y_{t-1}+\Delta M$ 从而 $\beta(Y_t-Y_{t-1})=\beta\Delta M$（$\beta(Y_t-Y_{t-1})=\beta\Delta M$ 在本书误印为 $c(Y_t-Y_{t-1})=\beta\Delta M$，在这里依据 "*The American Economic Review*, Vol. XLVII, Dec.1957, No. 6, pp859-883, The Journal of the American Economic Association"的原文予以修订——译者注)，我们再次假定 $\beta\Delta M>(1-\alpha)(Y_{t-1}+\Delta M)$ 以使 $Y_{t+1}=Y_{t-1}+2\Delta M$。最终，$\beta(Y_{t+n}-Y_{t+n-1})=\beta\Delta M<(1-\alpha)(Y_{t-1}+n\Delta M)+\Delta M$；因此，$Y_{t+n+1}<Y_{t+n}+\Delta M$；所以 $\beta(Y_{t+n+1}-Y_{t+n})<\beta(Y_{t+n}-Y_{t+n-1})$，加速数过程转而下降。

收入的算术增长变得小于货币供给的增长时，融资条件放松了。最终导致的利率的下降可能会增加对投资的引致(降低对负投资的引致)，这一可能性在表11.3被忽视了。由于银行体系在扩张期中对实现投资的融资比例不断降低，因此在这样一种扩张中，投资企业的资产负债表的恶化将受到限制。

当收入降低时，货币供给的自主增长导致银行体系超额储备金的积累，并且超过引致投资的事前储蓄导致企业偿还银行债务。这些变化可能会阻碍收入的降低。

在下行期中，银行超额储备金的积累及企业资产负债表的改善意味着，如果扩张开始了，它将不会立即受限于货币市场和资产负债表的影响。如果收入下降时货币供给的算数增长率相对于融资能力的积累较小，那么在积累的融资能力被吸收从而降低了每一期收入的增长时，急剧的投资下降会出现。更小的收入增长将导致引致投资的下降，并且可能发生收入的急剧下降。货币供给不变的算数增长率与发散性加速数过程结合起来，将倾向于生成周期性时间序列。

(2) 货币供给的几何增长率。考虑一种以不变的几何增长率 μ_3 增长的货币供给。正如之前已经注意到的，发散性加速数过程的解可以写为 $Y_t = A_1 \mu_1^t + A_2 \mu_2^t$，其中 $\mu_1 > \mu_2 > 1$，A_1 和 A_2 取决于初始条件。就是说，收入的增长率为 μ_1 和 μ_2 两个增长率的加权平均。如果 μ_3 ——货币供给增长率——大于(或等于) μ_1 ——可达到的最大的收入增长率，那么这个体系的运行就像是货币供给具有无限弹性。因此必须考察的情况是：当 $\mu_1 > \mu_2 > \mu_3 > 1$ 时，和当 $\mu_1 > \mu_3 > \mu_2 > 1$ 时。

先来考察第一种情况：$\mu_1 > \mu_2 > \mu_3 > 1$。在没有流动性过剩的情况下，收入可达到的最大增长率为货币供给的增长率。为了维持这一增长率，引致投资有必要等于或大于可获得融资。当货币供给的增长率小于 μ_2，从而收入的增长率小于 μ_2，引致投资将不会大到足以吸收可获得的融资[①]。收入的增长率将小于货币供给的增长率，这一新的、更小的收入增长率将是不可持续的。这些逐渐变小的收入增长率最终将导致引致投资不足以抵消事前储蓄，在这一时期收入将下降。因此，如果货

---

① 假定 $M_{t-1} = Y_{t-1}$，$M_t = Y_t = \mu_3 M_{t-1} = \mu_3 Y_{t-1}$，$\beta(\mu_3 - 1)Y_{t-1} - [(1-\alpha)\mu_3 Y_{t-1} + (\mu_3 - 1)\mu_3 M_{t-1}] \geq 0$ 对 $Y_{t+1} = \mu_3 Y_t$ 是必要的。因此 $\beta(\mu_3 - 1) - (1-\alpha)\mu_3 - (\mu_3 - 1)\mu_3 - \varepsilon = 0$ 以使 $\mu_3^2 - (\alpha + \beta)\mu_3 + \beta + \varepsilon = 0$。这样 $\mu_3 = \dfrac{\alpha + \beta \pm \sqrt{(\alpha + \beta)^2 - 4(\beta + \varepsilon)}}{2}$，与当前讨论的问题有关的根(relevant root)为 $\mu_3 = \dfrac{\alpha + \beta - \sqrt{(\alpha + \beta)^2 - 4(\beta + \varepsilon)}}{2}$。如果 $\varepsilon = 0$ (引致投资等于事前储蓄加货币供给的增长)，那么 $\mu_3 = \mu_2$；如果 $\varepsilon > 0$ (引致投资大于事前储蓄加货币供给的增长)，那么 $\mu_3 > \mu_2$。因此货币供给增长率等于或大于加速数过程的较小的根，是实现自我持续的增长的必要条件。

币供给的增长率小于加速数过程中若不受限就可以生成的最小增长率，那么将导致收入的上拐点[①]。

一旦收入因货币供给的几何增长率而开始下降，之后将发生的情况本质上与货币供给的算数增长率情况相同。在下行运动中，超额准备金在银行体系积累，并且企业的资产负债表得以改善。一旦充分的向上运动再次开始，就会发生不受限的扩张，直至过剩的流动性被吸收，这时货币供给的增长率将再次限制收入的增长率。货币供给以"太小"的速度增加，将导致周期性而非稳态增长的时间序列。

如果货币供给等于加速数过程的较小的根(即 $\mu_3 = \mu_2$)，那么收入和货币供给都会以这一速度增长。在整个过程中，事前储蓄与投资的银行融资比率将保持不变。如果这一比率与资产负债表的目标相一致，那么在这一过程中，没有东西会导致收入的下降。而且这一收入增长率可能与相当稳定的价格水平保持一致。稳态增长可能产生于发散性加速数过程与恰当增长的货币供给的组合[②]。

现在来考察第二种情况，其中 $\mu_1 > \mu_3 > \mu_2 > 1$。在这种情况下，任一时期的收入增长率取决于两个根的权重。如果 μ_2 的权重较高，那么加速数过程将生成小于货币供给增长率的收入增长率。然而，因为 $\mu_1 > \mu_2$，所以 μ_1 的增长最终将主导收入增长率，从而使收入的增长快于货币供给。货币供给不会限制收入的增长，直至收入的总增长等于货币供给的总增长。这一情况是导致稳态增长还是收入下降，取决于一旦货币限制变得有效，加速数系数会如何变化。

在这样一种发散性扩张开始时，收入的增长率小于货币供给的增长率。在收入的累计增长变得与货币供给的累计增长相等时，收入的增长率将大于货币供给的增长率。因此在某个中间时期，收入的增长率将与货币供给的增长率相同。在主导的融资条件和资产负债表下，收入的增长率将引致足够的投资以使收入的增长率增加。因此，如果收入的增长率受限于货币供给的增长率，并且加速数系数不变，足量的投资将被引致，以生成大于货币供给增长率的收入增长率。

然而，直至收入和货币供给的增长变得相等之前，这一体系都在流动性过剩的

---

① 这可以证明为 $Y_0 = A_1 + A_2$，$Y_1 = A_1\mu_1 + A_2\mu_2$，给定 $\mu_1 > \mu_2 > \mu_3 > 0$ 且 $Y_1 = \mu_3 Y_0$，那么 $A_1 = Y_0 - A_2$，$\mu_3 Y_0 = (Y_0 - A_2)\mu_1 + A_2\mu_2$，从而 $\dfrac{Y_0(\mu_3 - \mu_1)}{\mu_2 - \mu_1} = A_2$。因为 $Y_0 > 0$，$\mu_3 - \mu_1 < 0$ 且 $\mu_2 - \mu_1 < 0$，$A_2 > 0$。而且 $A_2 = Y_0 - A_1$，$\mu_3 Y_0 = A_1\mu_1 + (Y_0 - A_1)\mu_2$，从而 $\dfrac{Y_0(\mu_3 - \mu_2)}{\mu_1 - \mu_2} = A_1$。因为 $Y_0 > 0$，$\mu_3 - \mu_2 < 0$ 且 $\mu_1 - \mu_2 > 0$，$A_1 < 0$。主导根 μ_1 的系数 A_1 为负。因为 $A_1\mu_1 + A_2\mu_2 > A_1 + A_2$ 且 $\mu_1 > \mu_2$，这样 $|A_2| > |A_1|$。然而最终 $A_1\mu_1^t + A_2\mu_2^t$ 将小于0，因此收入将转而降低。

② 也就是，稳态增长的哈罗德-多马情况可以是恰当的货币条件的结果。

条件下运行。在过剩的流动性被吸收的时候，收入的增长率将大于货币供给的增长率，以至于当货币限制变得有效时会发生两件事：收入的增长率将下降，融资条件将上升。当融资条件因为过剩的流动性而相对宽松时，与货币供给增长率相等的收入增长率将引致足够的投资以增加收入增长率。然而，在突然紧缩的货币市场中，融资条件可能改变得使加速数系数下降，这会导致收入的下降。

尽管如此，如果货币供给以几何速度增长，并且这一速度大于加速数过程的较小根，那么有可能生成不变的收入增长率。在这种情况下，货币收入将比这一情况更快的速度增长，即如果货币供给以较小根的给定速度增长(at the rate given by the smaller root)。因此，这样一种收入的稳态增长率将与价格水平的大幅增长联系起来。此外，银行融资与事前储蓄的比率将随着货币供给增长率的增加而提高。

如果加速数因为货币市场收紧而下降，收入会转而下降。具有这样货币体系的经济在下行期和接下来的扩张期的表现本质上与之前的情况(货币供给的增长率小于加速数过程的较小根)相同。

11.3.2 速度和数量都变化

之前对一个发散性加速数-乘数过程(如果条件变化，则加速数-乘数过程可能不是发散性增长——译者注)与只有速度变化和只有货币数量变化的货币体系之间互动的考察，使我们能够思考货币速度和数量都变化的货币体系。我们首先假定货币数量在变化但流通速度大于1，然后我们考察速度变化的影响，最后我们着手分析流动性偏好的变化。

(1) 在超过事前储蓄的投资都由货币数量的增加融资的情况下，我们之前假定货币的收入速度为1。现在我们可以放弃这一假设。如果收入速度大于1，且如果超过事前储蓄的事前投资由货币数量的增加来融资，那么流动性过剩就会出现。这个过剩的流动性可以被用来为投资融资。

假定最初由银行融资的投资所导致的过剩的流动性，被用来将企业对银行的债务替换为企业对公众的债务或股权。如果 $\Delta M = Y_t - Y_{t-1}$ 并且 $V > 1$，那么新交易现金为

$$\frac{\Delta M}{V} \text{，资产现金为} \Delta M - \frac{\Delta M}{V} = (1 - \frac{1}{V})\Delta M$$

在公众购买企业债或股权之后，企业对银行债务的净增加为

$$\frac{1}{V}(Y_t - Y_{t-1})$$

投资为 $Y_t - \alpha Y_{t-1}$，因此

$$\frac{\Delta 银行债务}{\Delta 总资产} = \frac{\dfrac{Y_t - Y_{t-1}}{V}}{Y_t - \alpha Y_{t-1}} = \frac{1}{V}\frac{Y_t - Y_{t-1}}{Y_t - \alpha Y_{t-1}}$$

因为发散性加速数过程占据主导地位，因此 $\dfrac{Y_t - Y_{t-1}}{Y_t - \alpha Y_{t-1}}$ 上升，银行债务的变化与

总资产的变化之间的比率逼近于 $\dfrac{1}{V}$。如果公众在扩张期间对事前储蓄和过剩的流动性在债务和股权资产间的分配保持不变，那么企业的资产负债表会恶化。因为银行融资的比重比流通速度为1的情况的值小，因此恶化不会像之前所设定的情况——货币的银行创造是超过事前储蓄的投资得以融资的唯一方式——那么迅速。因此，企业资产负债表恶化将会降低加速数系数的可能性变小了。

(2) 请注意，在 $\dfrac{1}{V}\dfrac{Y_t - Y_{t-1}}{Y_t - \alpha Y_{t-1}}$ 中，流通速度的上升降低了银行融资与总资产变化

的比率，消费倾向的上升增加了投资对银行融资的依赖。因此，这些参数自发的或者周期性引致的变化会改变债务-股权融资比率，这将改变加速数系数。尤其是在由银行的货币创造提供融资的周期性扩张中，流通速度的上升倾向于抵消资产负债表的恶化。

(3) 流动性偏好自发的或者周期性引致的变化会改变扩张对货币供给的依赖，从而影响银行债务与企业总资产的比率。如果流动性偏好降低，投资超过事前储蓄的部分将在比之前主导的水平更低的利率上，通过提取现金余额得以融资。这样一种"自发的"流动性偏好的降低——通过改善金融条件，以及通过降低企业对银行融资的依赖，会提升加速数系数。诸如20世纪20年代晚期的股市大繁荣，可以理解为反映了流动性偏好的降低；结果就是，与不是这种情况相比，企业扩张能够以较少依赖银行体系的方式得以融资。

或者，流动性偏好的自发上升也可能会导致这样的结果——企业从银行的借款将提升家庭的流动性而非融资投资。也就是说，一部分企业从银行的借款最终会作为家庭的"流动性贮藏"。企业事前储蓄超过实现投资之间差异的这部分借款，将提升企业资产负债表恶化的速度。发散性加速数过程可能被流动性偏好的这种变化打断。

流动性偏好的这些变化一直被称为是自主的。发散性加速数过程的向上运动会导致流动性偏好降低，这看似是一个有道理的机制。然而，在扩张期中把流动性偏好的上升视为内生的，却并不是同样看似有道理的机制。经济的下行期导致家庭的流动性偏好上升看似是有道理的机制。这将迫使企业资产负债表恶化，从而通过其对加速数系数的影响，导致投资的进一步下降。在下行期中似乎不存在任何导致流

动性偏好降低的内生因素。流动性偏好的变化似乎具有让经济变得不稳定的影响。

11.4　政策启示

让我们假定，政策目标是使价格保持在稳定水平上的稳态增长。有待使用的政策措施包括货币政策(用本文的语言来说就是选择一种货币体系)和财政政策。本文已表明，稳态增长需要货币供给的几何增长：但是太快的货币供给增长会导致迅速的价格通货膨胀，而太慢的货币供给增长会导致收入的下降。

最小的、自我维持的收入增长率等于加速数过程的较小的根 μ_2。如果产能也以这一速度增长，那么政策目标——没有通货膨胀的增长——是可以实现的。如果收入的增长率大于最大可能产能的增长率，那么政策目标不能实现。在后一种情况下，我们假定相对于不变价格水平和间歇性增长，伴随着长期通货膨胀的稳态增长将被优先选择。因此，政策目标变为使长期通货膨胀率保持在最低水平上的稳态增长。

如果政策制定者珍视稳态增长并憎恶收入下降，如果长期的通货膨胀被视为增长必须付出的代价，那么政策制定者能够采取谨慎的求稳措施——使货币供给的实际增长率大于最低的、可自我持续的收入增长率。也就是说，政策制定者为了在维持充分就业方面保持稳妥，会接受一些不必要的通货膨胀。

对一个给定的消费系数而言，货币供给的增长率越大，企业的资产负债表中银行债务与对家庭的债务和股权的比率越高。因此，货币供给的增长率越大，因为企业资产负债表不尽如人意的性质而导致引致投资降低的可能性越大。可以抵消这一影响的两个政策措施包括：第一，利率政策，旨在使流通速度大于1；第二，财政政策，旨在不增加企业银行债务的同时提高货币供给。

已经表明，如果收入速度大于1，并且如果货币供给是由来自银行的企业借款而增加，那么来自银行的企业借款的净增加，将小于实现的投资与事前储蓄之间的差异。为了实现这一结果，企业的银行融资必须在足够高的利率上进行，以使收入速度大于1。但加速数系数也取决于利率。因此，如果旨在保持收入速度大于1的货币政策执行得太过严苛(以至于使利率太高——译者注)，那么加速数系数将下降，自我持续的增长也将被中断。

为了使利率保持在给定的水平上，央行必须愿意为商业银行提供准备金，以给定的再贴现率无限地回应商业银行的需求。因此，再贴现率看起来是央行政策的恰当工具。

尽管如此，如果货币供给仅仅通过企业的银行借款来增加，那么企业资产负债表中债务-股权比率会导致引致投资的下降。由银行借款融资的政府赤字会导致货币供给的增加，而不会导致企业债务相应的增加。如果利率使流通速度大于1，在企业的资产负债表中对家庭的债务和股权将替换银行的债务。这比这一情况——稳态增长所需要的所有货币供给的增长都被创造出来以交换企业债务——更有助于稳态增长。因此，为了维持未来增长所需要的条件，政府赤字融资即使在增长持续、价格长期上升的时期也是可取的。

第12章

对简单的增长和周期模型的综合[①]

12.1 引言

很多周期或周期增长的上限模型已经出现了[②]。在所有模型中，除了Kurihara的模型，上限收入增长率都是外生给定的。然而，在收入处于或低于上限时进行的储蓄和投资，意味着上限会增长。本文研究了在何种条件下，上限收入的增长率——作为在投资和储蓄之间由需求决定的收入分配的产物——可以大到足以实现自我维持的增长。

现有的计量收入模型可以分为两大类：短期预测和长期增长。短期预测模型基本上是对简单的凯恩斯总需求决定模型的拓展。长期增长模型假定总是存在充足的总需求，研究投入变化的多种模式对产能增长的影响。

从很多方面而言，最有趣的分析范围和预测范围既不是非常短的时期，也不是非常长的时期。一个10~15年的中等范围，对经济政策具有很大的实际意义，因为这一时间跨度包含了重大的或深度的萧条周期的可能性。尽管在建构短期预测模型时忽视投资对产能的影响、融资对未清偿金融工具存量的影响是合理的，但在10~15年的时期，这些小变化将累积起来，并将在决定系统运行方面具有决定性的重要意义。另一方面，建构长期模型的标准方法是假定金融变量的影响可以抽象

---

① 来源于Michael J. Brennan, ed., *Patterns of Market Behavior, Essays in Honor of Philip Taft*, © 1965 by Brown University，经新英格兰大学出版社许可后再次印刷。

② R. M. Goodwin, "The Non-Linear Accelerator and the Persistence of Business Cycles, " *Econometrica*, January 1951; J. R. Hicks, A Contribution to the Theory of the Trade Cycle (New York: Oxford University Press, 1949); K.Kurihara, "An Endogenous Model of Cyclical Growth, " *Oxford Economic Papers*, October 1960; R. C. L. Mathews, "A Note on Crawling Along the Ceiling, " *Review of Economic Studies* XXVII (1) No. 72 (October 1959); H. P. Minsky, "A Linear Model of Cyclical Growth, " *Review of Economics and Statistics*, XLI (May 1959), reprinted in R. A. Gordon and L. R. Klein, *Readings in Business Cycles* (Homewood, Ill.: Richard D. Irwin, 1965).

掉。因此，当中期的视角被采用时，实践与理论发展的可能性之门便被打开了。

关于经济增长率的长波[1]、温和的和深度的萧条周期[2]的最新研究也表明，一个收入决定过程的完整模型是有趣的，它可以迭代生成10~15年的时间序列。

短期和长期模型是片面的，因为它们要么只关注总需求，要么只关注总供给；它们也是不完整的，因为它们都没有在任何深层次的意义上包含货币和金融现象。Friedman和Schwartz[3]将观测到的周期模式归因于相当狭义的货币行为；Tobin[4]潜在地、明斯基[5]明确地考察了金融因素对长期的影响。除了之前提到的Kurihara的论文以外，生产能力的上限是如何生成的，或者生产的上限与需求的决定之间是如何相互影响的，这些问题都并没有得到足够的重视。在这篇短文中，我们将仅着手这一整体分析工作的一部分，并将基本上忽视增长过程的货币-金融反馈。将要着手的工作是将总需求和总供给的决定综合纳入一个收入模型。

我们需要特别关注的是那些为了实现自我维持的增长而必须得以满足的条件。我们的结果表明，除非通货膨胀成功地削减了消费，或者技术进步(无论是物化(embodied)的还是非物化的(disembodied))提升了上限收入的增长率，否则自我维持的增长只能是间歇性现象。在上限收入的增长率足够快的情况下，上限的限制不会必然引发经济衰退。因此，再次地，我们必须转而讨论导致衰退的总需求决定关系的特征。结论部分指出，如果引致投资的系数因为金融变化而下降，那么衰退就会发生，因为需要用来维持增长的收入上限的增长率增加了。也就是说，随着自我维持的增长过程走向成熟，为了保持原样就需要跑得更快。

12.2　综合模型的要素

一个既考虑到总需求也考虑到总供给的收入模型，可以由广为人知的要素来建构。准确地说，这里将要讨论的模型如下。

---

①　M. Abromowitz, United States Congress, 86th Congress, Joint Economic Committee, *Employment*, *Growth and Price Levels*, *Hearings Part 2*, *Historical and Comperative Rate of Production*, *Productivity and Prices*.

②　M. Friedman and S. J. Schwartz, "Money and Business Cycles, " *Review of Economics and Statistics*, Supplement (February 1963), pp. 55.

③　同上。

④　J. Tobin, "An Essay on Principles of Debt Management, " in *Fiscal and Debt Management Policies*, Commission on Money and Credit (Englewood Cliffs, N.J.: Prentice-Hall, Inc., 1964).

⑤　H. P. Minsky, "Financial Crisis，Financial Systems and the Performance of the Economy, " *Private Capital Markets*, Commission on Money and Credit (Englewood Cliffs, N.J.: Prentice-Hall, Inc., 1964).

(1) 需求生成关系——常见的汉森-萨缪尔森[1]加速数-乘数模型。

(2) 从哈罗德-多马[2]增长模型中推导出来的最大供给(或产能或上限收入)生成关系。

(3) 最小供给(下限收入)生成关系,基于以下假设:①存在一部分与现行收入无关的消费(或者投资)需求,尽管它不必然独立于过去的收入或资本存量的价值;②存在每期可以发生的投资减少的最大值,与资本存量规模从而与最大供给有关。

(4) 一种协调关系:它规定实际收入等于总需求,除非总需求超过最大总供给,或者降低至低于最小总供给,在后两种情况下,实际收入将等于适当的总供给。

由于我们当前对自我维持的增长的兴趣,我们将忽略假设(3)的影响。这使我们能够简化需求决定函数,将其写为齐次关系。在另一篇文章中[3],我已经考察了如果上限的增长速度不足以维持永久的增长,这些方程的非齐次部分如何影响了自我维持的增长能够发生的间隔时间,以及如何影响了萧条的深度。

当实际收入和最大供给收入在没有任何外生的增长刺激因素的情况下实现增长,即处于一种内生持续的稳态增长率状态,那么自我维持的增长就出现了。在正在讨论的"汉森-萨缪尔森加哈罗德-多马"整合模型的框架中,这意味着最大总供给的增速足够高,以至于当实际收入等于这一最大供给收入时,由这一实现的水平和收入变化率所引致的需求,足以使不断增加的产能得到充分的利用。

汉森-萨缪尔森模型本身认为收入取决于总需求。在那些需求不受限于总供给的时期,尤其是如果消费函数的非齐次部分取决于财富(当然是经济中资本存量的反映),这一凯恩斯主义的假设是有效的。在对汉森-萨缪尔森模型进行这样的解读后,综合模型这部分的消费函数被认为是决定了事前消费,基于投资函数的加速数被理解为决定了事前投资。

汉森-萨缪尔森模型的二阶差分方程提供了这样一个简单的框架,它能够得出对周期分析而言必要的多种时间序列,而且能够得出基于初始条件的、只有一次的转折点,这对我们的分析至关重要。

我们假定,在任何时期,最大可获得的供给取决于现有的资本存量,这一资本存量的变化为净投资量。总供给的变化率取决于投入的净投资及其生产效率。这显然意味着,综合模型中哈罗德-多马部分的储蓄系数为事后储蓄系数。

---

① P. A. Samuelson, "Interactions Between the Multiplier Analysis and the Principle of Acceleration," Review of Economics and Statistics XXI (May 1939). Reprinted in *Readings in Business Cycles* (Philadelphia: Blakiston and Co., 1944).

② R. F. Harrod, *Toward a Dynamic Economics* (London: Macmillan, 1948); E. D. Domar, *Essays in the Theory of Economic Growth* (New York: Oxford University Press, 1957).

③ Minsky, "A Linear Model of Cyclical Growth."

投入投资的生产率将总供给的变化与资本存量的变化联系起来。这样一来，它便是增量产出/资本系数。哈罗德-多马增长模型的典型表达方式是着重关注产出/资本系数的倒数，即资本-产出比。这种投资生产率的表达方式使我们很容易假定：总供给决定关系中的投资生产率即为需求决定关系中引致投资的系数的倒数。引致投资系数和投资生产率系数是两个非常不同的东西。引致投资系数——在决定事前投资关系中的加速数系数——部分是基于投资生产率，但它也与投资者承担风险的意愿和投资者可以为其投资提供融资的条件有关。尽管认识到了引致投资系数和投资生产率系数之间的差异，我们最初还是假定它们相等。这使我们能够聚焦于这一问题，即要对消费进行多大程度的调整，才能实现自我维持的增长。

这里所使用的协调关系，完全是一种纯粹形式化的主张，即如果有必要的话，供给是有效的限制。在任何上限模型中，真正深刻的经济学关注的是供给是如何被配给的。无论是消费被削减，投资需求被削减，还是两者以不同的程度都被削减，都是市场过程的结果。

这里展开的模型并不足以完整到涵盖这些现象。金融市场的功能是配给投资资金。可获得的名义投资资金供给量取决于金融体系的运行。金融体系限制消费的能力取决于家庭现有的与合意的资产组合。有必要将金融现象与生成实际需求和供给的关系整合起来，以使我们能够更精确地处理这个协调关系。

我们甚至可以在不建构金融体系的形式化模型中，来稍微更仔细地考察一下这个配给过程。在图12.1中，Log Y_c 是上限收入，在每一t期，总需求大于上限，即上限是收入的有效决定因素。假设对消费品的需求是由$t-1$期的收入决定的，消费者用"手头的现金"按照现有价格为其购买的消费品 Y_d 提供资金。然而，独立于储蓄和投资单位之间的分离的投资者必须为超过计划储蓄的投资进行融资。

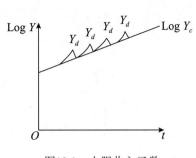

图12.1　上限收入函数

想必这就需要提高流通速度或者增加货币供给。如果投资可以在利率没有任何上升的情况下削减到产能与计划消费之间差额的程度，那么，收入生成过程就不需要受到影响。然而，如果投资配给现象导致利率上升(或者它的等价物，投资品的价格相对于消费品上升)，那么收入生成过程将受到影响。如果我们作了凯恩斯的假设，即消费需求独立于利率，而假定投资需求，从而 β 系数取决于利率，那么一系列上升的利率将降低 β 系数。当收入处于上限的时候，β 的下降会提高产能的最低增长率，从而导致需求增长快于产能增长。因此，协调关系可以通过提高维持增长所需的增长率来影响上限的作用。

认为资本存量规模的变化是产能增长率的唯一决定因素的假设，当然是夸张的。另一种做法是采用一种允许要素替代的生产函数，并将上限产出的增长与劳动力及资本设备的增长联系起来。然而，一旦我们假定发生了技术变革，那么产能增长将不仅仅取决于资本存量的增长。通常而言，技术进步系数变成了万能筐：不仅考虑到技术进步，而且考虑到劳动力和资本的不同增长率及由教育和公共健康等带来的劳动力的改善。

结果就是，在哈罗德-多马关于产能增长的框架中，我们考虑到了物化和非物化的技术变革。物化的技术变革通过资本投产方式起作用，在我们的建构中，这将导致投资生产率的提升。非物化的技术变革(也)导致了生产率的提升，这与投产的投资数量无关。这样的进步像时间的流逝那样不可避免且几乎普遍存在。它也像时间一样，掩盖了很多罪恶。

12.3 形式化模型

形式化模型可以写为

$$Y_n^s = Y_{n-1}^s + \frac{I_{n-1}^a}{\beta} \tag{12.1}$$

$$C_n^d = \alpha Y_{n-1}^a \tag{12.2}$$

$$C_n^s = \bar{\alpha} Y_n^s \tag{12.3}$$

$$C_n^a = \lambda_1 C_n^d + \lambda_2 C_n^s \tag{12.4}$$

$$I_n^d = \beta(Y_{n-1}^a - Y_{n-2}^a) \tag{12.5}$$

$$I_n^s = (1 - \bar{\alpha}) Y_n^s \tag{12.6}$$

$$I_n^a = \lambda_1 I_n^d + \lambda_2 I_n^s \tag{12.7}$$

$$Y_n^a = C_n^a + I_n^a \tag{12.8}$$

如果 $Y_n^d = C_n^d + I_n^d \leqslant Y_n^s$，则 $\lambda_1 = 1$；反之则 $\lambda_1 = 0$ [①] $\qquad$ (12.9)

$$\lambda_1 + \lambda_2 = 1 \qquad (12.10)$$

C、I和Y是其常见的含义，上标a表示实际的，d表示需求，s表示供给，α表示事前边际消费倾向(在这些模型中等于平均值)，β表示引致投资的事前系数，$\bar{\alpha}$表示事后边际消费倾向(在这些模型中等于平均值)，$1/\bar{\beta}$表示事后投资生产率(即每单位投资的边际产出系数)。转换系数 λ_1 和 λ_2 除了其在式(12.9)和式(12.10)中的定义以外没有其他解释。Y、C和I的下标n，$n-1$指代日期。

12.4　总供给行为

式(12.1)表明总供给的变化取决于投产了的投资。式(12.1)加上式(12.6)使我们得到了常见的哈罗德-多马增长模型，其中增长率取决于储蓄和投资系数。因为我们有

$$Y_n^s = Y_{n-1}^s + \frac{(1-\bar{\alpha})}{\bar{\beta}} Y_{n-1}^s$$

$$\bar{V} = Y_n^s / Y_{n-1}^s = 1 + \frac{1-\bar{\alpha}}{\bar{\beta}} \qquad (12.11)$$

以及

$$Y_n^s / Y_{n-2}^s = \left(Y_n^s / Y_{n-1}^s\right) \cdot \left(Y_{n-1}^s / Y_{n-2}^s\right) = \left(1 + \frac{1-\bar{\alpha}}{\bar{\beta}}\right)\left(1 + \frac{1-\bar{\alpha}}{\bar{\beta}}\right) = \bar{V}^2$$

从而

$$Y_n^s = Y_0 \bar{V}^n \qquad (12.12)$$

其中 $\bar{V}$ 为当收入实际上等于供给收入时总供给的增长率。以上是我们熟悉的结果：假定事后储蓄系数和事后边际产出-资本比为常数，收入的增长率保持不变。在我们的模型中，当 $\lambda_2 = 1$ 时，这一结果当然成立。如果 $\lambda_1 = 1$，那么

$$Y_n^s = Y_{n-1}^s + \frac{\beta(Y_{n-2}^a - Y_{n-3}^a)}{\bar{\beta}}$$

$$V_{n-1}^s = Y_n^s / Y_{n-1}^s = 1 + \frac{\beta}{\bar{\beta}} \frac{Y_{n-1}^a}{Y_{n-1}^s} \left(\frac{Y_{n-2}^a - Y_{n-3}^a}{Y_{n-1}^a} \right)$$

---

① 原文排版有误，在这里依据 "Minsky Ph D, Hyman P. 'The Integration of Simple Growth and Cycle Models.' (1959)" 的原文予以修订——译者注。

$$V_{n-1}^s = 1 + \frac{\beta}{\bar{\beta}} \frac{Y_{n-1}^a}{Y_{n-1}^s} \left(\frac{V_{n-3}^a - 1}{V_{n-3}^a V_{n-2}^a} \right) \tag{12.13}$$

最大可获得供给的增长率取决于：

(1) 引致投资的系数与资本-产出比之间的比率；

(2) 实际收入与最大总供给的比率；

(3) 实际收入在前两期的变化率。

因为(2)和(3)是变量，因此，最大供给收入的增长率也是变量。当然 V_{n-3}^a 可以小于1，这意味着最大供给收入可以降低。

请注意，只要

$$\beta(Y_{n-2}^a - Y_{n-3}^a) < (1-\bar{\alpha})Y_{n-1}^s, \quad \text{那么} \ V_{n-1}^s < \bar{V}$$

产能增长的损失是无法弥补的，除非 $V_{n-1}^s < \bar{V}$ 意味着接下来的 $1/\bar{\beta}$ 比它们原本的值更大。

12.5 总需求行为

式(12.2)加上式(12.5)，与收入的定义 $C^d + I^d$ 一起得到了汉森-萨缪尔森的加速数-乘数模型。众所周知，这一模型将要生成的时间序列的特征取决于 α 和 β 的值。我们假定通常存在企业家和投资者的某种最低活跃度，以使引致投资的系数充分大于1，从而在解的方程中

$$Y_n = A_1 \mu_1^n + A_2 \mu_2^n \tag{12.14}$$

有 $\mu_1 > \mu_2 > 1$。μ_1 和 μ_2 的值为

$$\mu_1 = \frac{\alpha + \beta + \sqrt{(\alpha+\beta)^2 - 4\beta}}{2} \tag{12.15}$$

$$\mu_2 = \frac{\alpha + \beta - \sqrt{(\alpha+\beta)^2 - 4\beta}}{2}$$

A_1 和 A_2 的值由初始条件决定。

假定两个初始条件为 $Y_0, Y_1 > 0$，以及 $Y_1 = \tau Y_0, \tau > 1$。然后我们得到

$$Y_0 = A_1 + A_2$$

$$\tau Y_0 = A_1 \mu_1 + A_2 \mu_2$$

因此

$$A_1 = \frac{\tau - \mu_2}{\mu_1 - \mu_2} Y_0$$

$$A_2 = \frac{\mu_1 - \tau}{\mu_1 - \mu_2} Y_0$$

$$(12.16)$$

如果 $\mu_1 > \tau \geq \mu_2$，那么 $A_1 \geq 0$，$A_2 > 0$；然而，如果 $\mu_1 > \mu_2 > \tau$，那么 $A_1 < 0$。因为 A_1 是较大根的系数，$A_1 < 0$ 意味着最终 $A_1 \mu_1^n + A_2 \mu_2^n < 0$，以至于收入的"发散"将朝向与初始位移相反的方向。即使解方程的根是实根且大于1，解方程生成的时间序列也会产生一个转折点。这一转折点产生的原因在于初始条件。如果初始条件不为收入提供充分的推力，就会导致转折点。μ_2，即解方程的较小的根，给出了可以生成单调发散序列的最小推力。

12.6　综合模型的行为

我们现在可以概述综合模型是如何运行的。关键的问题在于当需求超过供给收入的时候发生了什么。因为这一模型的行为模式不依赖于我们从哪儿开始，因此我们一般假定两个初始收入 Y_0 和 Y_1 都小于最大供给收入，以及

$$Y_1 / Y_0 = \tau > \mu_2$$

这样一来，如果 $A_1, A_2 > 0$，$\mu_1 > \mu_2 > 1$（原文误为 $\eta_1 > \eta_2 > 1$，此处依据 Minsky Ph D，Hyman P."The Integration of Simple Growth and Cycle Models."(1959)的原文予以修订——译者注），收入生成方程 $Y_n^d = A_1 \mu_1^n + A_2 \mu_2^n$ 的一个特定的解将被启运起来，以生成未来的需求。只要 $Y_n^d < Y_n^s$，实际收入将取决于这一特定的收入生成关系。然而，因为 $A_1 > 0$，实际收入的变化率最终将逼近于 μ_1，即两个根中的较大根。但是 α、β 的值产生了处于实现的增长率附近的 μ_2，生成了远大于观测到的增长率的 μ_1。因此，最终将导致

$$Y_n^d = A_1 \mu_1^n + A_2 \mu_2^n > Y_n^s$$

这意味着实际收入将为 Y_n^s，不是所有的需求都将实现。

在考察当 $Y_n^d > Y_n^s$ 时协调过程如何实现，以及注意到一些协调对生成自我持续的增长的影响之前，我们最好解释一下当 $Y_n^d > Y_n^s$ 时发生的转换。Y_n^d 是自我维持的需求生成过程的结果，这一过程基于经济的结构性特征和一些初始条件。这样一种

收入生成过程一旦运行起来，将不会在未来所有的时间内都生成实际收入。实际收入的路径将受到外生事件、约束，以及体现在支配性需求生成关系中的结构性因素和历史的影响。这些外生的事件和限制可以被解释为特定的需求决定关系(将决定总需求)确定了新的初始条件，只要没有外生的事件和约束阻碍这一需求收入的实现，这种需求决定关系将决定总需求。因此，无论什么时候 $Y_n^a \neq Y_n^d$，Y_n^a 和 Y_{n-1}^a 就是需求决定关系的新的初始条件。在我们的框架中，因为我们在本文忽视了外生冲击，因此这一新的需求决定关系将决定实际收入，直至这样决定的收入与供给限制不再一致。

当 Y^d 与 Y^s 不一致的时候，C 和/或 I 的实际值将不同于它们的需求值或者事前值。现在的问题是，从 Y^d 到 Y^s 的缩减值，在多大程度上是以消费降低或投资降低的形式呈现的。式(12.3)和式(12.6)告诉我们，当收入与总供给相等的时候，收入如何在消费和投资之间划分，但没有描述协调关系是如何影响消费和投资的。

当 $Y_n^d > Y_n^s$ 时，那么 $Y_n^a = Y_n^s$。这意味着新的初始条件，Y_n^s 和 Y_{n-1}^a 决定了特定的需求生成关系中的 A_1 和 A_2。如果 $Y_n^s / Y_{n-1}^a < \mu_2$，那么 $A_1 < 0$，将生成单一的转折点，而如果 $Y_n^s / Y_{n-1}^a \geq \mu_2$，那么 $A_1 \geq 0$，并且将会生成 $Y_{n+1}^d / Y_n^s > Y_{n+1}^s / Y_n^s$ 以使 Y_{n+1}^s 成为第 $n+1$ 期的实际收入。在这种情况中，我们知道 $Y_{n+1}^s / Y_n^s = \bar{V}$，如果 $\bar{V} \geq \mu_2$，会产生稳态增长，如果 $\mu_2 > \bar{V}$，会产生一个转折点。稳态增长是引发新的需求生成过程的结果，每一期都会在下一期生成等于或者大于供给的需求，然而如果需求生成过程导致需求的增长比供给更小，那么伴随着收入下降到供给之下，转折点就出现了。

因此，当可获得的供给变为实际收入的决定因素时，是发生稳态增长还是周期性衰退取决于总供给的增长率，这一模型是周期和增长的上限模型。然而，随着总供给不断增长，正是总供给的增长率而非对产能的某个固定上限的存在，才是关键性因素。无疑，当经济处于或者接近充分就业时可以维持的供给增长率，低于当经济从衰退中复苏时的收入增长率，因此当收入逼近于总供给收入的时候，实际收入增长率会下降。这种实际收入增长率的降低是模型中的关键限制[1]。

---

[1] 明斯基的论文中展开了形式化的模型，出处同前。

12.7 自我维持的增长的可能性

总供给的增长率给定为

$$\bar{V} = 1 + \frac{1-\bar{\alpha}}{\bar{\beta}}$$

解方程的较小的根给定为

$$\mu_2 = \frac{\alpha + \beta - \sqrt{(\alpha+\beta)^2 - 4\beta}}{2} \quad \text{①}$$

由这些式可得

$$\beta = \frac{\mu_2(\mu_2 - \alpha)}{\mu_2 - 1} \tag{12.17}$$

$$\bar{\beta} = \frac{1-\bar{\alpha}}{\bar{V} - 1} \tag{12.18}$$

α 和 β，$\bar{\alpha}$ 和 $\bar{\beta}$ 都是直线(给定 $\mu_2 > 1$，α 和 β 的范围受限)。如果我们假定 $\alpha = \bar{\alpha}, \beta = \bar{\beta}, 0 < \alpha < 1, \beta > 0$，那么对任意的 α 和 β 组合，都有 $\mu_2 > \bar{V}$；也就是说，如果要实现自我维持的增长，那么产能增长率就必须低于收入的最小增长率。

图12.2阐明了这一点。例如，在点A，$\alpha \approx 0.92$，$\beta \approx 2.825$，得到 $\mu_2 = 1.05$，$\bar{V} = 1.03$。因此，如果 $Y_n^d = Y_n^s, Y_{n-1}^d = Y_{n-1}^s$，以 Y_n^s、Y_{n-1}^s 作为初始条件启动起来的需求生成关系将得到 $A_1 < 0$，这意味着增长将不是自我维持的。

为了实现自我维持的增长，α 和 β 有必要"大于" $\bar{\alpha}$ 和 $\bar{\beta}$。例如，如果 α 和 β 的值使其处于 $\mu_2 = 1.04$ 上，那么为了使自我维持的增长发生，$\bar{\alpha}$ 和 $\bar{\beta}$ 必须处于 $\bar{V} = 1.04$ 这条线上或者低于这条线。在图12.2中，如果系列直线如 $\bar{V} = 1.03$ 等可以向上移动，以至于对每一 $\bar{V} = \mu_2$，$\bar{V}$ 线都将处于 μ_2 线之上，那么自我维持的增长将实现。为了使这一情况发生，必须有一些倾向于产生 $\bar{\alpha} < \alpha$，$\bar{\beta} < \beta$ 的因素组合发挥作用。

---

① 原文误印为 $\mu_2 = \frac{\alpha + \beta - \sqrt{(\alpha+\beta)^{2-\beta}}}{2}$，在这里依据 "Minsky Ph D, Hyman P. 'The Integration of Simple Growth and Cycle Models.' (1959)"的原文予以修订——译者注。

12.8　事前和事后消费

给定 $C_n^s = \bar{\alpha} Y_n^s$，$C_n^d = \alpha Y_{n-1}^s$（原文误为 $C_n^\alpha = \alpha Y_{n-1}^s$，此处依据"Minsky Ph D, Hyman P. 'The Integration of Simple Growth and Cycle Models.' (1959)"的原文予以修订——译者注），$Y_n^s = \bar{V} Y_{n-1}^s$，$\alpha = \bar{\alpha}$ 的假设意味着 $C_n^s = C_n^a > C_n^d$。第 n 期和 $n-1$ 期之间收入的上升导致事后消费大于事前消费。因为 $Y_n^d > Y_n^s$，$C_n^a > C_n^d$，供给收入成为收入的有效决定因素，调整的全部负担都落在了投资上。

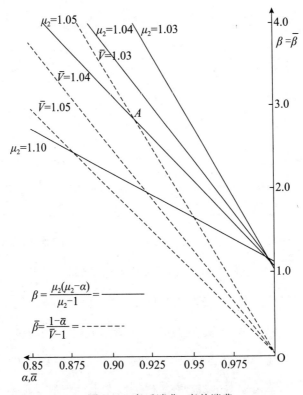

图12.2　事后消费>事前消费

我们不假定事后消费超过事前消费，而是假定事后消费等于事前消费。如果发生这种情况，则

$$Y_n^s = Y_{n-1}^s + \frac{(Y_{n-1}^s - \alpha Y_{n-2}^s)}{\bar{\beta}}$$

$$V_n = 1 + \frac{1 - \alpha / \bar{V}}{\bar{\beta}}$$

由此我们得到

$$\bar{\beta} = \frac{\bar{V} - \alpha}{\bar{V}(\bar{V}-1)} \qquad (12.19)$$

正如图12.3所表明的那样，式(12.19)的线也处于式(12.17)的下方，以至于对任何给定的 α 和 β 组合都有 $\mu_2 > \bar{V}$。即使事后消费受限于事前消费，调整过程依然导致事后投资低于事前投资。由此导致供给增长率太低，以至于自我维持的增长不能持续。

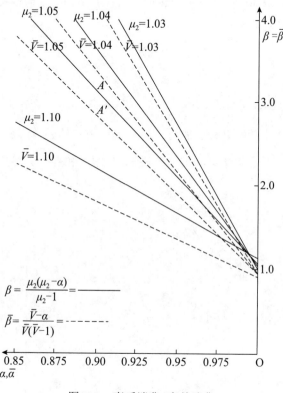

图12.3 事后消费=事前消费

12.9 通货膨胀的影响

为了得到 $\bar{V} \geqslant \mu_2$，当 $Y^d > Y^s$ 的时候(请回想起我们目前的假定是 $\beta = \bar{\beta}$)，事后消费小于事前消费是必要的。其中一种迫使消费者将其消费降低于事前水平的方法是提高消费价格；当然，如果大部分消费者将其全部收入都用于消费，并且他们没有方法使支出大于其收入，这便尤其正确。用 p^* 表示 p_n / p_{n-1}，我们得到

$$\bar{V} = 1 + \frac{Y^s_{n-1} - \dfrac{\alpha Y^s_{n-2}}{p^*}}{Y^s_{n-1}\bar{\beta}}$$

$$= 1 + \frac{1 - \alpha / \bar{V} p^*}{\bar{\beta}}$$

所以

$$\bar{\beta} = \frac{\bar{V}p^* - \alpha}{\bar{V}p^*(\bar{V}-1)} \tag{12.20}$$

假定 $p^* > 1$，存在 α 和 β 值生成大于需求决定关系较小根的总供给增长率。这意味着如果出现了使消费低于事前消费的通货膨胀，那么自我维持的增长也会实现。即使消费被通货膨胀降低至低于事前消费，在消费价格的增长率保持不变的情况下，实际消费依然在增长：

$$\left(\frac{\alpha Y_{n-2}^s}{p^*} \middle/ \frac{\alpha Y_{n-3}^s}{p^*} = \bar{V} > 1 \right)$$

在图12.4中，点A表明，如果 $\alpha \approx 0.875$，$\beta \approx 3.675$，那么在 $p^* = 1.02$ 时 $\mu_2 = 1.05$，$\bar{V} = 1.05$。也就是说，如果事后消费大约为事前消费的98%，那么 $Y_{n-1}^s - 0.98\alpha Y_{n-2}^s$ 可以用于投资，实际供给将以5%的速度增长。对点B和点C可以进行相似的解释。

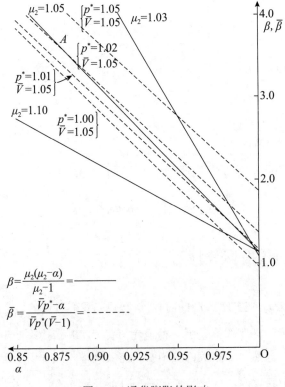

图12.4　通货膨胀的影响

令人怀疑的是，在美国，按照现有的组织方式，通货膨胀是否是抑制消费的一种高效的或者起作用的方法，以便使投资足以生成足够大的收入增长率，以满足自我维持增长的条件。

12.10　技术变革的影响

我们可以区分两类技术变革。非物化的技术变革，其中产能独立于投资而增长，以及物化的技术变革，其中投资是技术变革的载体。

非物化的技术变革。将技术变革考虑在内，我们写为

$$Y_n^s = \tau Y_{n-1}^s + \frac{I_{n-1}^a}{\beta}, \tau > 1 \tag{12.1'}$$

当收入处于上限时，这导致

$$\frac{Y_n^s}{Y_{n-1}^s} = \tau + \frac{1-\bar{\alpha}}{\beta}$$

在小于产能收入的情况下，导致

$$\frac{Y_n^s}{Y_{n-1}^s} = \tau + \frac{\beta}{\bar{\beta}} \frac{Y_{n-2}^a - Y_{n-3}^a}{Y_{n-1}^s}$$

当收入处于上限的时候，上限收入的增长率为

$$\bar{V}_1 = \tau + \frac{1-\bar{\alpha}}{\bar{\beta}}$$

这得到

$$\bar{\beta} = \frac{1-\bar{\alpha}}{\bar{V} - \tau}$$

正如图12.5所表示的，因为非物化的技术变革导致产能以每年2%的速度增长，在 $\alpha = \bar{\alpha}$，$\beta = \bar{\beta}$ 的情况下，上限收入的增长率 $\bar{V}$ 有可能大于从需求生成关系中推导出来的临界值 μ_2。

物化的技术变革。我们将假定，物化的技术变革导致 $\bar{\beta} < \beta$，即投资生产率因为技术变革而高于"预期"。

在图12.3中，请注意，如果 $\alpha = 0.9$，事后消费等于事前消费，$\beta = 3.15$，$\bar{\beta} = 2.85$ 将得到 $\mu_2 = \bar{V} = 1.05$，也就是说，满足自我维持增长的条件只需要 $\bar{\beta}$ 稍微降低至低于 β。

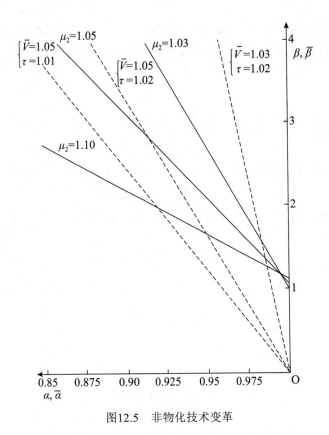

图12.5　非物化技术变革

12.11　总结

如果发生了技术变革，无论是物化还是非物化的，以及如果技术变革的影响是提高上限收入的增长率并使其超过仅仅由积累所产生的增长率，那么，我们的研究已经表明，上限收入可以增长得足够快，使得自我维持的增长是可能的。因此，在一个技术动态的世界，我们必须超越产能的限制来解释观测到的周期性增长模式。

引致投资系数 β 不是像 $\bar\beta$ 那样，是技术生产函数的特征，而是反映了投资者和企业家对风险的态度。因此 β 将是这样一个变量，它至少在一定程度上取决于资产所有者可获得的金融工具选项和投资单位的负债结构。

在需求生成关系中，解方程的较小根是维持增长的临界值。然而，这一系数 μ_2 相对于引致投资系数 β 的导数为负数[①]。任何倾向于降低 β 的东西都将提升 μ_2，从而提升维持增长的上限收入的最小增长率。

---

① 　Minsky，出处同前，第137页，脚注12。

在自我维持的增长过程中，可获得的金融工具选项将发生累积性的非均衡变化。金融发展的非均衡性质应该会影响相对利率，即在这一利率水平上，公共和金融机构愿意持有其可获得的主债务存量，这一点与以下事实结合在一起——随着金融资产预期表现的独立性下降，风险将会增加[①]——将反过来影响投资意愿。因此在一套资产组合下足以维持增长的上限收入的增长率(包括技术变革的影响)，在另一套资产组合下就会变得不充分。周期性增长模式的出现是因为影响需求的累积性变化，而非产能增长率的任何必然的不足。

看起来明显的是，在任何一种发展计量模型(具有有趣的中期视角)的尝试中，对上限增长模型和伴随增长的金融流量的综合，都是一条富有成效的研究路径。

---

① Tobin，见前文引。

第13章

私人部门的资产管理与货币政策的有效性：理论和实践①

13.1 引言

围绕货币如何影响经济所展开的争论，(事实上要)比当前文献所显示的(内容)更加深刻、更加根本。从当前文献来看，争论似乎或者是关于货币的定义、对货币需求函数中变量的具体要求，或者是关于稳定的货币增长是否能够被定义、是否可以实现，以及作为一种稳定经济的方法是否优于相机抉择的货币政策和财政政策②。事实上，上述争论所关注的都是外围的或者次要的问题。货币理论的根本问题在于，资本主义经济是否是内生稳定的，或者是否由于其性质而不可避免地具有不稳定性。也就是说，难以持续的繁荣和深度萧条的存在是否是因为资本主义的本质特征。

金融危机，无论是国内的还是国际的，在其整个历史上都与资本主义联系在一起。但这并不能证明它们内生于资本主义——历史上的危机可能是无知、人为错误和金融体系可避免的属性共同作用的结果。

芝加哥学派代表了有关资本主义稳定性的其中一种观点。对这一信条，即严重的萧条源于金融体系中人为导致的不完美，没有比亨利·西蒙斯的著名文章《(货币政策中的)规则与当局》阐释得更好的了。弗里德曼和施瓦茨主张："(20世纪30年代的)货币崩溃并非其他力量导致的必然结果，而是一个基本独立的事件，并且对经济的进程产生了强大的影响。"联邦储备系统未能阻止这一崩溃，反映的不是货币政策的无效，而是货币当局遵循的特定政策的无效，更具体地说，是现存的特

---

① 经作者删减，来源于 *The Journal of Finance*, Vol. XXIV, No. 2, May 1969，与出版商达成协议。

我想感谢Maurice Townsend, Lawrence Ritter和R. C. D. Rowan的有益评论及建设性意见。

② 就当前"争论"的文献举例而言，参见Brunner。从Brunner的引用中可以得到非常完整的参考文献。

定货币安排的无效。

从这一"芝加哥"观点来看，存在这样一种金融体系，它不同于危机期间的支配性金融体系，但仍然与资本主义相一致，并将使严重的金融扰动不可能出现。货币分析的任务就是设计这样一种金融体系，货币政策的任务就是执行这一设计。在西蒙斯看来，这种"防御萧条"的好的金融社会(的建立)需要对金融体系进行彻底重构。在弗里德曼看来，考虑到以引入存款保险为代表的金融体系改革已经发生，那么好的金融社会的建构，仅仅需要联邦储备系统采用稳定的货币增长规则①。

另一种不同的观点，即我所称的未被重构的凯恩斯主义，认为资本主义内生地存在缺陷，容易出现繁荣、危机和萧条。在我看来，这种不稳定性源于，金融体系为了与成熟的资本主义保持一致而必然拥有的特征。这样一种金融体系既能够生成信号，引致加速投资的意愿，也能够为(这一)加速的投资融资②。

投资速度加快与企业家和金融家的动物精神高涨有关。在无法从货币体系中获得无限弹性的融资供给的情况下，加速的投资要依靠流通速度-增加、流动性-降低的资产组合转变来获得融资。此外，现有实物资产和金融资产存量的头寸，也要依靠相似的资产组合转变来获得融资，从而随着时间的流逝，这样一种负债结构出现，即只有在癫狂的预期得以满足的情况下，它才能够得到偿还。为了对不断加快的投资速度和更加复杂的负债结构进行融资，需要利率不断上升以引致连续的资产组合调整。

这些新发行债券(出于投资的目的或者为资产存量的头寸进行再融资而发行)的"更好的条款"，会反过来影响并降低待清偿的长期债务的市场价值。收紧的负债结构的

---

① 弗里德曼在其关于亨利·西蒙斯的讲座中承认，西蒙斯主张对金融体系进行彻底的变革，然而他自己的观点是，真正错误的地方全都在于中央银行控制货币供给的方式。作为一个怀疑论者，西蒙斯甚至质疑彻底的变革是否足够："银行业是一种无处不在的现象，而不仅仅是我们提起银行时，所指的那种被法律明确界定的东西。控制纸币发行的实践很可能在未来不断重演：许多类似的应急控制行为也许会被证明是无效并令人失望的，这是因为被禁止的行为会以新的、不被禁止的形式重新出现。"值得注意的是，西蒙斯在看待"银行业"这一问题时采用的是金融系统的视角，而非狭隘的货币视角。

② 一个经济体要成为资本主义经济体，必须具备一系列最基本的金融特征。我认为我们从来没有恰当地面对过这一问题。生产资料的私人所有制和分散化决策这些明显特征意味着，在一个复杂的社会中，存在使间接的、分层的所有权得以存在的金融工具。此外，还必须有各种各样被法律和规则所许可的负债结构和金融资产，以及促进资产组合变化和负债结构调整的机构存在。因此，金融资产市场必须存在，也就是说，这些为二手资产的头寸进行融资的市场，必须也可以用于为新的有形和无形资产的创造提供融资。

此外，鼓励生产创新的必然结果就是，必须允许金融运行惯例的创新。

出现，意味着现金收入并非异常的下降，就会导致需要通过售卖资产来建立头寸[①]。上升的利率意味着，可用于售卖的资产的市场价值可能低于票面价值。票面损失向实际损失的转化，以及因为试图售卖资产来建立头寸而导致的资产价格下行的压力，这两者结合在一起能够引发金融危机。除非中央银行有效地充当最后贷款人并稳定资产价格，并且财政措施抵消初始的投资下降从而使总需求的累积性下降不会发生，否则癫狂的预期会被打破，一场深度萧条会紧随而至[②]。

在我看来，凯恩斯强调了金融因素在决定资本主义经济如何运行中的首要重要性。我相信，在凯恩斯反驳维纳对《通论》的评论，以及阐述《通论》表达了什么时，他的这一金融阐释表现得尤为明显。在这一驳斥中，他强调了不确定性在决定财富决策上的重要性，以及短期内决定投资品产出价格上的重要性[③]。

我对凯恩斯的阐释与传统观点不同，后者主要从希克斯的《凯恩斯与古典经济学家》一文中派生出来，我认为这篇文章完全误解了凯恩斯的观点[④]。然而，思想史并非我们的主题；我们的任务是帮助构建一个有用的框架，以分析美国资本主义的当前行为，并评估联邦储备系统的表现。在我看来，这一任务需要这样一个模型：它以私人部门的资产管理理论为起点，并且要考虑到信用紧缩或危机的发展及这样一种危机对系统行为的影响。在1966年的紧缩之后，大萧条的幽灵再次困扰着政策制定者。

13.2 资产管理的资产组合视角

资本主义需要那些可以满足融资灵活性的金融制度和金融工具。要想追溯货币的影响和功效，就必须对金融制度进行详细说明；货币经济学必然是制度经济学。

---

①　"建立头寸"这一概念对于理解银行和其他货币市场机构如何在复杂精致的金融体系中运行至关重要。"头寸"指一系列资产(银行的贷款和投资，债券交易商的政府债务，等等)，对这些资产的所有权需要融资。对头寸进行融资的需要可能表现为获得准备金的需要——或者是为了支付收购费用，或者是为了满足清算需求，等等。通过存款凭证获得存款，通过联邦基金市场借入准备金，以及出售国库券都是建立头寸的方式。

因此，建立头寸表现为对负债进行管理，或对货币市场上的资产进行交易。战后时期，在货币市场上进行交易的银行建立头寸所使用的工具和市场都发生了重大的变化。

建立头寸的失败会导致被迫出售其他资产，进而造成重大损失。

②　在最近联邦储备委员会对贴现工具的操作进行的审查中，它们显然意识到了金融危机发生的可能性，以及自己在这一可能性中所承担的责任。

③　Shackle强调凯恩斯对维纳做出的驳斥的重要性，将其称为凯恩斯的第四大贡献。凯恩斯对自己观点的这一重申，被当代居于支配地位的"凯恩斯主义"经济学家忽视了。

④　"从希克斯的《凯恩斯与古典经济学》一文中推导出来的这一标准模型，在我看来，对于阐释凯恩斯的思想来说，是一个极不恰当的工具。"

Clower是这样说的："……希克斯在1937年发动了凯恩斯主义反革命，现在则由Patinkin和其他一般均衡理论家们以相当旺盛的精力向前推进。"大多数"凯恩斯主义"经济学家都是这个反革命的忠诚代理人。

一旦我们确定货币理论的问题以资产存量的头寸融资和新增存量的融资为中心，那么就自然会从资产组合视角或者资产管理视角来看待货币过程。在这一视角下，单位的负债结构对单位施加了现金流承诺，这反过来又构成对单位行为的限制。

从资产组合的视角来看，初始的货币扰动对经济所产生的影响，比如在公开市场操作之后经济所发生的变化，是一系列金融资产和实物资产的相对价格发生变化的结果。由于经济可以生产出现有实物资产存量的几乎完美的替代品，因此这些不断变化的相对价格会刺激或者抑制生产。"首先(在公开市场增加货币供给之后)，增加的货币相对于经济单位持有的其他形式的财富而言是过多的；货币持有者试图用其现金余额交换其他资产的行为，会全面提升资产价格、降低回报率。这样，回报率的降低会蔓延至所有的金融资产和物质资产，从而使得货币存量的增加最终可能会刺激很多方向的新投资。"

上述传播过程涉及在金融、偏好体系和预期之间存在着的生产关系(production relations)。通常情况下，它们被假定为是给定的和外生的，或者至少在短期内是稳定的。然而，如果它们有时实际上是可变的，并且是变化迅速的，那么就会造成理论与实际之间的偏差(slippage)，使得对基础货币或甚至对货币供给的控制都成为不恰当的经济政策工具。如果它们是由经济变量决定的，并且对经济变量变化的反应可能是非连续的，那么，我们的研究要想有用且有趣，就必须将这些关系包含在内。

金融创新等同于引入一项新生产技术或新产品。即使创新可能具有优势，也依然存在一段吸收期，在此期间经济单位会试用并消化新制度或新工具。20世纪50年代联邦基金交易的重新引入，并没有见证所有银行立即转向积极的储备金管理；批发大额存单的总值花了六年时间才增至200亿美元。银行信用卡和家庭消费信贷计划对家庭现金头寸的最终影响，在目前阶段还只能是推测。

作为金融创新和学习的结果，货币或者货币基础与经济活动之间的关系发生了变化。有数据表明，不同国家收入流通速度之间的差异可以由金融体系的复杂度来解释，复杂度越高，收入流通速度越快。因此，在金融体系迅速变得更加复杂的时期——金融创新和创新的传播都在迅速进行——与货币供给的任一增长率相匹配的经济活动的增长率都会上升[1]。

创新的传播在某种程度上是一个纯粹的学习过程。因此，新工具的使用可能会在相对价格不变，甚至不断恶化的情况下增长。然而，盈利的机会和损失的威胁确

---

① 有数据表明，在所有主要的工业化国家中，收入都是货币需求的重要组成部分。此外，我们发现，收入弹性与相应国家货币市场的发展状态呈反向相关关系，意大利和日本的收入弹性最高——这些国家的市场最不发达，英国和美国的收入弹性最低——这些国家具有最发达的金融中心。因此，在收入增长百分比给定的情况下，与金融欠发达的国家相比，具有发达的货币市场并且可随时获得大量高质量的、能够生息的货币替代品的国家，货币可能会增长得更慢。

实会影响经济单位试用的意愿。可以预期的是,创新和传播速度都会对盈利机会做出反应。"癫狂"的投资需求,加上传统金融渠道成本的不断上升,将通过影响金融创新的潜在回报,导致为经济活动提供资金的有效融资能力的扩大。即使在一些货币变量不受影响的条件下,这种情况也会发生;即使利率保持不变,货币政策也可能试图限制经济,并且储备金基础或货币供给的不太高的增长率也可以与融资的快速增长率联系起来。

这样,不断上升的利率结构可能会影响货币和收入之间的关系,因为它会在一套固定的金融制度与工具内诱导经济单位节约现金持有,刺激制度创新,以及提高新近创新的传播速度。

区分偏好和预期是很困难的。它们不能被客观地测量,它们与不确定性对决策的影响有关,并且它们对事件的反应是相似的。资产组合反映了在不确定性情况下做出的资产和负债的选择。不确定性以两种方式影响资产组合:第一,来自资产的预期现金收入和负债产生的现金支付都是不确定的;第二,每一决策单位都有一个偏好体系,包含其对不确定性的偏好①。

对未来世界的观点建立在对过去的评价的基础上。很容易接受的是,对资产产生的收入和对负债产生的支付的预期都基于观察到的经济和特定部门的表现,或者可以说,基于投资者下注的单位的表现。此外,对冒险的偏好受到观察到的、那些已经冒险的人所得到的回报的影响。动物精神是观察到发财机会后产生的结果,即使从冒险中得到的回报通常可能很小。观察到的商业银行的贷款-存款比的上升、政府证券-存款比率的下降,都可以被解读为银行偏好发生变化的结果。

对不确定性的预期和偏好受到经济成功和失败的影响。经济的成功运行会导致不利事件的权重降低,从而增加预期收益值、降低来自偶然事件的报酬的方差。此外,偏好体系也会发生变化;作为成功的结果,对风险的厌恶"降低"了。相应地,经济表现较差将降低预期报酬、"增加"风险厌恶。

效用-收入偏好体系的曲率,不是个人天生的特性。它是经济运行的结果。在不改变对可能的结果赋予的权重的情况下,不确定事件的预期效用将随着对不确定性的偏好的变化而变化。

尽管过去对预期的影响可以被认为是连续的,但也可以认为,历史表明人们对不确定性的偏好已经发生了剧烈的变化。戏剧性事件,尤其是金融危机,可以被视为对不确定性的偏好具有迅速而显著的影响。与不确定性有关的偏好体系的演化可能是不对称的。大萧条(例如1929—1933年)将导致对风险厌恶的急剧上升,而这

---

① 对不确定性的经济学意义没有比凯恩斯总结得更好的了。

种厌恶的减少可能要花上差不多一代人的时间[①]。然而，一旦极端的风险厌恶被抛弃，接受不确定性的"新观点"可能会加速发生，从而引致经济繁荣。

金融创新的可能性，以及反映经济事件的偏好体系和预期迅速变化的可能性，都意味着对资产组合调整的刺激可能来源于经济的运行，而非当局的操作。因为世界并非每天都在重生，已有的金融资产和实物资产只要存在，就必须进入某个单位的头寸中。对风险厌恶的迅速增加——例如由信用紧缩的经历所导致的——会使合意的资产组合从分层的金融资产转向现金。但是，在市场周期内，现金和非现金资产(金融和实物)的数量几乎是固定的。只有通过提供非现金资产来换取现金这一种方式，才能对货币需求的上升产生影响。在货币和其他资产的供给固定的情况下，货币需求的这种转变可能导致非现金实物资产和金融资产价格的急剧下降，从而使二手可复制资产的市场价格可能降低至低于其现行生产成本。

因此，如果从资产组合的视角来观察货币过程的话，我们可以接受这样一种观点，即在大部分时间内，经济运行的因果关系是从货币到经济活动，但同时我们也可以认为，最有趣的经济学是围绕着那些可能短暂的状态展开的，其因果关系是从创新、预期和偏好体系到经济活动。

我们对芝加哥学派"货币很重要"这一口号很熟悉。我也许可以提出另一个口号："货币在大多数时间很重要，在一些罕见但重要的时期，它是最重要的东西，但是有时货币几乎一点也不重要。"货币理论的任务就是精确地定义这三种状态中每一种状态的条件，从一个状态转变为另一个状态的过程，并指出这些转变可以如何被避免或者如何被引致。

13.3　未被重构的凯恩斯模型

资本主义的根本不稳定性是上行周期的不稳定性。在良好运行一段时间以后，资本主义经济会发展出一种发散增长的趋势，变得"癫狂"。之所以如此，是因为初始条件是一个具有不确定性的世界，在这样一个世界中，(经济的)成功会反馈到预期和偏好体系上，从而增加合意的资本存量、实物资本所有者合意的债务-股权比、用盈利资产取代货币的意愿及投资率。也就是说，我们不是从"移动的均衡的乐土状态"出发，而是从一个目前运行良好，且比过去更好的经济状态出发。

在一个具有不确定性的世界中，区分内部资产和外部资产是有意义的。内部单位即那些其行为由经济的表现所决定的单位——家庭、企业和金融中介。外部单

---

①　凯恩斯讨论了这种非对称性——危机可能突然发生，但是信心的重建可能是耗时长久的："证券价格的崩溃——可能是因为投机信心的削弱或者信用状态的疲软。然而，尽管其中任何一种疲软都足以导致崩溃，但复苏却需要两者同时恢复活力"(p.158)。

位即那些其行为独立于经济表现的单位(除了它们的行为在一定程度上受到经济政策理论的指导)——政府、中央银行等。外部资产生成的名义(美元)现金流独立于经济的表现，没有内部单位会因为这一资产是其负债从而承诺进行支付。内部资产生成的名义现金流依赖于经济的表现，就金融资产而言，内部单位会因为这一资产是其负债从而承诺进行支付。政府债务、黄金、法币都是外部资产的例子；实物资本、企业债券和分期付款债务都是内部资产的例子。此外，还存在混合资产：由联邦住房管理局担保的住房抵押贷款是一种内部资产，但一旦保险生效，该资产就变成了其所有者的外部资产；同样，尽管银行可能拥有内部资产，但对一个完全受存款保险保护的存款者而言，存款是其外部资产。

就一笔给定的不确定的现金收入流而言，实物内部资产和金融内部资产固定存量每代表性单位的价格，由经济中外部资产和内部资产的相对比重决定。也就是说，在政府发行的货币或者与黄金挂钩的货币的价格固定为1美元的情况下，没有不确定性和有不确定性的资产的混合配比决定了具有不确定性的资产的价格。抽象掉金融分层过程，基本的内部资产是资本存量，基本的外部资产是政府债务货币供给。因此，在其他条件不变的情况下，每单位固定资本存量的价格是外部货币数量的增函数：货币供给决定了资本品存量的价格水平[1]。

其他条件包含固定资产的数量不变。金融中介和政府背书的增加，倾向于提升单位资本——作为外部货币供给的函数——的价格[2]。偏好和预期也会决定资本价格函数的位置，并且由于它们对经济的表现很敏感，因此这些主观因素会引致函数相当大的移动。也就是说，资本价格-货币供给函数，类似于流动性偏好函数，在特定情况下是不稳定的。在一段没有深度萧条的持续繁荣期以后，函数将发生向上的、或许是加速的移动。而在金融危机之后会发生急剧的向下的移动。危机并非外生的或偶然的事件。在资本价格函数向上移动的过程中，为投资和资产存量的头寸融资的方式为危机奠定了基础。

13.4 近年来货币政策的有效性

在评判货币政策的适宜性或有效性之前，有必要确定货币当局都被施加了哪

---

①   我在这一节避免使用单数或复数的"利率"术语。如果资产的价格，无论是金融资产还是实物资产，是已知的，它所产生的现金流也是已知的，那么就可以计算出其利率；在比较不同的现金收入时间序列时，利率是一种有用的计算结果。当然对于金融合同而言，无论是新签订的还是待清偿的金融合同，重要的变量都是在不同情况下的支付承诺和权利；就厂房或企业中的一系列实物资产而言，相应的现金流是债务偿还后的税后总利润。Turrey认为在对投资进行分析时，利率并不是真正需要考虑的因素。

②   不同的政府背书可能也会影响相对价格——因此新房屋的融资可获得的政府背书，可能已经影响了新房和旧房之间的相对价格。

些限制条件。美国的"中央银行"是一个特别去中心化的机构。例如联邦存款保险公司、联邦住房贷款委员会及联邦住房管理局这样的专业化组织和联邦储备系统一起，共同构成"中央银行"的组成部分。美联储也许是这个辛迪加联合体的主导成员，但它受制于这样的需要——确保专业化的机构能够履行其职责。

保持"机构健全"的需要是对中央银行施加的一个限制。也就是说，尽管美联储愿意看到特定的、孤立的、规模适中的银行和非银行金融机构破产，但它却不能对整类机构的破产袖手旁观而不设法阻止。之所以如此，既是因为当局相信，无论是对是错，让这些机构破产都将给经济带来不堪设想的后果，同时也是因为让特定类型的机构生存并繁荣发展是国会的意愿。因此，需要防止储蓄银行及与之紧密相关的房地产行业，从显而易见的困难升级为系统性和行业性的普遍崩溃，这在过去是，并且在现在依然是对货币政策的有效制约。

在现有惯例之下，互助储蓄银行和储蓄贷款协会都没有能力应对迅速上升的利率。这些机构持有完全分期付款的长期抵押贷款，其利率是其发行日期当时的水平。这些储蓄中介通过发放短期负债或赎回负债为其头寸融资。也就是说，它们的负债必须几乎每天都满足市场的(利率)条件，而它们的资产通常滞后于现行市场条件很多年。

对于这些储蓄机构来说，有两条破产之路(净资产为负)。一是通过资产重估，二是通过运营亏损的积累。

按照惯例，未拖欠的抵押贷款会以其票面价值被记录在储蓄机构的账簿上。结果就是，没有一家抵押贷款中介机构会因其抵押贷款市场价格下降而被当局宣称破产。另一方面，如果一家机构需要通过在市场上销售这些资产来建立头寸，那么这些"票面"损失就会变成现实损失；经济组织的净价值就必须受到调整以反映这一损失。因此，中央银行必须阻止这些已贬值的抵押贷款任何大规模的变现，如果变现是被强制进行，那么他们就必须提供某种方法，使抵押贷款的持有者能够得到这些已贬值资产的票面价值。

此外，尽管票面价值的假象得以维持，但这些抵押贷款所产生的现金流反映的是过去更低的利率。另一方面，存款机构的货币成本是由现行利率决定的。存款利率的上升可能会让一家迄今为止盈利的机构变成一家亏损的机构。考虑到储蓄机构薄弱的股权头寸，它们不能长时间忍受利息差所导致的套利损失。然而，由于资产是长期的，资产组合的周转需要花费一定的时间，才能产生与较高的货币成本相一致的回报。因此，就任何一套给定的初始资产而言，对于总存款和初始净值的每一种假定的变化轨迹，都存在一个可被确立和维持的最大的货币成本，使得机构得以存活。所以当局必须尽力将存款利率限制在与现有资产组合相一致的水平上。

这样就存在两种破产方式：一是快速执行，通过在市场上重估资产，或者使损失成为现实以调整头寸；二是缓慢致死，随着亏损在收入账户上积累而缓慢地失血而死。当局需要阻止这两条路径在利率上升时期发挥作用。1966年，正值信贷紧缩的时候，当局在对定期存款设定利率上限时，获得并开始运用根据存款规模区别对待的权力。这成功终止了储蓄存款从储蓄银行转向商业银行，而这种转向原本会迫使储蓄银行抵押贷款的大规模变现。此外，这一区分还成功地将储蓄银行的有效货币成本降低至低于(利率上升后)它原本会处于的水平，从而减少了收入账户的损失。

自1966年紧缩以来，由于长期市场利率和存款利率之间形成的巨大息差，非中介化(通过银行存贷业务配置闲余货币被称为中介化，不通过银行而由证券市场配置闲余货币被称为非中介化，也即通常俗称的间接融资和直接融资之分——译者注)的威胁持续存在。一个悬而未决的问题是，多大的息差是与储蓄机构维持存款相一致的息差。公司债券零售似乎没有明显增长，这一现象是存款保险价值的重要指征，也是人们对20世纪30年代的记忆的强烈程度的重要指征。然而，在非中介化的威胁持续存在的情况下，美联储的做法也并不奇怪，即积极寻求使抵押贷款的持有者能够获得贴现工具的方法，从而提供手段，使抵押贷款能够按面值或接近面值的水平"变现"①。

学者容易将这些施加在货币权力实践上的限制，定性为基于毫无根据的恐惧。但是当局的偏好函数必须要包含以下两种现象之间的权衡——价格水平的增长率与主观决定的、挤兑储蓄机构(非中介化)的可能性之间的权衡。即使冒着价格压力上升的巨大风险，试图通过提高准备金基数的增长速度来减缓利率的上升，也是货币政策的一种恰当运用。

---

① "……此外，重新设计的贴现窗口意识到了这一必要性(作为经济中其他部门的最后贷款人角色所带来的必要性)，并且为这一必要性做好了准备：美联储随时准备在极端情况下，向比成员银行更加广泛的金融组织提供受限(circumscribed)的信贷救助。"